KB251943

태어나는 문제

태어나는 문제

**'나쁜 유전자'에 대한 두려움은
어떻게 우생학이 되었나**

낯선

THE SHORTEST HISTORY OF EUGENICS

에릭 L. 피터슨 지음

김하현 옮김

낯선산

차례

전시회에서 여러 다문화가정의 가족사진을 보다가 어느 한 작품 앞에서 나도 모르게 속으로 짧은 탄식을 터뜨렸다. 한국 어딘가의 아파트로 보이는 집에서 아내와 남편, 두어 살쯤으로 보이는 아들이 바닥에 앉아 카메라를 정면으로 바라보고 있었는데, 남편의 눈에 확연히 드러나는 장애가 있었고 아빠의 무릎에 앉은 어린 아들의 눈에도 같은 장애가 있는 듯 보였다.

스쳐 지나간 짧은 순간이었지만 그 탄식의 의미가 무엇인지 스스로 이해할 수 없어서(어쩌면 이해하고 싶지 않아서) 당혹스러웠다. 부끄러움을 무릅쓰고 솔직히 말하자면, 아마도 그 안에는 '그냥 낳지 말지'라는 생각이 들어 있었을 것이다. 그리고 변명이 허락된다면, 그 생각은 장애인은 열등하니 세상에 태어나지 않아야 한다는 노골적인 혐오라기보다는 장애인의 삶이 비장애인의 삶보다 훨씬 힘들 것이라는 인식에서 나왔을 것이다.

이 책의 저자는 서문에서 우생학을 "본질적으로 힘 있고 부유하고 연줄 있는 사람들이 힘없고 가난하고 소외된 계층의 번식에 영향력을 행사하고 더 나아가 필요하다면 메스까지 동원해 대놓고 통제하는 것"으로 정의한다. 현실에서 우생학을 실천할 권력은 없더라도 "힘없고 가난하고 소외된 계층의 번식에 영향력을 행사"해야 한다는 데 동의한다면 이를 우생학적 사고라고 할 수 있을 것이다. 이런 우생학적 사고가 나치 같은 전형적인 악당의 전유물이 아니라 우리의 평범한 일상 깊숙이 스며 있는 이유는, 그 안에 너무나 정당해 보이는 향상심과 내 존재가 위협당할지도 모른다는 두려움이 숨어 있기 때문이다.

리처드 도킨스는 2020년에 "이념적·정치적·도덕적 근거로 우생학을 비난하는 것과 우생학이 실제로 효과가 없으리라고 결론짓는 것은 완전히 별개의 문제다. 물론 우생학은 실제로 효과가 있을 것이다. 우생학은 소와 말, 돼지, 개, 장미에게 효과를 낸다. 그렇다면 왜 인간에게는 효과가 없겠는가?”라는 트윗을 올려 논란을 빚었다. 플라톤의 『국가』에서 소크라테스는 글라우콘에게 “자네는 [집에서 키우는 사냥개와 혈통 좋은 새들을] 가리지 않고 아무렇게나 교배하는가, 아니면 신중하게 가장 좋은 놈을 골라 교배하는가?”라고 묻는다. 우리 모두 건강하고 잘난 아기를 세상에 내놓고 싶지 않나? 그렇게 해서 나의 가족과 사회와 인류가 개선되면 좋지 않나?

도널드 트럼프 대통령은 대선 후보이던 2024년 이민자들이 강력범죄를 일으킨다는 의미를 암시하며 “지금 미국에는 나쁜 유전자를 가진 사람들이 많다”라고 말했다. 제1차 세계대전 이후 프랑스 정부가 북아프리카 출신 군인들을 라인란트에 배치하자 독일 우익 단체들은 ‘새까만 야만인들’이 머지않아 힘없는 독일 여성들을 강간할 거라고 항의했고, 19세기 말 미국과 유럽의 권력자들은 비백인 인구가 백인 인구보다 많아지고 있다며 “부유한 백인이 내는 세금과 기부금으로는 바글바글한 병자, 범죄자, 빈자 들을 감당할 수 없을” 것이고 백인은 “재력을 쪽쪽 빨리다 결국 아이를 많이 낳는 비백인에게 ‘대체될’ 것”이라고 경고했다. 이때 달갑지 않은 저들의 생식 능력을 제거하는 것은 나의 존재와 문명을 보호하기 위한 의학적 ‘해결책’일 뿐이다.

사회를 개선하고 사회'문제'를 해결하기 위해 특정 집단의 생식을 통제하는 것이 곧 우생학이라면, '건강하고 잘난 아기를 낳고 싶다' '사회에 바람직한 사람이 더 많아지는 것이 좋다' '복지 수급자에게 낭비되는 세금이 아깝다' '기형아는 무조건 낙태해야 한다' '가난하거나 장애가 있는 사람은 아기를 낳지 말아야 한다' '정신질환자나 범죄자는 강제로 불임화해야 한다'라는 생각은 우생학이라는 맥락 위에서 전부 연결되어 있는지도 모른다.

물론 이때 더 나은 사회를 위해 사라져야 하는 문제적 존재가 누구인가 하는 판단은 순전히 자의적이다. 빈곤층, 장애인, 성소수자, 이민자, 그 밖에 자신이 속하지 않은 집단을 향한 비난의 화살은 언제 자신에게 돌아올지 모른다. 자국의 빈곤층과 장애인을 대상으로 우생학 정책을 펼친 한국과 중국, 일본의 권력자들은 백인 국가에서라면 본인이 제거되어야 할 존재로 지목되었을 것이다. 영화 〈가타카〉에서처럼 유전자로 신분이 결정되는 사회가 도래한다면 신체적·지적 능력이 탁월하지 않고 고가의 유전자 조작 비용을 댈 수 없는 평범한 사람들이 감히 자연임신으로 아이를 낳겠다는 욕심을 부리느냐고 손가락질을 받을 수도 있다.

이 모든 것의 뿌리에는 어떻게 태어났느냐, 즉 '태어나는 문제’가 그 사람의 삶 전체를 결정한다는 편견이 있다. 이러한 편견은 ‘부적합한’ 존재를 지우고 분리하려는 악의로 나타날 수도 있지만, 불행을 피했으면 하는 선의의 얼굴을 할 수도 있다. 그러나 이 선의는 게으르다. 특정 조건의 삶을 단편적으로 판단한다는 점에서 게으르고, 힘든 삶을 힘들게 만드는 원인이 무엇이고 힘든 삶을 힘들지 않게 만들기 위해 무엇을 할 수 있을지 고민하지 않는다는 점에서 게으르다. 좋은 태생과 나쁜 태생, 좋은 삶과 나쁜 삶이 따로 있고 생물학적 본질이 운명을 결정한다는 게으른 생각에서 벗어나지 못한다면, 시간과 노력, 비용을 들여 사회 환경을 진정으로 개선하는 대신 특정 집단의 번식을 통제해서 ‘문제’를 편리하게 해결하자는 우생학의 유혹에 쉽게 흔들릴 수 있다.

저자는 “선의를 가진 사람들이 우생학에 대한 지식을 갖게 된다면 과연 어떤 선택을 할까?”라고 묻는다. 그 답을 고민하는 것은 우리 각자의 몫이다. 우생학은 나치와 함께 과거 속으로 사라지지 않았다. 우생학은 내가 전시장에서 터뜨린 짧은 탄식, 일상 속에서 별생각 없이 내뱉은 말과 댓글 속에 도사리고 있다. 지금도 여전히 계속되고 있는 우생학의 역사를 살펴본 이 책이 우리 모두의 마음속에 고민의 씨앗을 심어주기를, 지극히 마땅해 보이는 욕망이 자칫 위험한 방향으로

흘러가지 않도록 막아 세우는 브레이크 역할을 해주기를 바
란다.

2026년 봄
김하현

일러두기

1. 원문의 주석은 권말의 미주로 처리했고, 옮긴이 주는 본문에 대괄호([ ])와 '―옮긴이' 표시를 사용했다.
2. 단행본은 겹낫표(『 』), 논문·기사·칼럼·소책자 등은 낫표(「 」), 간행물은 겹화살괄호(《 》), 영화·드라마 및 TV 프로그램은 홑화살괄호(〈 〉)로 표기했다.
3. 외국 인명과 지명 등은 국립국어원에서 펴낸 외래어표기법을 따르는 것을 원칙으로 하되, 관례가 굳어서 쓰이는 것들은 관례를 따랐다.

더 공정한 세상이 어떤 모습인지 보여준

캐시 콜드웰 후프Cathy Caldwell Hoop와

존 M. 매콜럼John M. McCollum에게

좋은 태생

'우생학'은 무슨 뜻일까? 어쩌면 당신은 제목에 들어 있는 이 이상한 단어가 궁금해서 이 책을 집어 들었는지도 모른다. 바로 설명해드리겠다. 우생학eugenics은 그리스어로 '잘 태어남', '좋은 태생'이라는 뜻이다. 이렇게 보면 충분히 무해한 단어다. 어쨌거나 건강한 아기가 세상에 태어나기를 우리 모두가 바라지 않나?

그러나 당신이 이 책을 읽고 있는 이유는 아마 이 단어에 다른 의미, 그것도 불길한 의미가 깃들어 있다고 들었기 때문일 것이다. 어쩌면 지금 머릿속으로 미친 과학자나 나치에 부역하는 의사 이미지를 떠올리고 있을지도 모른다. 타당하다. 우생학 이야기는 비극적이고 소름이 돋을 만큼 끔찍하다. 실제로 나치 의사들은 이 이야기에 등장하는 틀림없는 악당 중 하나다.

그러나 내가 이 책을 쓰고 있는 이유는, 나치 독일의 제3제국이 무너지고 영영 사라진 지금도 우리가 우생학 이야기의 마지막 페이지를 덮었다고 확신할 수 없기 때문이다. 다시 말해 우생학은 우리 **기억 속에서** 사라졌을지는 몰라도 **완전히** 사라지지는 않았다.

지금 당신은 이렇게 생각할지도 모른다. **아하! 이 책은 '신행세'를 하며 '맞춤형 아기'를 만들어내는 사람들에 관한 책이군.** 크리스퍼CRISPR[유전자를 잘라내거나 수정할 수 있는 유전자 편집 기술—옮긴이]와 인공 자궁 같은 생명공학의 반짝이는 신기술로 특정 형질을 선별해서 자식에게 물려줄 수 있고 심지어 그 형질을 더욱 강화할 수도 있다고, 그래서 언젠가는 사람들이 유전적으로 '가진 자'와 '못 가진 자'로 나뉘게 될 것이라고 경고하겠지. 만약 이 책이 그런 책이라면 나는 레드오션에 뛰어드는 셈이다. 이런 걱정은 수십 년 전에도 이미 흔했으니까. 내가 가장 좋아하는 1990년대 영화 중 하나인 〈가타카〉도 이러한 우려를 핵심 주제로 다룬다. 오늘날 일부 유명 과학자는 소비자가 주도하는 이 유전적 우위 다툼을 '벨벳 우생학'이라고 부른다.

벨벳 우생학은 우리의 관심을 사로잡는다. SF처럼 들리는 이 이야기는 수많은 디스토피아 영화와 소설의 줄거리로 활용된다. 그러나 안타깝게도 이때 우생학의 실제 역사는 간과된다. 이러한 무지 속에서 우리는 벨벳 우생학을 걱정하느라 눈앞에 엄연히 실재하는 문제는 보지 못한다.

우선 주로 통용되는 우생학의 역사부터 설명해보겠다. 1880~90년대, 빅토리아 여왕하의 영국에서 프랜시스 골턴Francis Galton이라는 이름의 과학자가 활동했다. 사람들은 골턴이 찰스 다윈의 고종사촌이며 두 사람이 유명한 할아버지의 두 손자라는 점을 자주 언급한다[다윈의 친할아버지이자 골턴의 외할아버지였던 이래즈머스 다윈은 영국의 의사이자 자연철학자, 발명가, 시인이었으며 다윈보다 앞서 진화를 연구했다—옮긴이]. (이러한 디테일은 이야기의 양념이 되는 동시에, 미쳐 날뛰는 진화생물학과 벨벳 우생학에 대한 우리의 두려움과도 잘 어울린다.) 골턴은 '적합하게' 태어난 적자와 '부적합하게' 태어난 부적자가 따로 있다고 생각했다. 적자는 아기를 더 많이 낳고 부적자는 아기를 더 적게 낳아야 했다. 이것이 바로 골턴이 1883년에 말한 '우생학'의 골자다. 그 이후로 미국의 과학자와 의사 들이 골턴의 생각을 받아들여 정신병원 환자 수천 명을 불임화했다. 심지어 벅 대 벨 판결Buck v. Bell(1927)에서 대법원이 이러한 행위를 옹호하기까지 했다. 그 무렵 독일에서도 사람들을 불임화하기 시작했다. 얼마 지나지 않아 나치는 부적자를 제거해야 한다는 골턴의 신념을 적용해 유대인 수백만 명을 학살했다. 제2차 세계대전이 끝나고 뉘른베르크에서 의사 재판이 진행된 이후 과학자들은 자기 생각이 틀렸음을 깨닫고 우생학과 생체 실험을 멀리하기 시작했다. 오늘날 우리는 두 번 다시 과학의 이름으로 이러한 만행이 벌어지지 않도록 예방 정책을 마련해두고 있다. 일부 학자들은 여기서 한 걸음 더 나아가 우생학을 '사이비 과학'이라 불러야 한다고 주장한다. 우생학은 실험실 가운으로 위장한 기괴한 신념일 뿐이라는 점을 드러냄으로써 우리가 우생학의 잘못을 똑똑히 깨달았고 현대 과학은 객관성으로 향하는 곧게 뻗은 길 위에 서 있음을 강조하자는 것이다.

지금까지 설명한 기존의 역사는 대부분 사실이다. 그러나 아주아주 불완전하다. 내가 SF 같은 벨벳 우생학이 아니라 진짜 우생학이 재등장해 확산할까 봐 두려워하는 이유는, 이 정형화된 역사의 어두운 한구석에 잊힌 이야기들이 숨어 있기 때문이다. 나는 우리가 **과거에 이미 저지른** 잘못을 다시 저지를까 봐 두렵다. '사이비'로만 치부할 일이 아니다.

그러니 다시 처음부터 시작해보자. '우생학'이란 무엇을 의미하는가?

우생학에는 역사적으로 두 가지 측면이 있다. 하나는 과학 개념이고, 다른 하나는 의료 기술과 그 기술의 사용을 정당화하는 논리다. 그리고 각 측면에는 고유한 궤적과 역사가 있다. 각각이 서로 다른 장소와 시기에 번성했고 종종 겹칠 때도 있었지만 언제 어디서나 흥한 것은 아니었다.

1장에서 살펴보겠지만, **타고나기를** 건강하고 원기 왕성하고 똑똑하고 카리스마 있는 사람('적합한' 사람)이 있고 아프고 약하고 정신적 문제가 있고 게으르고 알코올에 중독되는 사람('부적합한' 사람)이 있으며 미래 세대를 위해 오로지 적자만 번식을 허용해야 한다는 과학 개념은 역사가 매우 길다. 빅토리아 시대에 골턴이 이 개념을 새로운 형태로 내놓긴 했지만 그가 이 개념을 발명한 것은 아니다. 더 중요한 점은, 그 시대에 이러한 개념을 퍼뜨리고 산업주의와 대규모 이주, 급속한 도시화라는 현실에 이 개념을 적용하려고 애쓴 사람이 골턴 하나가 아니었다는 것이다. 부적합성과 사회적 퇴보에 관한 과학 개념은 골턴이 영국에서 관련 저술을 발표하기 전부터 이미 유럽 대륙에 휘몰아치고 있었다. 또한 1870년대에 미국의 종교 집단인 오네이다 성서 공동체는 인류의 과학적 번식이라는 이 오래된 개념 위에서 다세대에 걸친 사회를 꾸리는 데 성공했다.

어둡고 잘 언급되지 않는 역사의 뒤틀린 전개는 우생학의 두 번째 측면, 즉 의료 기술의 채택과 그 기술 사용을 정당화하는 논리에서 발견할 수 있다. 20세기 전반에 우생학자들이 사용한 가장 악명 높은 의료 기술은 생식기관을 변형하거나 파괴함으로써 생식을 억제하는 것이었지만, 가장 빈번하게

행해진 조치는 풀려날 가능성을 거의 또는 아예 없앤 채로 시설에 영영 수용하는 것이었다. 그러나 이런 관행은 우생학의 역사에서 대개 뒷전에 머무른다. 유럽에서 '적합성'이라는 과학 개념이 나타나기 전인 1850년대에 이미 미국 의사들은 성 도착자와 범죄자를 '무성화'(남성 거세를 완곡하게 표현한 단어)하거나 화학약품 등으로 허벅지나 생식기에 '물집'을 만들라고 권했는데, 여기서 말하는 성 도착자와 범죄자에는 종종 동성애자와 자위행위를 과도하게 하는 자가 포함되었다.[1] 이러한 수술들을 노골적으로 정당화하는 논리가 바로 우생학의 가장 어두운 부분을 추동한 동력이었다. 시카고의 어느 저명한 의사가 《뉴욕의학저널》에서 대놓고 말했듯 "성기 훼손"은 "사회 병폐의 치료법"이 될 수 있었다.

유럽의 과학자들은 유전학을 더욱 깊이 이해하게 되면서 고유의 우생학 개념을 발전시켰다. 반면 미국 의사들은 내가 '자경단 의술'이라 부르는 것을 추구했다. 그 뜻은 이렇다. 남북전쟁 이후 도금시대鍍金時代[남북전쟁이 끝난 1865년부터 1890년대까지 미국 자본주의가 급속히 팽창한 시기로, 배금주의가 팽배한 한편 정부 규제는 거의 없었다─옮긴이] 미국의 의사들은 거의 전적인 자율권을 누렸다. 관리 감독은 물론이요 의학 교육도 거의 받지 않은 채 지역사회의 온갖 문제를 본인이 적절하다고 판단하는 방식으로 내키는 대로 치료했다. 린치에서부터 자칭 자경단이 집행한 처벌에 이르기까지, '정의'의 이름으로 가해진 폭력 행위는 19세기 미국에서 매우 흔히 발생했다. 정확한 숫자는 알 수 없지만, 미국 의학 저널에 실린 논문들을 보면 당시 많은 의사가 사회 병폐를 바로잡겠다며 수술용 칼을 들고 나섰다는 사실을 알 수 있다. 연구자들이 언급했듯, 이러한 정의 구현은 어찌 보면 밧줄과 총을 든 남자들이 다른 곳에서 행한 정의보다는 덜 폭력적인 형태라고도 할 수 있었다.

우생학의 진짜 역사가 일반적인 설명보다 훨씬 광범위하고 미국 사회에 훨씬 뿌리 깊게 박혀 있는 이유는, 이처럼 이야기가 유럽의 과학과 미국의 의학이라는 두 갈래 측면으로 나뉘기 때문이다. 1890년대에 유전과 진화적 적합성에 관한 유럽의 개념들이 미국 해안으로 밀려들었으나, 그때 미국은 사회문제에 외과적 해결책을 처방할 준비를 **진작 끝마친** 상태였다.

게다가 새로운 세기를 맞이한 미국에는 사회문제가 **허다했고** 이러한 생태계 속에서 우생학이 번성했다. 미국은 먼저 서부 원주민을 포위하거나 말살한 뒤 하와이제도와 필리핀, 괌, 푸에르토리코, 카리브해 일부를 손에 넣어 유럽처럼 대양을 가로지르는 식민지 제국이 되었다. 전자기력電磁氣力을 활용할 수 있게 되면서, 공장 수가 급증하고 전기 조명으로 밤이 낮처럼 환해지고 전보와 신문이 대륙을 가로질러 정보 과잉을 일으키고 도시에 사람들이 빽빽하게 들어찼다. 유럽 및 아시아의 이민자들과 아프리카계 미국인들은 미국 산업이 만들어낸 부를 좇아 위험을 무릅쓰고 바다와 대륙을 건넜다. 이들의 존재로 인해 임금수준이 낮게 유지되었고 근로조건 개선을 요구하는 노동 행동이 크게 증가했으며 일부는 유혈 사태로 번지기도 했다. 이러한 요인들이 합쳐지면서 영미 엘리트층과 중산층 사이에서 소외 계층을 돌보는 부담이 결국 자신들에게 돌아올 것이라는 두려움이 퍼졌다. 이 모든 것의 배경에는 비백인 타자 — 중국인, 일본인, 흑인, 멕시코인, 아메리카 원주민, 푸에르토리코인, 필리핀인 등등 — 를 향한 미국인의 유구한 불신이 깔려 있었다.

사회 자체가 생물학적으로 퇴화할 수 있고 이런 부정적인 생물학적 특성이 눈에 보이지 않는 유전자를 통해 전달될 수 있다는 유럽의 과학 개념으로 무장한 미국의 우생학자들은 계속되는 사회문제를 처리하는 가장 편리한 방법이 그러한 문제를 겪는 당사자들의 혈통을 끊어놓는 것이라고 주장했다. 유전자를 제거하라는 것이었다. 물론 사회가 겪는 고통의 원흉이 **누구인지**를 판단하는 주체는 사회·경제·정치·과학·의학 분야의 권력자들이었다. 즉 우생학은 본질적으로 힘 있고 부유하고 연줄 있는 사람들이 힘없고 가난하고 소외된 계층의 번식에 영향력을 행사하고 더 나아가 필요하다면 메스까지

동원해 대놓고 통제하는 것을 의미한다. **바로 이것이** 우생학의
의미다.

미국 우생학자들은 양차 세계대전 사이에 미국에서 가장
유명하고 부유한 가문과 기업, 자선단체의 지원을 받아 직업·
사회·법·정치·경제 면에서 전 세계를 아우르는 방대한 인맥
을 형성했다. 미국 우생학의 과학 개념과 의료 기술은 이 연줄
을 통해 빠르게 퍼져나갔다. 독일의 과학자들도 이에 예의주
시했다. 그리고 1930년대에 냉혹한 광기에 사로잡혀 홀로코스
트를 조직하는 과정에서 미국 우생학의 여러 특성을 채택했다.

우생학의 배경에 깔린 여러 과학 개념은 제2차 세계대전
이후 설득력을 잃었다. 우리가 이야기하는 우생학의 역사는
이 지점에서 끝나는 경우가 너무 많다. 우생학은 사이비 과학
이었고, 우리는 교훈을 얻었다. 이야기 끝.

그러나 잠시 멈춰서 단순 과학 개념이 아닌 의료 기술과
그 뒤에 깔린 논리를 살펴보면, 우생학이 전쟁에서 살아남아
특히 미국과 미국의 해외 식민지에서 놀라울 만큼 그대로 이
어지고 있음을 발견하게 될 것이다. 20세기 내내, 심지어 나치
의 잔혹 행위 이후에도, 미국의 의사들 그리고 점점 더 많은
정치인들은 고질적 사회문제를 처리하는 가장 편리한 방법이
의료 기술을 이용해 원치 않는 자들의 생식을 억제하는 것이
라는 주장을 이어갔다. 미국이 냉전 시대에 정치·경제·과학·

군사 강국으로 자리매김하면서 원치 않는 자들의 생식을 억제해야 한다는 확신이 다시 한번 전 세계로 퍼져나간 것은 어쩌면 당연한 일이었다. 동시에 믿을 만한 피임약이 개발되면서 우생학 의료 기술은 더 효과적이고 효율적이고 저렴해졌다. 게다가 친절한 의료인이 제공하는 피임약과 자궁 내 장치, 주사는 정신병원에서 메스를 휘두르는 의사들만큼 부적절해 보이지 않았다. 그 뒤에 깔린 동기는 대동소이한데도 말이다. 원치 않는 자들의 생식을 통제하는 행위는 전 세계에서 계속되었지만 전만큼 눈에 띄지 않았다. 드물게 눈치채는 사람들조차 더 이상 '우생학'이라는 케케묵은 단어를 사용하지 않았다.

마지막으로, 우생학은 종종 '사회적 다윈주의' 및 '과학적 인종주의'와 함께 언급된다. 일각에서는 그 어떤 의사도 특정 집단의 생식을 억제해야 한다고 주장하지 않았던 터스키기 매독 생체 실험(1932~1972)[미국 앨라배마주에 있는 터스키기연구소에서 매독이 인체에 미치는 영향을 확인하고자 40여 년간 흑인을 대상으로 비밀리에 벌인 생체 실험—옮긴이]을 우생학의 사례로 보기도 한다. 나는 여러 용어 사이의 중요한 차이를 강조하고자 하며, 그 차이는 책 전체에 걸쳐 점점 더 명확해질 것이다.

20세기의 우생학은 이전과는 다른 종류의 인종주의를 나타냈다. 두개골 비교를 토대로 한 18세기와 19세기의 과학적

인종주의는 유럽 식민주의의 군사·문화·학문·정치 프로젝트를 — 백인의 신체 및 뇌의 생물학적 특성을 근거로 — 합리화하려던 것이었다. 치열한 경쟁을 옹호하며 1800년대 후반에 과학자와 정치인, 사업가의 지지를 받은 '사회적' 다윈주의 개념 역시 무엇보다 백인 우월주의를 정당화했다. 유럽 및 미국의 군대, 식민지 이주자, 기업이 시장과 영토를 장악한 것은 백인이 선천적으로 더 우월하기 때문이라는 것이었다. 의료 전문가들이 앨라배마 시골에서 매독을 앓던 가난한 아프리카계 미국인 남성들에게 최신 치료법을 제공하지 않았던 터스키기 생체 실험 역시 흑인의 생명은 중요하지 않다는 생각에 암묵적 원인이 있었다.

그러나 19세기 후반에 이르러 이러한 인종주의의 역점이 바뀌었다. 유럽과 미국의 과학자와 의사 들은 식민 지배와 상업적 역량을 강조하는 대신 백인이 인구학적 위험에 처했다고 매섭게 경고했다. 비백인이 아기를 더 많이 낳았다. 게다가 현대 의학과 산업화의 결실 덕분에 백인들은 몸이나 정신이 허약한 아이들을 애지중지 기를 수 있었고, 미래에 이 아이들은 자신의 열등한 형질을 **본인의** 백인 아기들에게 전달할 것이었다. 불과 몇 세대만 지나도 부유한 백인이 내는 세금과 기부금으로는 바글바글한 병자, 범죄자, 빈자 들을 감당할 수 없을 터였다. 즉 이 시기에 우생학의 원인이 된 인종주의는 백인이 재력을 쪽쪽 빨리다 결국 아이를 많이 낳는 비백인에게 '대체될' 것이라는 두려움에서 비롯되었다. 만약 '백인 대체'라는 말이 기이하리만치 친숙하게 들린다면, 그건 이 표현이 인터넷의 공격적인 게시글에서 재등장했고 티키 횃불[정원용 횃불로, 백인 우월주의자들이 행진에서 들기 시작하면서 백인 우월주의의 상징이 되었다—옮긴이]을 든 백인 우월주의 집회에서 터져 나왔으며 심지어 정치 연설에서도 은근슬쩍 암시되었기 때문이다.

바로 이것이 이 책의 가장 중요한 요점이다. 우생학을 뒷받침하는 과학 개념과 의료 기술, 이념적 뼈대는 단순히 한 세기 전에 처음 등장했다가 제2차 세계대전의 잔해 속에서 사라진 것이 아니다. 빅토리아 시대의 두려움과 20세기 초반의 고질적 사회문제에 처방된 의학적 '해결책'은 21세기에도 계속해서 수면 위로 떠오르고 있다. 빈곤층과 비백인의 생식을 통제해서 문제를 해결하라는 유혹은 여전히 우리 주변에 도사린다. 그렇다면 우리에게 남은 질문은 이것이다. 선의를 가진 사람들이 간략하지만 더 완전해진 우생학에 대한 지식을 갖게 된다면 과연 어떤 선택을 할까?

부적자들이 살아남다

(기원전 500년경부터 1898년까지)

THE SHORTEST HISTORY OF EUGENICS

1장

운명을 이끌다

잘 논의되지는 않지만, 우생학의 첫 번째 요소이자 가장 중요한 요소는 인간이 자신의 종류와 자신이 지닌 특성, 즉 자신의 본질과 진정한 자아 때문에 특정 결과를 맞이하도록 결정되거나 운명 지어진다는 신념이다. 창세기에서도 이 오래된 신념을 찾아볼 수 있다. 창세기는 하나님이 식물과 동물을 "그 종류대로" 창조했다는 말을 열 번이나 반복한다. 그 '종류'들은 특정 과제를 수행하거나 특정 열매를 맺었고, '선악에 대한 지식'이 담긴 그 악명 높은 열매도 그중 하나였다. 이야기에 따르면 우리의 첫 조상은 그 열매를 먹고 선과 악이 무엇인지 알게 되었다. 그 행동이 불러온 예기치 못한 결과는 인류에 깊이 새겨졌고, 인간 존재의 본질이자 우리 모두의 운명이 되었다.

     1부 부적자들이 살아남다

　물론 다른 고대 사회에서도 서로 다른 종류의 사람들이 맞이하는 서로 다른 운명을 인식하고 있었다. 널리 읽히는 고대 그리스의 시인이자 당대의 리처드 도킨스라 할 수 있는 메가라의 테오그니스는 이러한 생각을 명확하게 드러냈다.

> 우리는 순종인 양과 당나귀, 말을 찾지만 …… 고귀한 남자도 큰돈을 얻을 수만 있다면 천한 아비의 천한 딸과 결혼하는 것을 개의치 않으며, 여자는 천한 남자라도 돈만 많다면 …… 아내가 되기를 거부하지 않는다네. 사람들이 공경하는 것은 …… 돈일세. 부로 인해 피가 섞이지. 그러니 폴리파이데스, **고귀한** 것이 천한 것과 섞여서 도시인의 혈통이 약해지고 있다 해도 놀라지 말게나.[1]

　본질이 고귀한 사람들이 테오그니스와 그의 동료들이 비천하다고 여긴 자들과 아이를 낳고 있었다. **피**는 이제 섞였다. 테오그니스는 그 결과 **사회**가 약해질 것이라고 경고했다. 그러면서 이런 상황을 막으려면 우리가 다른 종류의 가축을 교배할 때 적용하는 논리를 인간의 번식에도 똑같이 적용해야 한다고 설파했다.

　테오그니스가 이 글을 쓴 것은 약 2,500년 전이었다. '우생학'은커녕 '유전학' 연구가 시작되기도 24세기 전이다. 그러나 한 편의 시에 담긴 그의 개탄에 20세기 우생학을 형성한 모든 요소가 빠짐없이 들어 있다.

- 가축 교배와의 비교
- 부모에게서 아이에게로 본질적 약점이 전달될 것이라는 우려
- 피를 섞어서 **혈통을 더럽히는** 행위를 향한 성토
- **생물학적** 타락을 예방하기 위해 번식할 인간을 신중하게 선별해야 한다는 주장

뭐, **거의** 모든 요소가 들어 있다. 다른 누구도 아닌 찰스 다윈조차 테오그니스가 "신중하게 적용하기만 한다면 선별이 인류 발전에 얼마나 중요한 역할을 할지 똑똑히 간파했다"라고 믿었던 것은 사실이다.[2] 다윈의 고종사촌 프랜시스 골턴이 '우생학'이라고 명명한 것과 일맥상통하는 생각이다. 그러나 고대 그리스의 시를 연구하는 다른 학자들은 다윈의 주장에 동의하지 않는다. 그들은 이 기나긴 시의 다른 구절들을 보면 테오그니스가 혈통이나 선천적 요인이 개인 또는 사회 전체의 운명을 **결정한다고** 보지는 않았음을 알 수 있다고 생각한다.[3] 학생 때 테오그니스를 공부한 철학자 프리드리히 니체가 아마도 테오그니스의 동기를 가장 잘 포착해낸 사람일 것이다. 대체로 테오그니스는 그저 하류층에 분노했을 뿐이었다.

테오그니스는 세련된 귀족이었다가 불운한 시기에 몰락한 사람으

로 그려지는데 …… 위로 올라가려고 발버둥치는 대중을 몹시 경멸한다. …… 지나간 것은 너무나 아름답고 부러워 보이고, 다가오는 것은 …… 역겹고 혐오스러워 보인다. 민중 혁명이 일어나기 전의 귀족의 모습을 나타내는 모든 고귀한 인물에게서 나타나는 전형적인 반응이다.

— 프리드리히 니체, 「메가라의 테오그니스에 관하여」(1864)[4]

반면 플라톤은 더 강경한 결정론을 믿었다. 테오그니스 시대로부터 한 세기가 지난 뒤, 역사상 단연코 가장 영향력 있는 철학자인 플라톤은 『국가』에서 전 인류의 개선을 위해 가장 뛰어난 사람이 자녀를 가장 많이 남길 수 있도록 지배계급이 혼인을 주선해야 한다고 명기했다. 그 다음, 공동체는 신중하게 선별한 부부의 자식을 기르는 데 자원을 쏟고 열등한 부부의 자식은 방치해야 했다.[5] 플라톤이 역사상 가장 영향력 있는 책 중 하나인 『국가』에서 테오그니스를 지지한 사실은 당연히 시대를 초월하며 큰 반향을 불러일으켰다.

소크라테스 그렇다면 어떻게 해야 가장 유익한 결과를 얻을 수 있겠는가? 말해보게, 글라우콘. 보아하니 자네는 집에서 사냥개와 혈통 좋은 새 여러 마리를 키우더군. 그놈들의 짝과 생식에 대해 생각해본 적이 있는가? …… 그렇다면 자네는 가리지 않고 아무렇게나 교배하는가, 아니면 신중하게 가장 좋은 놈을 골라 교배하는가?

글라우콘 가장 좋은 놈을 고릅니다. ……

소크라테스 우리가 앞에서 동의한 바에 따르면 …… 가장 뛰어난 남자는 가능한 한 가장 뛰어난 여자와 함께 살아야 하고 가장 형편없는 남자는 가능한 한 가장 형편없는 여자와 함께 살아야 하네. 그리고 집단이 최대한 완벽해지려면 전자의 자식을 기르고 후자의 자식은 기르지 말아야 하네.

— 플라톤, 『국가』 5권, 459(기원전 375년경)[6]

그럼에도 사회 개선을 위해 인간의 번식을 통제하는 것은 수 세기 동안 진지한 해결책으로 채택되지 않은 듯하다. 그리스와 로마의 일부 지역에서는 영아를 살해해 장애인을 가려낸 것으로 보인다. 로마의 웅변가 세네카는 이러한 영아 살해 관습을 상식으로 판단하고 용인했다. 고대 스파르타인의 영아 살해 일화가 히틀러의 관심을 끈 것은 바로 이러한 이유에서였다. 그러나 고고학자와 역사가 들은 이 관습이 전 사회적 규모로 발생했다는 증거를 찾지 못했다. 물론 수많은 왕족과 귀족 들은 수 세기 동안 다양한 형태로 배우자를 선별했다. 그 결과 너무 가까운 친족과의 근친혼이 발생했다. 아마도 이런 '통제된 번식' 때문에 악명 높은 혈우병 같은 희귀 유전병이 발현했을 것이다. 506년, 아그드(오늘날의 프랑스 남부에 있었던

     1부 부적자들이 살아남다

도시)에서 열린 기독교 주교 회의에서 가까운 가족 간 결혼을 금지했으나 이러한 결정이 꼭 전반적인 인간 혈통을 개선하고 싶다는 희망 때문은 아니었다. 이런 산발적인 사례들을 인간 번식에 관한 고대의 조언을 따르려는 진지한 노력으로 보기는 어렵다. 역사적으로 플라톤을 추종해온 신봉자들 사이에서도 『국가』 5권에 기록된 조언을 실천하려는 조직적 시도는 찾아볼 수 없다. 그러다 19세기가 3분의 1 정도 남았을 무렵, 상황이 바뀌었다.

> 우리는 미친개를 안락사시키고, 길들지 않고 미쳐 날뛰는 황소를 죽이고, 병든 양이 양떼에 병을 옮기지 않도록 칼을 들고, 비정상으로 태어난 새끼를 없애고, 인간 아이 역시 약하거나 기형으로 태어나면 익사시킨다. 그러나 이처럼 무가치한 것에서 건전한 것을 가려내는 것은 화가 아닌 이성에서 비롯된 행동이다.
> ─ 세네카, 『화에 대하여』 1권, 15.2(서기 50년경)[7]

플라톤 시대에서 약 2,300년이 지났을 무렵, 미국의 한 종교 공동체가 인간의 선별적 번식을 실천에 옮겼다. 뉴욕 오네이다에 있는 성서 공동체에서 미국 하원의원의 아들이자 예일대 신학생인 존 험프리 노이스가 '스터피컬처stirpiculture'라 이름 붙인 선별적 번식 계획을 세운 것이다. (스터프stirp는 라틴어로 '혈통' 또는 '뿌리'라는 뜻이다.) 그는 플라톤과 테오그니스, 다윈의 책을 읽었고 이와 더불어 로버트 베이크웰이 쓴 가축 사육 지침서들, 또 주일학교 교재들도 읽었다. 그리하여 부모의 선천적이고 본질적인 생물학적 특성에 따라 인간의 운명이 결정된다고 믿게 되었다. 하나님이 여러 '종류'를 창조한 뒤 번식을 명한 창세기에도 명백히 나와 있는 내용이었다. 또한 노이스는 다윈의 『종의 기원』을 읽고 번식을 신중하게 선별하면 유기체가 적대적인 환경에서도 살아남을 수 있으리라 추론했다. 그와 성서 공동체 주민들은 인간이 하나님의 영광과 인류 발전을 위해 이 지식을 사용할 수 있다고 주장했다. 하나님이 준비하시고 다윈이 발견한 생물학적 규칙을 적용한다면, 우리가 자제력을 충분히 발휘할 수만 있다면, 이 거친 현대사회에서 살아남을 수 있는 더 건강하고 행복한 아이들을 만들어낼 수 있을 것이었다.

1869년에서 1879년 사이에 오네이다 공동체 주민의 거의 3분의 1에 해당하는 100명의 남녀가 선별 과정에 자발적으로 참여했고, 여성 여섯 명과 남성 여섯 명에게 결정권이 주어졌다. 종교 원로들로 구성된 이 위원회는 영성, 지능, 도덕성, 신체 순으로 점수를 매겨 엄격하고도 경건하게 사람을 선별했다. 뒤이은 10년간 20세에서 42세 사이의 여성 41명이 62명의 자녀를 낳았고, 그중 58명이 3세를 넘겨 살아남았으며 52명이

   1부 부적자들이 살아남다

1870년대에 노이스의 성서 공동체 주민들은 뉴욕주 오네이다에 있는 저택에서 장기간에 걸쳐 우생학 실험을 실시했다.

중년을 훌쩍 넘겼다. 당시 기준으로 보면 이들의 자손 — 때로는 '스터피컬트stirpicult'라는 이름으로 불렸다 — 은 놀라울 만큼 건강하고 사회에 잘 적응했다. 1920년대에 원조 오네이다 스터피컬트 중 한 명이자 뉴욕주 최초의 여성 의학박사 중 한 명이었던 힐다 헤릭 노이스가 다른 스터피컬트를 대상으로 (주로 건강과 수명에 관해) 통계 조사를 실시한 결과, 통제된 인간 번식 — 우생학 — 이 압도적 성공을 거둘 수 있다는 사실이 입증된 듯 보였다.[8]

19세기 말에는 미국의 대통령 후보까지 공개적으로 스터피컬처를 옹호했다. 여성의 권리를 열렬히 주장했던 빅토리아 우드헐Victoria Woodhull은 자신이 출마한 1872년 대통령 선거 운동에서 여성들이 헌법적이고 자연적인 권리를 행사해서 원하는 사람과 원하는 기간만큼 짝을 맺을 수 있어야 한다고 선언했다. 우드헐은 오로지 여성만이 사회를 더 보기 좋고 건강하고 강하고 용감하고 정의롭게 만들 형질을 적절히 선별할 수 있기 때문에 여성에게 원하는 짝을 고를 자유가 주어져야 한다고 주장했다. 가축 사육사는 더 크거나 부드럽거나 질기거나 온순한 가축을 만들 수 있다. 19세기의 농업 전문가들은 의도적이고 과학적인 품종 개량법을 적용했을 때 인간이 옥

'스터피컬트': 오네이다 우생학 실험이 배출한 열두 명의 건강한 자손과 부모 들 (1892)

 1부 부적자들이 살아남다

수수와 소, 면화, 밀의 산출량을 얼마만큼 더 쥐어 짜낼 수 있는지를 이미 증명해 보였다. 이 방법을 인간에게 적용하면 안 될 이유가 무엇이란 말인가?

우드헐은 선거에서 현직 대통령 율리시스 S. 그랜트에게 패배한 뒤에도 북미에서 순회 연설을 이어가며 식물과 동물처럼 인간의 운명도 생물학적으로 이미 결정되어 있다는 메시지를 전파했다. 영국으로 거처를 옮긴 뒤에도 마찬가지였다. 우드헐은 생물학적 결정론을 고려하면 인류의 책임이 지극히 명확해진다고 말했다. 즉 오로지 적자만이 아이를 낳아야 한다는 것이었다.

> 기형이거나 병든 사람은 결혼해선 안 됩니다.
> 무지한 채로 하나님의 형상을 만들어서는 안 됩니다.
> 하나님의 성전을 더럽혀서는 안 됩니다!
> ― 빅토리아 우드헐, 「스터피컬처, 인류의 과학적 번식」[9]

우드헐이 보기에 한때는 순수하게 잘 관리되었던 빅토리아 여왕의 도시들도 범죄와 빈곤, 알코올중독, 바글거리는 병자 떼거리의 피난처로 변해가고 있었다. 도시민과 정부는 이런 상황에서 무엇을 했는가? 그 바보들은 관대함을 베풀자고 말했다. 그들은 정신병자들을 시설에서 돌보며 응석을 받아주었다. 우드헐은 생물학에서 이런 종류의 친절함은 멍청하고 나약하고 자멸적인 것이라고 연설했다. 다른 생명체라면 범죄와 알코올중독, 문란한 성생활 등 주변에서 창궐하는 타고난 부적응적 특성을 모조리 근절했을 것이다. 그러면 결국 남아 있는 생명체들은 적합성이 점점 높아질 것이다. 이와 달리 인간은 '관대함' 때문에 점점 퇴화하고 있었고, 돌봄이 필요한 인간의 수가 점점 늘고 있었다. 우드헐에 따르면 이제는 약자를 그러모을 게 아니라 미래 세대가 마침내 발전할 수 있도록 누군가 나서서 인류의 운명을 이끌어야 할 때였다.

오네이다 성서 공동체의 주민들과 빅토리아 우드헐은 다만 두 가지 사례에 불과할 뿐, 19세기 말 당시 인간의 번식 통제에 대한 관심은 대서양 양쪽에서 급속도로 커져가고 있었다. 테오그니스와 플라톤이 표했던 두려움과 희망은 수 세기가 흐른 뒤 더욱 명확하게 정의되었다. 의사, 정치인, 심리학자 들은 이러한 희망과 두려움을 의미하는 온

대통령 선거에 출마한 우생학 추종자 빅토리아 우드헐(1872)

갖 전문 용어를 만들어냈고, 이 명칭들은 과학적 중요성을 전달하는 듯 보였다. 그리고 미국의 의사들은 피가 더러워지고 있다는 테오그니스의 오랜 두려움을 해소할 효율적인 방법을 조용히, 우드헐 같은 열렬한 지지자들도 모르게 찾아내기에 이르렀다. 그러나 그 이야기는 조금 더 뒤에 다룰 것이다.

2장

퇴화자들

빅토리아 우드헐이 자기 연설과 출판물에서 드러낸 것은 부적자들의 번식 가능성에 대한 뿌리 깊은 두려움이었다. 우생학의 이 두 번째 요소는 생물학적 결정론과 함께 20세기 우생학 운동이 부상하는 데 결정적 역할을 했다. 최악의 부류들은 언제나 최상의 부류보다 아기를 더 많이 낳는 듯 보였다. 우드헐이 빅토리아 시대의 미국과 영국에서 그토록 설득력 있고 강렬하게 드러낸 이 두려움은 새로운 형태의 우생학 출현에 박차를 가했다.

예를 들면 고대의 테오그니스나 플라톤과는 다르게, 심지어 1870년대에 경건한 태도로 사람들을 선별하고 그렇게 태어난 스터피컬트들을 공동으로 양육한 오네이다 공동체와도 다르게, 현대 우생학은 적자를 **퍼뜨리는** 것만큼이나 부적자를 **제거하는** 데 집중했다. 골턴이 '우생학'이라는 단어를 만들기 무려 수십 년 전인 1800년대 중반, 의사와 과학자 들은 퇴화한 인간의 수가 나머지 인구에 비해 지나치게 빨리 증가하고 있다고 경고했다. 누군가 빨리 조치를 취하지 않으면 저 달갑지 않은 자들이 문명 자체를 집어삼킬 터였다. 원치 않는 자들의 왕성한 생식력에 대한 이 두려움이 바로 현대의 우생학과 과거의 우생학을 구분 짓는 요소다.

퇴화에 대한 이 두려움은 대개 조제프 아르튀르 드 고비노와 아돌프 케틀레, 베네딕트 모렐 같은 프랑스어권 유럽의 의사와 정치인에게서 기원했다고 볼 수 있다. 세 사람은 퇴화의 두려움이 지닌 서로 다른 측면을 강조했고, 이들의 우려는 현대 우생학 운동뿐만 아니라 뒤이어 발생한 홀로코스트에도 영향을 미쳤다.

고비노 백작

조제프 아르튀르 드 고비노Joseph Arthur de Gobineau 백작은 진심으로 바이킹이 되고 싶었다. 문제는 그의 혈관에 스칸디나비아인의 피가 거의 흐르지 않는다는 것이었다. 그럼에도 그는 자신이 수백 년 전 기독교화된 프랑스를 파괴하고 노르망디 해안에 정착하기 위해 범선에서 뛰어내린 거친 약탈자들의 후손이라고 주장했다. 고비노 백작은 자기 가문이 바이킹의 후손이라는 이 거짓 믿음을 바탕으로 온전한 세계관을 구축했다. 믿기 힘들게도 이 한 남자의 열등감이 수십 년간 여러 세대에 걸쳐 수많은 남자들의 열등감에 반영되며 점점 증폭되었고, 그 결과 스칸디나비아인과 그들의 후손을 우상화하는 운동이 생겨났다. 고비노 백작과 그의 뒤를 따른 남자들은 스칸디나비아인을 '고귀한'이라는 뜻의 산스크리트어에서 가져온 '아리아인'이라는 이름으로 부르며 우월한 백인 인종 중에서도 가장 우수한 종파를 가리키는 의미로 사용했다.

고비노는 저명한 알렉시 드 토크빌(앤드루 잭슨 대통령 시대에 쓴 『미국의 민주주의』로 유명하다)의 연구 조교가 되면서 일을 배웠다. 이 인맥을 이용해 귀족 출신 프랑스 외교관으로서 불안정한 경력을 쌓기 시작한 고비노는 엉뚱한 조상에 대한 자신의 자부심을 담아 『인종불평등론』(1853~1855)을 썼다. 그는 미국 및 프랑스의 혁명과 1848년에 유럽 전역에서 일어난 봉기의 결과로 발생한 "피비린내 나는 전쟁, 혁명, 법의 붕괴"가 자유의 탄생이 아닌 심각한 사회 부패를 보여준다며 이 네 권 분량의 책을 독선적인 분노로 가득 채웠다.[1] (1848년에 그의 가문이 지녔던 귀족적 가치도 함께 추락했는데, 아마도 이것

이 『인종불평등론』을 쓴 더 직접적인 이유인 듯하다.[2]

고비노에 따르면 광범위한 사회 부패에는 구체적인 원인이 있었고, 그는 이 원인이 수 세기에 걸친 세계사에서 되풀이해 나타났다고 주장했다. 그가 제시한 가상의 연대기에 의하면 수천 년 전 "이 땅에

고비노 백작은 인종이 퇴보한다는 두려움을 퍼뜨리는 데 가장 크게 공헌한 인물이다.

서 인류가 이뤄낸 과학과 예술과 문명 중에서 위대하고 고귀하며 유익한 모든 것"을 만들어낸 원시 아리아 인종이 중앙아시아와 유럽으로 퍼져나가 싸우고 정착하고 위대한 철학을 빚고 위대한 예술을 창조하면서 이 지역들에 엘랑 비탈^{élan}

vital, 즉 생명력을 불어넣었다.[3] 이 원시 아리아인은 전 인류사의 뼈대가 된 '10대 문명'을 낳았는데, 피부색이 밝은 인도인, 파라오처럼 화려한 이집트인, 바다를 항해하는 페니키아인, 철학적인 그리스인, 정복자 로마인, '하얀' 중국인, 고비노가 신화화한 바이킹을 비롯한 '게르만인', 마지막으로 콜럼버스 이전 시대의 아메리카에 있던 세 제국(카호키아인, 잉카인, 아즈텍인)이 그 10대 문명이었다.[4] 그러나 우월한 아리아인은 유혈

이 낭자했던 그 유쾌한 여정에서 피부색이 어두운 현지인, 즉 원시 '흑인' 및 원시 '황인'의 후손들과 교배하기도 했다.

하지만 나눠줄 생명력에도 한계가 있었다. 고비노에 따르면 다른 아리아인과 교배하지 않은 아리아인 세대는 자신들의 우월한 생명력을 잃었다. 아리아인의 순수한 혈통이 다른 인종과 섞여서 오염될수록 반란과 전쟁, 그 밖의 다양한 형태의 사회 붕괴가 일어났다. 프랑스 자체가 이미 퇴화하고 있었다. 키가 더 작고 피부색이 더 어두운 열등한 소작농 — 고비노가 사용한 용어로는 '흑인화'되거나 '셈족화'된 자들 — 이 유럽 전역에서 우월한 아리아계 '노르딕'과 뒤섞였다. 이 모든 피부색이 하나로 섞이면 흉악한 종말이 찾아올 터였다. 고비노는 인종이 섞이면 결국 문명 자체가 붕괴되리라 믿었다.

고비노는 자기 저서에서 개탄해 마지않은 여러 국가와 지역 — 당시 페르시아에 있었던 테헤란, 그리스의 아테네, 브라질의 리우데자네이루 — 을 여행했고, 이 모든 곳에서 인종이 뒤섞인 탓에 이미 사회의 퇴화가 진행되고 있다고 믿었다. 1870년에 프랑스로 돌아와 프랑스군이 프로이센군에 패배하는 것을 목격한 그는 『1870년 프랑스에 무슨 일이 일어났는가』를 집필해 프랑스가 인종의 뒤섞임 탓에 더 순수한 아리아인의 피가 흐르는 게르만인에게 패배한 것이라는 자신의 인종차별적 관점을 의기양양하게 드러냈다.

고비노는 두려움에 초점을 맞추고 초조해하는 사람들의 불안을 이용해 프리즘처럼 색을 하나씩 분리해냈다. 물론 문명의 종말이 임박한 것은 열등 인종들 때문이었다. 아리아인이 이 열등 인종들과 뒤섞이면서 시스템 전체가 무너지는 결과가 발생했다. 각 인종은 저마다 순수한 본질을 지니고 있으며 생물학적으로 운명이 결정되어 있기 때문이었다. 서로 다른 본질과 운명을 지닌 종족들이 섞이면 모든 것이 퇴화될 수밖에 없었고, 이러한 사회 붕괴는 이미 진행 중일지도 몰랐다.

인종이 뒤섞이는 것에 대한 두려움. 이것이 바로 과소평가된 요인이다. 앞으로 살펴보겠지만 20세기의 우생학 운동은 주크 가문과 캘리캑 가문처럼 가난한 미국 농촌 지역에 거주하는 허구의 백인 집단, 즉 화이트 트래시white trash에 대한 '가문 연구'에서 힌트를 얻은 듯 보였다.[5] 일부 논평가는 이런 제도화된 우생학이 인종차별과 밀접하게 관련되어 있다는 사실을 보지 못하는데, 충분히 이해할 만하다. 어쨌거나 우생학은 애팔래치아 지역 백인과 미국 북부의 백인 정신질환자, 독일의 백인 게르만인에게도 적용되었는데 어떻게 우생학이 **인종차별**일 수 있겠는가? 그러나 빈곤 백인에 관한 19세기와 20세기의 우생학 연구는 인종이 뒤섞여서 사회가 퇴화한다는 고비노 같은 유럽 지식인들의 추측 위에 덧붙여진 것이었다. 고비노 이후 사회 퇴화에 관한 서사는 검은색과 갈색 피부의 사람들을 적대시하고 아리아인과 북유럽인을 찬양하는 인종적 위계질서와 줄곧 긴밀하게 뒤얽혀 있었다. 물론 이러한 생각이 늘 심각한 편견의 형태로 드러난 것은 아니었다. 그러나 사회 퇴화 담론은 피부가 검은 **저들**의 수는 너무 많고 피부가 밝은 **우리**의 수는 충분치 않다는 생각과 늘 어떻게든 연결되었다. 제1차 세계대전 이후 유럽 전역에서 나치주의를 옹호하는 '고비노협회Gobineau-Vereinigung'가 생겨났을 때, 이들은 우생학을 통해 백인 인종을 정화하는 것이 계속해서 비백인 인종을 지배하는 수단임을 분명히 드러냈다.

베네딕트 모렐

사회의 퇴화를 두려워한 사람은 고비노뿐만이 아니었다. 비슷한 시기에 프랑스에서 훈련받은 정신과 의사이자 노르망디 루앙에 있는 생용정신병원Asile d'Aliénés de Saint-Yon의 원장이었던 베네딕트 오귀스탱 모렐Bénédict Augustin Morel(1809~1873) 역시 불안한 추세를 인식했다. 사람들의 두상이 변하고 있었고, 뇌 크기가 쪼그라들고 있었다.[6] 그러나 모렐은 고비노가 주장한 본질주의와 생물학적 결정론에 동의하지 않았다. 그는 퇴화의 원인이 현대 도시에 있다고 생각했다. 산업이 성장하면서 도시 환경이 서민을 은유적으로나 말 그대로나 쥐어짜고 있었다. 모렐은 퇴화하는 아이들이 급격히 증가한다는 사실에서 환경이 빠르게 변하고 있다는 불편한 증거를 찾았다. 그러나 그는 인종이 섞였기 때문에 퇴화가 발생한 것은 아니라고 강조했다. 퇴화는 현대생활이 주는 스트레스의 결과였다.[7]

이처럼 모렐은 처음에 우생학의 핵심 원칙과 반대되는 입장을 취했지만 결국 그의 작업은 우생학을 옹호하는 방향으로 나아갔다. 유럽 전역의 정신병원을 방문해 증거를 모은 모렐은 정신질환자들이 서로 다른 국가와 환경과 맥락에서 서로 다른 부모에게 양육되었는데도 차이점보다 공통점이 더 많다는 사실을 알아차리기 시작했다. 이런 비정상적 특징들은 두상에서 나타나는 '유전적 소인'을 드러내는 것일까?[8] 모렐이 벨기에의 저명한 수학자 아돌프 케틀레Adolphe Quetelet의 글을 접한 것은 바로 이 무렵이었다.[9]

획기적인 방식으로 천문학의 오류를 해결해서 명성을 얻은 케틀레는 이내 **사회적** '오류'를 확인하는 쪽으로 관심사를 돌렸다. 1834년에 케틀레는 부랑자들의 기형적인 두개골을 모아놓은 엄청난 수의 표본을 접했는데, 이 표본들은 파리 근교 샤랑통과 비세트르, 라살페트리에르의 정신병원에 입원했던 환자 수백 명에게서 수집한 것이었다.[10] 케틀레는 이 두개골들의 구조에서 하나의 패턴을 발견했다. 이때로부터 1년도 채 지나지 않아 출간한 획기적인 저서 『인간과 능력 개발에 관하여: 사회물리학 시론』(1835)에서 케틀레는 정상적이거나 '평균적'인 개인 외에 정상의 자격을 얻지 못한 사람이 상당수 존재한다고 강조했다.[11] 여기서 케틀레가 생각한 핵심은, 대다수 범죄가 바로 이들에게서 비롯된다는 것이었다. 케틀레는 이들을 '괴물'이라 불렀다.[12] 이 괴물들의 수가 꾸준히 야금야금 증가하고 있었다.[13]

모렐은 생용에서 케틀레의 책들을 꼼꼼하게 읽었다. 자기 경험에 비추어 볼 때 케틀레의 주장은 사실처럼 보였다. 정신이 불건강한 사람들이 **실제로** 점점 늘고 있었다. 유럽과 미국 전역에 정신병원이 들어섰다. 최악의 소식은 정신적으로 퇴화한 사람들이 범죄 성향도 동시에 보인다는 것이었다. 케틀레는 "정신의 병은 신체의 병과 같아서 일부는 전염성이 있고 일부는 급격히 확산되며 일부는 유전된다"라고 주장했다.[14] 실제로 모렐은 정신병원 입원 환자 수의 증가와 함께 범죄가 증가하고 있다는 통계 수치에 주목했다. 재산 범죄는 물론이고 개인을 향한 폭력도 늘고 있었다. 자살도 마찬가지였다. 사회를 더 위험하고 불쾌하게 만드는 온갖 종류의 비열한 짓 역시 증가했다. 이러한 현상은 국방에도 악영향을 미쳐서, 프랑스군은 신병들이 과거에 비해 상태가 현저히 나빠졌다고 보고했다. 정부 관료들도, 의사들도, 경찰들도, 심지어 종교인들도 경

 1부 부적자들이 살아남다

악을 금치 못했다. 곳곳에서 사회 부패와 퇴보의 징후가 나타나고 있었다.

오물을 치우고 식량 공급을 늘리고 도시 환경을 개선하고 산업주의에 재갈을 물리는 방식으로 사회 악화를 저지할 수 있을지도 몰랐다. 그러나 모렐은 주저했다. 케틀레의 주장이 사실이라면 정신이 퇴화한 자들은 실제로 다른 **종류**의 인간, 정상 유형에서 벗어난 '병적 이상자'인 것일까? 만일 그렇다면 사회에서 제 몫을 다하지 못하는 퇴화자들은 심각한 짐이었다. 모렐은 라마르크를 비롯한 여러 진화학자의 저서를 읽었다. 그랬기에 어떤 특징이 한번 획득되면 다음 세대로 계속 전달될 수 있다는 사실을 알았다. 어떤 이들은 자신의 퇴행적 특성을 자손에게 물려줄 것이었다.[15] 알코올중독은 유전되는 듯 보였다.[16] 어쩌면 다른 퇴행적 특성들도 마찬가지일 수 있었다. 이 숫자가 충분히 커지면 사회 전체가 무너지기 시작할 터였다.

모렐이 고비노의 인종주의를 거부한 것은 사실이지만, 결국 그는 이미 인종차별로 가득한 퇴화 개념을 정밀한 자료로, 두상과 두개골과 통계자료를 갖춘 과학으로 탈바꿈한 것뿐이었다. 본질상 퇴화한 개인들이 자유롭게 돌아다니며 범죄를 저지르고 번식해서 자신들과 같은 미래 후손의 수를 늘리도록 허용했기 때문에 문명 자체가 부패되고 있다는 것. 바로 이 이론이 오래도록 이어진 현대 우생학의 핵심 요소 중 하나다.

이 개념은 프랑스에서 널리 받아들여졌다. 1870년대 초반의 프랑스-프로이센 전쟁 당시 파리에는 '타락한 프랑스'라는 제목으로 사실상 모렐의 주장을 반복한 내용의 팸플릿이 나돌았다.

> [우리 프랑스인은] 타락하고 위험한 대중, 저급한 자들, 변태적인 자들, 뻔뻔한 자들, 온갖 종류의 미치광이들이 되어가고 있으며, …… 도시에 들끓는 인간쓰레기와 간질과 피부병이 있는 악당[의 모습을 한 이들은] 더러운 피를 물려받았고 악행을 저질러 스스로에게 해를 입히며 문명에 퇴보와 무능을 불러오고 …… 퇴화한 본능과 잘못 만들어진 뇌로 [문명을] 미치게 만든다.
> — 익명의 저자, 「타락한 프랑스」[17]

10년 뒤, 파리 비세트르정신병원의 의사였던 샤를 페레가 더 많은 자료를 모아 이러한 두려움을 뒷받침했다. 『퇴화와 범죄』(1888)에서 그는 새로 개발된 근운동 기록기로 신경 흥분도와 반응 시간을 측정한 실험 결과를 소개했다. 이 결과는 퇴화자 중 어떤 부류는 반응이 너무 느린 반면, 다른 부류는 반응이 놀라울 만큼 민첩하다는 사실을 보여주었는데, 후자는 도둑, 강도, 살인자에게 유리한 것이었다. 이때부터 퇴화에 대한 공포가 프랑스를 비롯한 여러 국가의 대중소설에 스며들기 시작했다.

프랑스의 영향력 있는 소설가 에밀 졸라는 페레의 글을 읽고 퇴화에 관한 이 불안이 미래를 예견한다고 생각했다. 그리고 모렐의 유전적 퇴화 개념을 토대로 『제르미날』(1885)과 『인간 짐승』(1890) 같은 대작을 비롯해 루공-마카르 총서 스무 권을 집필했다. 영국의 작가이자 범죄인류학자이며 나중에 성性 연구자가 된 헨리 해블록 엘리스가 1894년에 『제르미날』을 영어로 번역했다. 그러고 얼마 지나지 않아 퇴화에 대한 에밀 졸라의 두려움을 이용해 우생학을 옹호하기 시작했다. 졸라의 초조한 불안은 러시아의 셰익스피어라 불리는 도스토옙스키에게도 영향을 미쳤다.[18]

문화에 지대한 영향을 미친 이 저자들은 퇴화 개념이 주변부 괴짜들이나 주장한 난해한 이론이 아니었음을 보여준다. 19세기의 마지막 20년 무렵에는 고비노와 모렐, 케틀레가 한 세대 전에 두려워한 바로 그 현상을 뒷받침하는 적절한 과학적 자료를 손쉽게 제시할 수 있었다. 퇴화한 대중이 조용한 암세포처럼 유럽의 도시들을 뒤덮고 있었다. 그리고 곧 '퇴화'는 단순한 질병이 아닌 폭력 범죄를 의미하게 되었다.

3장

타고난 범죄자

1800년대 말, 알코올중독과 폭력, 범죄를 비롯한 온갖 나쁜 행동이 개인에게 각인된 특성에서 비롯하며 이러한 특성은 부모에게서 숨겨진 생물학적 본질을 물려받았기 때문이라는 프랑스인들의 주장에 동의하는 과학자와 의사의 수가 점점 늘어났다. 신체의 질병과 마찬가지로 정신의 질병도 생물학적 본질에 원인이 있었다. 조만간 조치를 취하지 않으면 자녀를 많이 낳는 부적자의 수가 적자의 수를 압도해 사회가 퇴화할 것이었다.

그러나 이러한 우려는 여전히 극소수가 주장하는 이론일 뿐이었다. 20세기 우생학을 낳은 세 번째 요소는 퇴보가 실제로 진행되고 있음을 입증하는 명백한 생물학적 증거였다. 머리의 돌출 부위를 관찰하는 골상학(두개골의 모양과 크기로 지능과 성격 특성을 파악하는 학문)에서 이 세 번째 요소, '범죄인류학'이 생겨났다. 범죄인류학은 언젠가 범죄 행동으로 이어질 눈에 띄는 기질적 표지, 즉 몸에 새겨진 범죄의 **전조**를 과학적으로 찾아내려는 시도였다. 전 세계의 범죄인류학자들은 돌출된 턱이나 지나치게 얇은 콧등에서 퇴화의 증표를 찾았고, 의사들은 이 신체적 징후가 훗날 범죄로 분출될 것이라고 경고했다. 인류학자들이 가장 위험하다고 경고한 특징은 '격세유전'이었다. 수십 년간 표면 바로 밑에 도사리고 있다가 언제든 다시 나타나려 하는 이 특성들은 몸속에 숨은 짐승이었다.

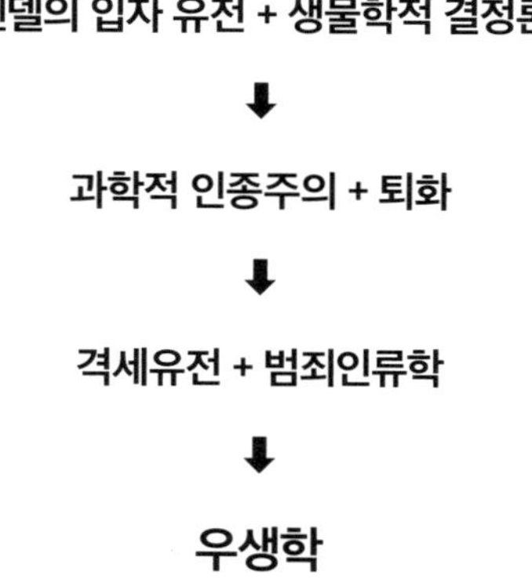

현대의 일부 학자들은 짐승 같은 특성이 잠재되어 있다가 세대를 건너뛰어 발현된다는 이러한 믿음이 다윈의 자연선택

과 멘델의 유전학, 프로이트의 정신분석에서 영향받았다고 보기도 한다. 그러나 묻혀 있던 조상의 특성이 재등장하는 현상에 대한 집착은 이미 한 세기 전부터 존재했다. 1700년대 중반, 프랑스의 철학자이자 생리학자였던 모페르튀이는 다지증(손가락이나 발가락이 다섯 개가 넘는 경우)이 세대를 건너뛰어 발생하는 듯 보이는 가족의 사례를 기록한 뒤 이러한 생물학적 오류가 조상의 뿌리 깊은 특성이 되돌아온 것이라는 결론을 내렸다. 모페르튀이는 이러한 현상이 "놀랍다"라면서도 "의심하기에는 너무 자주 발생한다"라고 생각했다.[1] 조상의 어떤 특성은 매우 오랜 시간 이어지며 변화를 **동반하지 않은** 계승을 보여주었다.

1870년대에 이르러 찰스 다윈의 『인간의 유래와 성 선택』(1871)과 『인간과 동물의 감정 표현』(1872) 같은 책들이 발표되면서 마침내 많은 과학자가 인간의 정신 역시 변화를 동반한 계승의 산물임을 확신하게 되었다. 그때 새로 등장한 범죄인류학자 및 그들과 생각이 같았던 의사들은 일종의 '깨달음의 순간'을 맞이했다. 정신적 특성의 차이야말로 모페르튀이의 설명 ─ 아마도 원시적인(**즉** 비백인) 인종과 관련된 더 '원시적인' 특성이 세대를 건너뛰어 되돌아온다는 것 ─ 이 가장 뚜렷하게 드러나는 지점이었다. 그러나 이러한 생물학적 차이를 어떻게 **입증할** 수 있단 말인가?

뇌를 해부하다

에드워드 페이슨 파울러Edward Payson Fowler는 뉴욕시에서 가장 유명한 골상학자였던 로렌조 파울러와 오슨 파울러의 이복동생이었다. 아마 여러분도 골동품점에서 파울러 형제의 새하얀 골상학 흉상을 본 적이 있을 것이다. 파울러 삼 형제는 누이 샬럿 파울러 웰스와 함께 살았는데, 그는 담배에 반대하고 채식주의와 페미니즘, 인간의 번식 통제를 옹호하며 여러 권의 책을 낸 사람이었다. 에드워드는 루이 파스퇴르의 영향력이 한창이던 1870년대에 가족의 인맥을 이용해 파스퇴르와 함께 일했다. 파스퇴르가 눈에 보이지 않는 생물학적 요소가 질병을 일으킬 수 있다는 세균 이론을 의학계에 납득시키며 세균학으로 세상을 바꿀 때 파울러는 그렇게 그의 곁에 있었다. 다시 뉴욕으로 돌아온 파울러는 뉴욕병원 설립 기금을 모으고 20년 넘게 뉴욕의학회 회장을 역임하며 뉴욕 의학계의 존경받는 인물이 되었다.[2]

1875년에 그의 이복형이자 범죄자의 과실을 판단하는 인간 심리 전문가였던 로렌조 파울러는 이렇게 말했다. "만일 어떤 사람에게 '도덕 관념'이 없다는 사실이 증명된다면 그 사람을 부적자로 간주하고 …… 시설에 구금해야 한다." 로렌조 파울러는 거리를 활보하는 사람 중에 "야만인보다 못한" 자들이 있다는 사실을 우리가 인정하면서도 정신질환을 가엾게 여겨 그들을 처벌하지 않는다면 도시에 범죄가 들끓을 것이라 주장했다.[3]

에드워드 파울러는 1880년에 발표한 학술 논문 「범죄자의 뇌에는 해부학적 이상이 있는가?」에서 이복형의 주장을 반복하며 자신이 던진 그 질문에 단호히 **예스**라고 답했다. 그러면서 그는 범죄자 '체질'인 사람의 뇌가 '원시 인종'의 뇌와 비슷하다고 주장했다.[4] 1년 뒤인 1881년에는 이 '해부학적 이상'의 구체적인 특징을 개괄해 자신에게 특히 큰 영감을 준 빈의 신경외과 의사 모리츠 베네딕트Moritz Benedikt의 저서 『범죄자의 뇌에 대한 해부학적 연구』를 번역해 대중화했다.

베네딕트 본인의 표현에 따르면 그는 '범죄의 자연사史'에 기여하고자 범죄자 열두 명의 뇌를 해부했고, 그 결과 범죄자의 뇌는 틈새가 훨씬 깊고 '정상'인 뇌에서는 분리되어 있는 부분이 서로 연결되어 있음을 발견했다. 회백질의 주름 사이에 운명이 새겨져 있었다. 범죄자들을 접하는 경찰과 교도관, 심리학자가 "비정형적으로 구성된 결함 있는 뇌"가 상습범에게 얼마나 큰 영향을 미치는지 이해할 수만 있다면 더 공정하고 인간적인 사회를 구축할 수 있을 것이었다.[5]

파울러가 독일어로 쓰인 베네딕트의 연구 전체를 영어로 번역한 것은 미국의 범죄자 재활 수준이 처참하다는 단순

     1부 부적자들이 살아남다

한 이유에서였다.[6] 파울러는 결함 있는 자들이 자유롭게 돌아다니지 못하도록 처음부터 막는 것이 범죄자에게나 사회에나 더 좋을 것이라 주장했다. 실제로 범죄가 발생하기 **전에** 결함 있는 사람을 미리 파악하는 편이 훨씬 나았다. 바로 이 지점에서 범죄인류학은 실질적으로 도움이 된다. 범죄인류학은 단순한 골상학이나 두개골 측정학이 아닌 **인류학**이다. 뇌 **속에서** 튀어나오거나 주름진 부분 — 단순히 두피 위로 튀어나오거나 주름진 부분이 아니다 — 은 얼굴이나 목 **표면에** 보이는 특징으로 나타난다. 파울러를 지지하는 의학계 인사들은 그의 생각이 사이비 과학 같은 이복형제들의 골상학과는 차원이 다르며 붉은 고기와 폭음, 흡연의 위험성을 경고한 누이의 저서보다 훨씬 과학적이라고 주장했다. 파울러가 말하는 **이** 생물학적 결정론은 진정한 과학이었다.

파울러의 주장을 믿는 교도관이 점점 늘어났다. 이들은 범죄성이 뇌에 새겨져 있다는 데 동의했다. 이러한 믿음은 1870년대에 쓰인 연례 보고서에서도 이미 드러나 있다.[7] 주립 이스턴교도소의 진보적인 감독관들은 이렇게 말했다. "많은 수감자에게 범죄로 이어질 수 있는 유전적 특성 또는 결함이 있으며, 이 특성은 말하자면 모터처럼 작용해 그러한 결함이 있는 사람이 자기도 모르게 범죄를 저지르게 만든다."[8] 1890년대가 되자 신규 수감자들의 기록에 "타고난 사악함"이나 "정신적 장애", "범죄의 유전적 원인" 같은 구절이 점점 더 자주 등장하기 시작했다.

세포막 속 정신이상

범죄인류학이 미국에서 받아들여지는 중요한 계기가 된 사건은 1881년에 발생했다. 오네이다 성서 공동체의 전 구성원(이지만 스터피컬트는 아니었던) 찰스 기토Charles Guiteau가 제임스 가필드 대통령을 암살한 것이었다. 기토의 변호인은 심신미약을 주장했으나 성공하지 못했다. 이 사건은 잔인한 범죄 실화를 듣고 싶어 하는 전 국민의 욕구를 자극했다. 게다가 이 암살 사건은 퇴화와 유전적 범죄에 대한 두려움이 실제로 어떤 위험과 관련되어 있는지를 그때까지 발표된 그 어떤 의학 논문보다 더 선명하게 드러내 보였다. 1880년대 미국 의학 저널, 회보, 잡지 들이 유전적 결함 쪽으로, 더 구체적으로 말하면 유전적 범죄자를 찾아내고 식별하고 기록하고 분류하고 설명하는 쪽으로 논조와 보도 방향을 뚜렷하게 선회한 것은 놀라운 일이 아니었다.

기토가 법정에서 보인 행동이 명백한 원인이 되어, 범죄가 보다 광범위한 정신질환에 속하는 또 하나의 결함일 뿐이라고 믿는 의사가 늘어났다. 기토는 재판 내내 빈정대며 불만을 드러내고 일부러 관중의 이목을 끌고 부적절하게 킬킬대고 미친 듯이 손을 흔들고 변호인과 증인, 판사의 말에 시도 때도 없이 끼어들었다. 이런 돌출 행동을 처벌하겠다고 여러 차례 경고했음에도 기토는 자신을 통제하지 못하는 듯 보였다. 기토의 변호인은 바로 이러한 행동을 심신미약의 근거로 내세웠다. 그러나 기토는 한편으로 상당한 영리함을 드러냈고, 추론 능력이 부족할 만큼 명백한 정신장애가 있지도 않았다.[9] 기토는 자신이 신의 명령에 따라 대통령을 암살했다고 주장했는데, 19세기의 기준으로 볼 때 이러한 주장은 일종의 이단이었다. 그리고 어쨌거나 미국 대중은 국가의 상징적 지도자를 살인한 자가 피로 그 대가를 치르길 바랐다.

사형 집행인들이 기토를 교수대로 끌고 간 뒤 신경과 의사들이 들이닥쳐 기토의 두개골을 열었다. 펜실베이니아대학에 재직하며 '미국 신경학의 학장'이라 불린 정신이상 전문가alienist(정신과 의사를 가리키던 초기 용어) 찰스 카스너 밀스Charles Karsner Mills가 기토의 회백질을 꼼꼼히 살핀 뒤 범죄인류학 논의에 뛰어들었다. 그는 "범죄성을 순전히 과학적인 관점에서 바라보겠다"라고 공언했고, 「정신장애: 기토 판결에 관한 논평을 덧붙인 범죄적 광기에 대한 고찰」(1882)에서 기토의 뇌가 실제로 유전적 결함을 드러냈다고 보고했다.[10] 밀스가 기토의 뇌 해부를 끝마쳤을 무렵에는 미국 신경학계의 저명한 동료 대다수가 범죄자의 뇌를 물려받은 사람이 범죄자가 된다고 믿고 있었다.[11]

롬브로소의 지연 효과

이런 과열된 분위기 속에서 미국 의료진과 법 집행기관, 법률 체계는 뇌에서 유전적 결함이 드러난다는 개념을 너무나 쉽게 휘둘렀다. 이와 함께 파울러의 골상학에 대한 믿음이 사라지지 않고 남아 있다가 이탈리아의 범죄학자 체사레 롬브로소Cesare Lombroso가 퍼뜨린 더 엉성한 종류의 범죄인류학으로 이어졌다.

현대의 형사사법 학자들은 롬브로소의 작업이 미국 범죄 이론가들에게 혁명적인 영향을 미쳤다고 묘사하는 경우가 너무 많다. 그러나 롬브로소가 1876년에 그 유명한 저서 『범죄인: 인류학, 법의학, 교정학의 관점에서』를 출간한 뒤 그의 범죄인류학 이론이 찬양받으며 미국 범죄학에 파도처럼 밀려들었다고는 할 수 없다. 이러한 묘사는 사실과 거리가 멀어도 너무 멀기 때문에 꼭 짚고 넘어갈 필요가 있다. 그보다는 외모나 관상에 대한 롬브로소의 편견과, 파울러 같은 의사들이

1부 부적자들이 살아남다

주창한 개념처럼 이미 미국에 퍼져 있던 뇌와 두개골에 관한 보다 전문적인 논의가 하나로 합쳐진 것에 더 가깝다. 이렇게 합쳐진 내용이 미국 의학계에 조용히 번져나갔다. 1880년대 중반, 이탈리아와 미국의 범죄인류학에 스며든 롬브로소의 편견은 인접 과학 분야를 흡수하며 구치소와 교도소 관리를 다루는 신생 학문을 낳았고, 오늘날 우리는 이를 형사사법이라 부른다.

롬브로소와 그의 추종자들에 따르면 문신과 흉터, 신체적 기형은 도덕적 결함과 성적 일탈, 동성애, 범죄의 가능성을 나타냈다. 즉, 자기 책상 위에 파울러의 골상학 흉상을 올려놨다고 알려진 롬브로소는 골상학에서 말하는 증표를 울퉁불퉁한 두상에서 몸 전체로 확장한 것이었다.[12] 격세유전 개념을 재검토한 롬브로소는 아득히 먼 조상의 죄조차 후손의 몸에서 다시 나타날 수 있다고 보았다.

1860년대 중반, 롬브로소는 행동 특성의 유전적 존속에 관한 두 권의 책을 발표했다. 그중 더 유명한 책인 『천재성과 광기』(1864) 때문에 천재성과 광기가 불가피하게 연결되어 있다는 생각이 자명한 이치로 굳어졌다. 그러나 롬브로소가 더 심오한 생각을 담은 저서는 — 현명하게도 영어로 번역되지 않은 — 두 번째 책 『백인과 흑인』(1871)이었다. 다윈은 『인간의 유래와 성 선택』(1871)에서 인종 문제로 씨름하면서, 생존에 직접적 유익이 없어 보이는 인종 특성이 인간에게 계속 남아 있는 것은 대개 여성의 선호도 때문이라는 결론을 내렸다. 같은 시기에 롬브로소는 고비노 등의 오래된 과학적 인종주의에 자신의 관찰과 유추를 더해 짙은 피부색에 원시성이 영원히 남아 있음을 강조했다. 롬브로소는 자신이 두개골을 관찰한 결과 백인은 그 어떤 다른 인종에도 "고개를 숙일" 필요가 없다는 말을 『백인과 흑인』에서 당당히 반복했다.[13]

과거의 과학적 인종주의 연구를 재탕한 노골적인 아리아인 우월주의와 반흑인 정서는 롬브로소의 가장 유명한 저서 『범죄인』(1876)에도 스며들어 있었다. 이 책은 20세기 들어서야 영어로 번역되었지만 유전적 범죄자가 "원시 인류와 열등한 동물이 지닌 흉포한 본능"에 이끌린다는 롬브로소의 현란한 설명은 19세기 말 범죄인류학의 거의 모든 표현 방식에 침투했다.[14] 그 당시 사람들이 이러한 견해를 아무 거리낌없이 드러냈다는 사실을 고려하면, 19세기 말의 의사와 교도관 들이 이러한 주장을 당연지사로 믿었다는 결론을 내릴 수밖에 없다.

찰스 밀스("미국 신경학의 학장")는 기토의 뇌 연구를 끝마친 뒤에도 계속해서 자신의 뇌 연구 결과들을 널리 발표했으며, 그 내용은 갈수록 점점 정교해졌다. 예를 들면 1886년의 미국신경학협회 회장 연설에서 이 저명한 뇌 외과의는 베

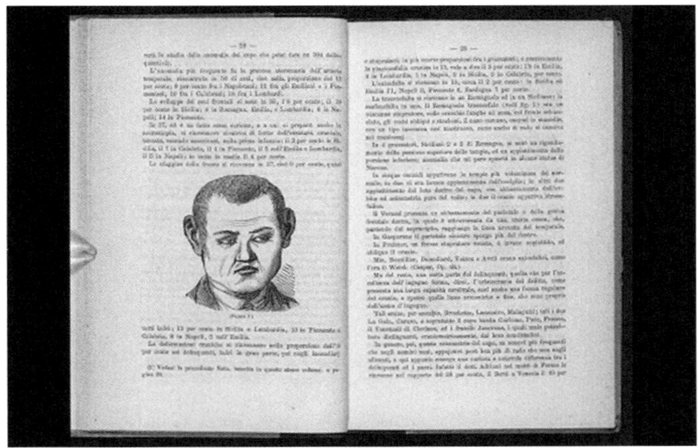

롬브로소가 묘사한 범죄자상 중 하나(1876)

네딕트와 롬브로소를 능가하는 수준의 대뇌 국소해부학 비교 연구를 발표했다. (본인의 표현에 따르면) 매우 과학적이었던 이 연설에서 그는 자신의 두개골 수집품에 온갖 타락한 자들의 두개골 표본이 포함되어 있다고 말했다. 이를테면 "망상에 빠진 미치광이"이자 인생이 "욕망과 폭력의 구역질 나는 이야기"에 지나지 않는 범죄자, "의지박약 청년", 간질 환자, 중국인 "막노동자", "무식한 흑인인 포드" 등이었다. 밀스는 이 인물들의 뇌가 발육이 지체되어 거의 태아의 뇌에 가까운 기형처럼 보였으며 이는 원시시대부터 이어진 격세유전이라고 주장했다. 깊고 어둡고 야만적인 과거가 오랜 세월 쌓인 유전의 지층 틈새로 마그마처럼 분출할 수 있음을 알았던 밀스는 ― 롬브로소와 거의 두 세기 전의 모페르튀이처럼 — "편집증 환자, 범죄자, 백치, 흑인"의 뇌 틈새와 주름에 새겨진 유전적 결함을 경고하고 이로부터 사회를 보호할 책임이 자신 같은 강경한 과학자들에게 있다고 생각했다.[15] 부적자들의 해악은 부모에게서 자식으로, 다시 손자에게서 증손자로 이어지며 사회를 약화시켰다.

과학에서 SF로

1880년대와 1890년대에 범죄인류학에 흥미를 느낀 개혁가와 범죄학자 들이 밀스와 파울러, 롬브로소의 뒤를 이어 범죄는 생물학적 결함의 결과라고 주장하는 경우가 점점 늘었다. 이들에 따르면 사람의 얼굴과 두상에서 죄를 짓고 폭력을 행사하려는 성향을 확인할 수 있었다. 그러나 이러한 성향을 확인할 방법이 더 있었다. 고도로 훈련받은 의료 전문가들은 타고난 범죄자들이 문신을 좋아한다고 말했다. 이런 범죄자들은 눈썹 뼈가 툭 튀어나왔고 유인원처럼 턱이 돌출되었다. 사전 지식만 있다면 누구든 이러한 징후를 발견할 수 있었다.

당연히 이런 생각 중 일부가 대중문화에 스며들었다. 『드라큘라』를 쓴 아일랜드의 작가 브램 스토커는 1897년에 일자

 1부 부적자들이 살아남다

눈썹과 매부리코, 툭 튀어나온 치아 같은 드라큘라 백작의 뚜렷한 관상학 지표를 봤을 때 아마 백작은 롬브로소에게 '범죄자 유형'으로 지목되었을 것이라 말했다.[16] 빅토리아 시대의 아이콘인 지킬 박사의 또 다른 자아 하이드 씨는 롬브로소가 말하는 유인원 같은 격세유전 범죄자의 냄새를 강하게 풍긴다.[17] 아서 코난 도일 역시 비슷한 문학의 바다에서 헤엄쳤다. 그는 셜록 홈스를 위대한 (그리고 실존 인물이었던) 알퐁스 베르티옹 Alphonse Bertillon에 버금가는 천재 탐정으로 그려냈다. 베르티옹은 범죄인류학을 현실에 적용한 인물이었다.

프랑스의 형사였던 베르티옹은 범죄인류학을 활용해 파리의 치안 활동을 혁신했다. '베르티옹 체계'는 범죄자의 머리 앞면과 옆면 사진, 즉 오늘날의 전형적인 머그샷을 찍었다(아이러니하게도 머그샷은 골턴이 가장 처음 제안했으나 나중에 본인 주장에 따라 지문 채취 방식으로 대체되었다). 베르티옹은 이 사진들과 더불어 범죄자의 두상을 정밀하게 측정하고 머리카락

범죄인류학을 활용한 베르티옹의 치안 활동: '머그샷'이 범죄자 진단의 표준 도구가 되었다.

및 눈동자 빛깔 색인을 만들었다.

여기서 중요한 장면이 등장한다. 20세기 초에 유럽 대륙의 신진 전문가들은 지문 채취가 널리 사용되고 있고 지문으로 범죄자의 신원을 더 확실하게 파악할 수 있으므로 베르티옹의 식별 체계가 필요하지 않다고 주장했다. 그러나 베르티옹 본인은 두상 측정으로 놀라울 만큼 정확하게 신원을 확인할 수 있다면서 폐기에 반대했다. 그러나 베르티옹이 반대한 또 다른 이유는 머리카락과 눈과 피부의 색깔, 문신, 코의 형태, 두개골의 독특한 특징을 분류한 형사 사진술(구술 초상 portrait parle[피의자의 얼굴에서 특징적인 부분을 추출해 언어로 간결하게 분류·표현한 기법—옮긴이])이 오로지 **신원 확인**에만 사용되는 것이 아니었기 때문이다. 베르티옹은 탄탄한 범죄자 데이터베이스를 통해 '범죄 **성향**' 색출을 이어갈 수 있었다. 실제로 유럽에서 베르티옹의 머그샷 체계가 사라졌는데도 미국 경찰이 이 체계를 채택한 것은 바로 이러한 이유 — 용의자의 신원을 확인해야 할 필요뿐만 아니라 유전적 결함을 밝혀내 사회의 퇴화를 저지할 수 있다는 희망 — 에서였다.[18]

몇 명은 범죄인류학이 사이비 과학인 골상학과 상당히 비슷하다는 사실을 인정했다. 그러나 그 수는 많지 않았다. 오히려 사람들은 동료 평가를 거친 진지한 과학 논문을 발표하며 범죄인류학 활용법을 소개했다. 처음에는 수십 개였다. 그러다 수도 없이 늘어났다. 런던과 파리와 베를린에서 보스턴과 찰스턴으로, 다시 시카고와 뉴올리언스로 퍼졌다. 의사와 교도소 개혁가, 도덕주의자, 사회사업가에게서 전도사와 탐정, 경찰에게로 퍼졌다. 주간 소식지와 연례 보고서, 학회 논문, 지역 모임에서의 토론, 전국에 출간되는 잡지와 신문에서 이들의 주장이 쏟아져 나왔다. 그 내용은 추측(「범죄의 생리와 발병 기전. 의사는 범죄 예방에 얼마나 기여할 수 있는가?」)에서 구체적인 정보(「범죄자는 유전적 퇴화의 산물」), 실용적 제안(「범죄와 범죄자의 과학적 치료에서 앞으로 의료진이 맡아야 할 역할」), **기괴한 엉터리**(「수술과 최면술을 이용한 범죄성과 퇴화의 치료」)에 이르기까지 다양했다.[19]

유전적 결함의 죄를 만회하는 방법

조치를 취해야 합니다. 의사와 교도관, 경찰서장, 정치인이 말했다. 형사사법 개혁가들은 범죄자들을 더 인간적으로 대우하길 바랐다. 사법제도, 특히 미국의 사법제도가 불필요하게 잔인하다는 사실에 모두가 동의하는 듯 보였다. 그러나 이들은 전반적이고 간접적인 방식으로 큰돈을 들여 학교교육과 직업훈련, 위생, 공공 인프라를 바꾸고 사회경제적 불평등을

줄이기보다는 범죄자 개개인을 직접 처리하는 편이 더 효과적
이라고 생각했다. 어떻게 하면 과학과 의학의 힘을 사용해서
이미 진행 중인 사회의 퇴화를 막을 수 있을까? 어떻게 하면
형사사법제도에서 너무나 자주 행사되는 가혹한 폭력 없이
인도적으로 그렇게 할 수 있을까?

1883년에 영국의 박식가 프랜시스 골턴이 내놓은 과학적
아이디어가 있었으니, 바로 적합한 사람들이 퇴화한 자들보다
자녀를 더 많이 낳도록 장려하는 것이었다. 바로 이것이 골턴
이 말한 '우생학'의 내용이다.

그러나 미국의 의사들에게는 바로 사용할 수 있는 다른
의료 기술이 있었다. 수십 년 전, 텍사스의 한 거침없는 의사
가 새로운 의료법을 대중화해 더 직접적인 방식으로 미래 사
회를 빚어낼 도구를 권력자들에게 제공했다. 기디언 린스컴
Gideon Lincecum 박사는 의사들 — 더 정확히 말하면 자기 같은
부류의 남자들 — 이 아직 태어나지 않은 부적자들의 후손을
제거할 권력을 갖는 것이 사회 퇴화를 막는 가장 좋은 방법이
라고 선언했다. 그는 과학과 의학의 힘을 사용해서 나쁜 특성
이 대물림되는 것을 막아야만 한다고 열렬히 주장했다. 만약
1850~60년대에 그가 제안한 '린스컴 청원' 법이 통과되었다면
텍사스는 범죄자와 알코올중독자, 정치 선동가를 비롯한 퇴
화자들의 불임화 — 심지어 강압적인 강제 거세 — 를 합법

    1부 부적자들이 살아남다

화한 최초의 주가 되었을 것이다.

린스컴 법은 통과하지 못했다. 그러나 다음 세대의 의사들도 린스컴의 주장을 그대로 반복했다. 1893년, 텍사스의 의사 퍼디낸드 유진 대니얼은 제정신이 아닌 범죄자와 동성애자를 불임화하자고 제안했다.[20] 신시내티와 시카고, 뉴욕, 버지니아, 테네시, 캔자스의 의학 저널들은 그 당시 의사들이 이미 성적 일탈을 비롯한 온갖 사회 병폐 — 자신들이 생각하는 — 를 외과적 처치로 해결하기 시작했음을 보여준다. 이와 함께 경성 유전hard inheritance[유전적 요인은 고정되어 후대에 그대로 전달되고 이때 환경이나 후천적 경험은 아무 영향도 미치지 않는다는 개념—옮긴이]에 관한 골턴의 연구 역시 본인이 붙인 '우생학'이라는 이름으로 미국 의학계에 서서히 스며들기 시작하고 있었다.

4장

프랜시스 골턴 경에서 코네티컷까지

프랜시스 골턴 경은 오랫동안 '우생학의 아버지'로 불려왔다. 이제 여러분도 알겠지만 이 이름은 현실을 지나치게 단순화한다. 골턴은 1883년에 우생학이라는 용어를 처음 만든 뒤 이 용어가 런던에서 정치적 영향력을 지닌 이익 단체로 성장하는 장면까지 목격할 만큼 오래 살았다. 유니버시티칼리지 런던은 골턴을 기려 최초로 우생학 교수직을 신설했다. 그러나 우생학을 사회 일부로 편입시킨 실질적 행동의 측면에서 볼 때 골턴은 간판 이상의 지위를 얻기 힘들다. 앞으로 살펴보겠지만 최초의 우생학 법안은 코네티컷에서 통과되었다. 그렇다면 진정한 '우생학의 아버지'는 우리 기억에서는 잊혔으나 1895년에 실제로 이 법안을 만들고 발의하고 통과시킨 입법

자들일 것이다.

그럼에도 여전히 골턴은 특별히 주목받을 자격이 있고, 지금부터 실제로 그에게 주목하고자 한다. 우리가 우생학의 관습적 역사에서 가장 처음 만나는 인물이 대개 골턴인 데는 다 이유가 있다. 통계학과 생물학, 의학, 그리고 새로운 학문 분야였던 사회학을 하나로 엮어 누가 어떠한 이유로 자녀를 낳을 자격을 얻는가에 관한 하나의 일관된 이야기를 만들어낸 사람이 바로 골턴이었다. 가장 먼저 그는 개인의, 더 나아가 국가와 인종의 운명을 결정하는 생물학적 본질에 대한 아주 오래된 믿음을 재확립했다. 골턴은 죽기 직전에 이 전능한 본질 개념이 환경에 영향받지 않는 고정된 입자에 대한 믿음으로 변하는 것을 목격했다. 어쩌면 그는 그 입자들을 가리키는 새로운 과학 용어인 '유전자'라는 말도 들어봤을지 모른다. 실제로 **생물학적** 결정론을 **유전자** 결정론으로 바꾸는 과정을 개시한 사람은 다름 아닌 골턴이었다.[1] 즉 우생학 이야기의 절반에 해당하는 **개념** 부분을 살펴보면, 고비노가 말한 퇴화에의 불안에 수학의 광택을 입혀 최첨단의 생물학적 연구로 탈바꿈시킨 인물이 바로 골턴이다.

앞에서 살펴봤듯 사회 퇴화를 고발하고 인간의 번식 통제를 촉구한 다른 인물들이 존재하는데 어째서 골턴이 '우생학의 아버지'로 손꼽히게 된 것일까? 이 질문에 답하려면 골턴이 1883년에 '우생학'이라는 용어를 만들기 전 수십 년의 세월을 돌아봐야 한다. 그 수십 년은 골턴이 종국에는 크나큰 영향력을 떨친 매우 엄격한 과학자의 페르소나를 만들어낸 시기였다.

우생학의 아버지인 골턴의 진짜 이야기는 1870년대에 시작된다. 그 시작에는 토끼가 있었다. 더 정확히 말하면, 한 색깔의 토끼에게서 피를 뽑아 다른 색의 토끼에게 수혈한 실험이 있었다. 수혈받은 토끼들의 사체와 피가 쌓이고 쌓여서 토끼 사육사의 골칫거리가 되었다. 이 모든 것이 어느 정도는 찰스 다윈의 탓이었다.

여기에는 설명이 약간 필요하다.

다윈의 연성 유전 문제

다윈은 『종의 기원』(1859)에서 이 땅의 생물들이 오래전에 땅에 묻힌 화석들과, 또 서로와 닮았다는 점을 설명하면서 많은 박물학자에게 공통 조상, 즉 공통 혈통의 중요성을 설명했다. 그러나 과학자들은 다윈의 진화 이론에 두 가지 핵심 요소가 빠져 있다는 점을 우려했다. 자식은 왜 부모를 닮는가(유전)? 그런데 왜 형제자매는 서로 **똑같지는** 않은가(변이)? 차등적인 생존과 번식(즉 자연선택)에 관한 이 그럴듯한 개념에서 이 두 개의 구멍을 채우기 위해 다윈은 "식물과 동물은 변이한다"라는 말 외에 어떤 구체적 메커니즘을 제시할 수 있었나? 이처럼 생물학적 메커니즘에 대한 설명이 부재한 탓에 일부 비평가들은 다윈의 이론 체계 전체가 지나치게 추론적이라고 느꼈다.

물론 다윈도 비판에 대처하려고 애썼다. 1860년대 중반, 그는 토끼와 난초, 비둘기, 개, 가축에 관한 자료를 모아 자신의 대형 프로젝트 『순화에 따른 동식물의 변이』(1868)를 발표했다. 그리고 변이와 유전을 동시에 설명할 수 있는 묘책, 그 단 하나의 메커니즘을 그 책 2권 맨 뒤에 숨겨놓았다. 다윈은 그 메커니즘을 '범생설Pangenesis'이라 칭했다. 그러면서 과학계 동료들이 어떻게 받아들일지를 염려한 듯 그저 "잠정적인 가설"일 뿐이라고 덧붙였다.[2] 결과를 미리 알려드리자면, 동료들은 **진저리**를 쳤다.

다윈은 위 책에서 '제뮬gemmules'이라는 입자가 몸 전체에 퍼져 있다가 발달 과정에서 점점 부풀어 올라 결국 눈에 보이는 유기체의 일부가 된다고 50쪽에 걸쳐 설명했다. 석류 안에 든 작은 씨앗들처럼 몸속 곳곳에 퍼진 제뮬 입자들이 점차 자라나 우리 몸의 장기와 팔다리를 이룬다는 것이다. 서서히 부풀어 오르는 제뮬들은 존재하는 내내 당연히 다양한 외부 자극을 받는데, 부딪히고 파이고 긁히고 흉터 난다. 일부 제뮬은 직접적인 자극으로 외상성 손상을 입기도 한다. 평생 이런저런 시련을 겪으며 변형된 제뮬 중 일부는 다른 제뮬에게서 떨어져 나와 생식세포 안에 쌓이고, 이로써 물려받은 특성과 직접 획득한 특성을 다음 세대에 전달할 기회를 얻는다. 그러므로 다윈의 관점에서 볼 때 자연선택 개념에서 중요한 역할을 하는 변이라는 생물학적 사실은 유전 정보가 담긴 작은 소포들이 살짝 흠집이 난 뒤 다음 세대에 배달되면서 나타난 것이었다. (여러분도 알아챘을지 모르지만, 다윈이 말한 진화는 우리가 인정하고 싶은 수준 이상으로 라마르크의 진화론과 비슷하다.)

자기 이론이 어떻게 받아들여질지 걱정했던 다윈의 우려는 타당했다. 범생설은 1860년대에 이미 복고풍이라고도 할 수 없을 만큼 고루하고 유행이 지난 개념이었다.[3] 다윈의 지지자들조차 회의를 드러냈다. 다윈은 이 이론을 "발표하지 않도록 나 자신을 설득해보겠다"라고 약속했지만,[4] 3년 뒤 범생설은 모두가 볼 수 있도록 책 속에 떡하니 쓰여 있었다. 비평가들이 달려들었다. 당신이 제뮬을 **직접 봤나**? 본 사람이 있나? 범생설 가설은 너무나 빈약해 보였다.

그러나 다윈은 자연선택이 어떻게 이루어지는지 설명할 가설이 필요했다. 무엇이 선택되는가? 변이는 어디에서 발생하는가? 다윈은 라마르크가 주장한 획득형질 유전설 — 자연이 종을 서서히 개선하기 위해 신중하게 선택하는 여러 변이의 원인 — 을 채택할 수밖에 없었다. 그에겐 이보다 더 좋은 설명이 없었다.

다윈의 사촌 프랜시스 골턴에게는 다른 생각이 있었다.

프랜시스 골턴의 새로운 입자 결정론

근엄하고 머리가 벗어졌으며 매부리코에 단호했던(방긋 웃는 것이 불가능해 보이는 남자였던) 골턴은 자연현상에 통계를 적용하면서 과학계에서 조용히 신뢰를 쌓아가고 있었다. 그는 저서 『기상도집』(1863)으로 사람들이 날씨를 이해하는 방식을 바꾸었는데, 이 책에 실린 기상 지도는 우리 스마트폰에 있는 날씨 앱의 고조부모 격이라고 할 수 있다. 1850년대에 자비를 들여 서남아프리카로 항해를 떠난 골턴은 자신이 횡단한 땅에 '다마라랜드'나 '오뱀폴란드' 같은 윌리윙카스러운 이름을 붙였다. 그리고 이 모험의 내용을 담아 널리 읽힌 책 『열대 남아프리카 탐험가의 이야기』(1853)를 써냈다. 『비글호 항해기』만큼은 아니었지만 꽤 괜찮은 책이었다. 사촌 찰스도 이 책을 좋아했다.[5]

골턴은 곧 유전 개념으로 시선을 돌렸다. 그리고 지도 위를 떠다니는 널따란 고기압대와 저기압대처럼 재능 역시 가계도를 따라 흐르는 것을 포착했다. 당연하게도 그는 긴밀하게 엮인 골턴-다윈-웨지우드 가문에서 재능의 제트기류를 발견했다. 약 1년간 가계도를 추적한 골턴은 1864년과 1865년에 두 부분으로 구성된 에세이 「유전적 재능과 특성」을 발표했다. 그가 추적한 특성은 위대함 그 자체였다. 골턴은 당시의 위키피디아라 할 수 있는 리처드 필립스의 『백만 가지 사실』을 토대로 학식 있는 영국 남성 약 300명의 가계도를 추적했다. 오늘날로 치면 '빅데이터' 연구라고 할 수 있는 이 프로젝트에서 그는 가계도에 저명한 인물이 있으면 본인도 저명해질 가능성이 훨씬 높아진다는 결론을 내렸다.[6] 즉 위대함은 골턴 자신의 가문 같은 올바른 가문의 가계도를 타고 흘렀다. (만일 골턴의 결론이 극도로 자기중심적으로 보인다면, 골턴의 동료들 역시 우리와 같은 의견이었다는 사실에서 위안을 얻자. 처음에 골턴의 연구에 주목하는 사람은 많지 않았다.)

3년이 지나고 그사이 신경쇠약에 걸렸다가 회복한 골턴은 다시 이 주제에 덤벼들었다. 『유전적 천재: 그 법칙과 결과에 대한 탐구』(1869)에서 그는 판사, 정치인, 시인, 과학자, 화가를 비롯한(심지어 '북국의 레슬러'까지 포함시킨) 여러 엘리트의 가계도를 분석한 뒤 모든 사례에서 천성이 환경의 영향을 능가한다고 주장했다.[7] **바로 이것이** 골턴이 말하고자 한 바였다.

이 책은 큰 관심을 끌지는 못했지만 확실히 깃발을 꽂았고, 수십 년 뒤 영국 과학계는 유전의 중요성이라는 이 깃발 주위에 모여들게 된다. 다윈도 골턴에게 이 책이 마음에 든다고 말했다.[8] 그러나 사실 다윈은 이 책을 꼼꼼히 읽지 않았다. 다윈의 둘째 아들 조지 하워드 다윈만이 이 책을 끝까지 읽었을 뿐이다. 찰스 다윈은 골턴의 핵심 주장을 파악하지 못했다. 즉, 이 책이 다윈 자신의 주장에 반대한다는 사실을 알아차리지 못했던 것이다.

> 나는 아기들이 대개 비슷하게 태어나며 소년과 소년, 남자와 남자 사이에서 차이를 만들어내는 유일한 힘은 부단한 도덕적 노력뿐이라는 가설, 특히 아이들에게 착한 행동을 가르치기 위한 이야기에서 자주 암시하는 이 가설을 참을 수가 없다. 나는 자연 상태에서 모두가 평등하다는 말도 안 되는 주장에 전적으로 반대한다.
> ― 프랜시스 골턴, 『유전적 천재: 그 법칙과 결과에 대한 탐구』[9]

연성 유전soft inheritance[경성 유전과 달리 유전적 요인은 환경이나 경험에 의해 변화하며 그 변화가 후대에도 전달된다는 개념—옮긴이], 환경주의, 획득형질 ― 그 이름이 무엇이든 골턴은 이에 반대했다. 그는 이 이론들을 뒤집고 싶었다. 그는 사람들이 지닌 특성이 **확고부동한**hard 개별 입자라고 생각했다. 이 입자들은 마치 대

리석처럼 외부 세계에 전혀 영향받지 않고 부모에게서 자녀에게로 온전히 전달되었다. 세대를 넘어 이어지는 릴레이 경주에서의 딱딱한 배턴처럼 말이다. 우리는 여러 세대에 걸쳐 전달된 **본질**의 응집체였고, 골턴은 이 과거의 생물학적 결정론을 다시 부활시키고 싶었다. 다윈의 범생설은 지적 저울의 반대편에 놓여 있는 무게 추와 같았다. 제뮬은 너무 **물러터졌다** soft. 이 이론은 환경의 중요성, 그것도 엄청난 중요성을 암시했다. 골턴은 이를 바로잡고자 했다.

그리고 바로 여기서 토끼가 등장한다.

토끼 실험

"친애하는 다윈, 저를 도와주실 수 있을까요?" 골턴은 1869년 12월에 편지를 보내며 이렇게 운을 뗐다. 그의 머릿속에 어느 "특이한 실험"이 막 떠올랐는데, 이 아이디어는 다윈이 『순화에 따른 동식물의 변이』에서 범생설을 설명한 장과 직접 관련되어 있었다. 이 책에서 다윈은 토끼, 그중에서도 특히 앙고라 알비노 토끼를 기르는 사육사들의 경험을 설명했다. 앙고라 알비노 토끼는 새까만 마술사 모자에서 튀어나올 것 같은 새하얀 토끼다. 골턴은 이 토끼들을 손에 넣고 싶었다. 정확히 이 종류의 토끼를 대량으로 구할 수 있는 곳을 아는 사람은 다윈밖에 없었다.[10] 다윈은 무슨 일이 벌어지고 있음을 직감했을지 모르지만, 관대하게 도와주겠다고 약속하며 이런저런 제안과 함께 지인을 소개해주었다.

골턴은 다윈의 범생설 이론이 틀렸음을 증명하기 위해 1870년 내내 악명 높은 실험을 실시했다. 새하얀 앙고라 토끼를 사육하는 데 성공한 그는 이 토끼들의 피를 뽑아 털색이 더 짙은 다른 토끼들에게 수혈하기 시작했다. 수혈을 마친 뒤에는 털색이 똑같은 토끼들끼리, 즉 하얀 토끼는 하얀 토끼와, 짙은 색 토끼는 짙은 색 토끼와 교배했다. 만일 다윈의 범생설 이론이 옳다면 피를 수혈받은 토끼의 새끼들은 피를 준 토끼와 털색이 어느 정도 비슷할 터였다. 가령 짙은 색 토끼는 털색이 더 밝거나 하얀 반점이 있는 새끼들을 낳을 것이고, 그 반대도 마찬가지일 것이었다. 범생설에 따르면 유전 입자인 제뮬이 피를 수혈받은 토끼의 혈관 속을 흐르다가 새끼들에게로 전달되어, 골턴의 용어대로 새끼들을 '잡종화'해야 했다. 앙고라 토끼의 새하얀 색은 더럽혀질 것이었다.

피가 낭자했던 1년여의 기간 동안 골턴은 섬유소를 제거해 혈액 응고를 막는 데 성공하며 점점 더 많은 양의 피를 토끼들에게 주입했고 그 결과를 다윈에게 보고했다. 그러던 1871년 3월, 그는 유서 깊은 런던왕립학회에서 발표할 기회를 얻었다. 그의 논문 「다른 종의 토끼에게서 대량의 피를 수혈받은 순종 토끼의 교배를 통한 범생설 실험」에는 고생스러운 그간의 실험 결과가 자세히 설명되어 있었다. 다윈의 가설을 실험한 첫 번째 대규모 연구 결과는 철저히 부정적인 방향을 가리켰다. **범생설은 틀렸다.**

그 후에 골턴은 자신의 연구 결과를 일절 언급하지 않고 — 다윈이 그 논문을 읽었으리란 사실을 분명 알았을 것이다 — 상냥하게도 다윈과 그의 자식들에게 부활절 휴일에 즐거운 시간 보내라며 살아남은 토끼를 몇 마리 보냈다.[11]

결국 다윈은 알아냈다. 그리고 황급히 《네이처》에 날 선 편지를 보내 자신은 정확히 '피'라고 말한 적이 없다고 반박했다. 제뮬은 몸 어디에나 존재할 수 있었다. 어쩌면 신경에 있을지도 몰랐다. '물 치료' 애호가들 — 다윈은 자신이나 자녀들의 몸 상태가 확연히 나빠질 때마다 몰번 지역에 있는 온천으로 달려가는 열혈 물 치료 추종자였다 — 의 출판물에서는 차가운 물로 몸에 충격을 주고 깨끗한 물을 충분히 마시면 신경의 막힌 부분을 시원하게 뚫을 수 있다는 생각이 널리 통용되었다. 다윈의 항의는 신경을 범생설의 통로로 여기겠다는 결의에서 비롯되었을지도 모른다. 다윈은 어쨌든 간에 골턴의 토끼 실험이 참된 체액을 놓쳤고, 그러므로 범생설의 참된 특성도 놓쳤다고 말했다. 물론 그는 이 실험이 진행되는 내내 자

    1부 부적자들이 살아남다

신이 골턴과 편지를 주고받았으며 골턴이 피를 이용한다는 것을 줄곧 알고 있었다는 사실을 일절 언급하지 않았다.

골턴은 사과하면서 다윈이 『순화에 따른 동식물의 변이』에서 '순환'을 언급한 탓에 자신이 헷갈린 모양이라고 말했다. 아니, 우리 몸에서 피 말고 순환하는 것이 또 있나? 그러나 최선을 다해 다윈에게 사과한 골턴의 태도 때문에, 1870년부터 1871년까지 진행된 이 시뻘건 실험을 통해 골턴이 라마르크에서부터 다윈에 이르는 여러 진화론자가 귀 얇은 대중에게 퍼뜨린 연성 유전 이론에 확고히 반대했다는 사실은 가려지고 말았다. 경성인 결정론적 '천성'이 연성인 '환경'을 상대로 분명한 승리를 거두었다는 것 — 바로 이것이 골턴이 토끼에게서 얻은 교훈이었다.

다윈의 저서 『인간의 유래와 성 선택』이 인간 종의 기원 같은 문제를 설명할 수 있는 **더욱더 연성인** 유전 메커니즘, 즉 성 선택을 제시하며 박물학자들을 사로잡은 뒤인 1873년, 결의를 다진 골턴은 유전이 사회에 미치는 영향에 더욱 공격적인 입장을 취하자고 주장하는 글을 두 차례 발표하면서 사람들의 반응을 살폈다.

더욱 공격적으로 변한 골턴의 응용과학

골턴은 「유전적 개선」이라는 제목의 첫 번째 글에서 유독한 영국 도시에서는 바퀴벌레나 쥐, 그 밖의 유해 동물이 그러하듯 가장 야만적인 인간들만 살아남을 것이라고 주장했다. 이와 달리 앵글로색슨 인종의 순수한 혈통은 고비노가 경고한 대로 이미 퇴화의 징후를 드러내고 있었다. 이 상황을 저지하지 못하면 19세기 중반에 기근을 겪은 아일랜드처럼 사회가 끝 간 데 없이 미끄러질지 몰랐다. 골턴은 아일랜드인이 전보다도 훨씬 더 퇴화했다고 말했다. 이제 아일랜드는 바람직하지 않은 혈통의 확산이 어떻게 전 인류의 몸과 정신을 야만 상태로 끌어내릴 수 있는지를 보여주는, 골턴이 들려주는 도덕적 일화의 한 챕터가 되었다. 만일 영국이 기존 계급 집단 내에 우월한 개인들로 이루어진 특별 카스트를 만들어 원기 왕성하고 피부가 하얗고 영어를 쓰는 아이들을 잔뜩 낳으라고 장려할 수만 있다면, 열등 인종 출신 이민자와 현지인의 결혼으로 점철된, 더럽고 제대로 관리되지 않은 도시화가 불러온 야만성으로의 퇴화를 되돌릴 수 있었다.[12]

골턴은 여기서 기회를 발견했다. 그 기회는 토끼 사육과 비슷했다. 먼저 골턴은 오로지 아리아 인종끼리만 번식해야 한다는 이 주장에 우생학이 **아닌** '바이리컬처viriculture'라는 이

 1부 부적자들이 살아남다

름을 붙였다. 사실 이 용어는 오네이다 공동체의 '스터피컬처'에 새 접두사를 붙인 것이었고, 골턴 본인도 이 사실을 분명히 알았다. 1904년에 개최된 런던사회학회의 중요 회의에서 골턴이 자신의 우생학 개념을 다시 한번 옹호하자 문학계 아이콘 허버트 조지 웰스가 오네이다 공동체의 기여를 제대로 인정하지 않는다며 골턴을 비판했다. '스터피컬처'는 존 험프리 노이스가 미국에서 실시한 실험을 가리켰다. 바이리컬처는 짝퉁이었다. 골턴은 언짢아하며 이 사실을 부인했다.

그러나 특정 지역의 특정 문화에서는 우월한 개인들의 번식을 장려하는 것만으로는 충분치 않았다. 골턴은 1873년에 두 번째 글「아프리카를 중국인에게」를 발표하며 다름 아닌 런던의《타임스》지에서 집단학살을 옹호했다. 그는 "흑인들이 서인도제도의 원주민을 완전히 대체했듯 우리가 번식을 늘려 흑인을 완전히 대체할 수만 있다면 문명 세계 전체에 엄청난 유익이 될 것"이라고 말했다.[13] 골턴은 수십 년 전 미국이 아프리카 북서쪽 해안에 있는 라이베리아에서 하려고 했던 것처럼 백인이 지배하는 대영제국도 동아프리카에 중국인으로 구성된 국가를 만들어서 중국인을 물리적으로 이주시켜 그 땅에서 살면서 일하게 해야 한다고 생각했다. 그러면 아프리카인은 멸종할 것이었다. 이는 친절하고 유능한 영국 바이리컬처주의자의 지휘 아래 진행되는 전 대륙 규모의 번식 프로그램이었다. 골턴의 관리하에서 전 세계는 더 나은 곳이 될 터였다.

골턴은 반발을 예상했다. 그러나 골턴의 두 제안에 반대하는 사람 수는 그가 두려워했던 것보다 훨씬 적었다. 이처럼 부정적 반응이 거의 없다는 사실이 골턴 안의 봉인을 해제한 듯했다. 그는 『영국 과학자들의 천성과 성장 환경』(1874)을 비롯해 1년 뒤에는 농업 개념을 활용해 사촌 다윈의 범생설을 다시 한번 공격한 「유전 이론」, 그리고 『인간의 능력과 그 발전에 대한 탐구』(1883) 등 비슷한 글들을 남은 세기 내내 마구 쏟아내기 시작했다. 이 중 마지막 책에서 골턴은 마침내 우리가 아는 — 좋은 혈통, 훌륭한 태생, 일부 인간이 다른 인간의 번식을 통제한다는 뜻의 — '우생학'이라는 용어를 공개했다.

1910년에 사망할 때까지 골턴은 수백 개의 사설과 연구 논문, 팸플릿, 연설, 저서를 통해 타고난 경성 유전의 힘을 거듭 설파했다. 1900년에 멘델의 완두콩 실험이 재발견되자 골턴과 그의 제자들 — 20세기가 밝아올 무렵 그에게는 제자가 아주 많았다 — 은 한시도 주저하지 않았다. 그들은 수년에 걸쳐 이 개념을 퍼뜨렸고 언제든 종합적인 프로그램을 공개할 준비가 되어 있었다. 이들이 내건 깃발에는 바이리컬처도 스터피컬처도 아닌, '우생학'이라는 단어가 쓰여 있었다. 우생학은 모든 곳에 뿌리를 내리고 모든 학문을 하나로 아우르는 커다란 나무와도 같았다. 골턴은 1904년에 런던의 가워스트리트 88번지에 작은 우생학기록사무소Eugenics Record Office를 열었다. (공교롭게도 그의 사촌 다윈이 60년 전 같은 블록에 거주한 적이 있었다.) 1907년에 골턴은 이 작은 단체를 칼 피어슨Karl Pearson에게 물려주면서 단체명을 프랜시스골턴국립우생학연구소Francis Galton Laboratory for National Eugenics로 바꾸었고, 유니버시티칼리지런던과 공식적으로 관계를 맺었다. 우생학교육협회Eugenics Education Society도 같은 해 런던에 설립되었다.

아픈 것보다는 건강한 것이 낫고, 약한 것보다는 활기찬 것이 나으며, 인생에서의 자기 역할에 안 맞는 것보다 잘 맞는 것이 더 낫다는 데 모든 생명체가 동의할 것이다. 짧게 말하면, 어떤 종이든 간에 나쁜 개체보다는 좋은 개체가 되는 것이 더 낫다는 뜻이다. 인간도 마찬가지다. …… 우생학의 목적은 각 계급이나 종파를 그중 가장 우수한 개체로 대표하는 것이다.
― 프랜시스 골턴, 「우생학: 그 정의와 범위, 목표」[14]

그러나 웰스가 1904년의 런던사회학회에서 알아차렸듯 골턴의 우생학에는 중대한 문제가 있었다. 골턴의 초점은 우수한 유형이 **더 많이** 번식하기를 바라는 데 있었다. 하지만 그러한 바람은 비현실적이었다. '우수함'은 너무 모호했고 선별해서 번식시키기도 어려웠다. 인간은 인간에게 유용하도록 동물을 사육했다. 그렇다면 인간의 경우 어떤 특성을 키워야 할까? 게다가 우생학의 규칙을 따르라고 '적자'들을 설득하는 것도 불가능했다. 까놓고 말해서 골턴 본인도 인류의 혈통을 개선할 후손을 **안** 남기지 않았는가! 그러므로 웰스는 미국을 시작으로 이미 서서히 퍼져나가고 있던 방법이 유일한 효율적 해결책이라고 결론 내렸다. 미래를 개선하기 위해 우생학자들은 나쁜 개체들의 번식을 완전 차단해야 했다.

사실 미국에서 널리 쓰이는 용어인 '스터피컬처'의 다른 말일 뿐인 우생학은 내가 보기에 왜곡의 소지가 있어 보입니다. …… 이 용어의 뜻은 **가장 우수한 자**들이 번식하고 생존해야 한다는 것입니다. …… 자연의 방식은 언제나 가장 뒤처진 개체를 죽이는 것이었고, 우리가 가장 뒤떨어질 개체의 출생을 막을 수 없다면 여전히 그것만이 유일한 방법입니다. 인간 혈통을 개선할 가능성은 성공한 자를 선별해서 번식하는 것이 아닌, 실패한 자의 생식 능력을 제거하는 데 있습니다.

— 허버트 조지 웰스, 골턴의 발표에 덧붙인 비평[15]

 1부 부적자들이 살아남다

정신박약자들의 위협

자격 없는 사람, 구제 불가능한 사람, 소수 인종, 외국인, 유전자가 나쁜 사람, 술에 찌든 사람, 정신적 결함이 있는 사람, 범죄자가 자원을 빨아먹고 퇴화한 자손을 잔뜩 남길 것이라는 두려움과 짜증이 오래전부터 엘리트 사이에서 커져가고 있었다. 1890년대가 되자 이러한 두려움이 극에 달했고, 웰스가 언급했듯 가장 공개적으로 목소리를 드높인 국가는 미국이었다.

무엇보다 유전의 복잡성이 새롭게 조명되면서 1890년대 미국 의사들의 두려움이 한층 더 자극되었다. 1800년대 초반에는 제대로 정의되지 않았던 '정신박약'이라는 용어가 19세기 말이 되자 널리 사용되었다.

의사들은 생계를 유지할 수는 있지만 근본적으로 심리가 불안정해서 자기 삶을 평범하게 관리하지 못하는 사람들을 정신박약자로 간주했다. 명확히 정의하기는 어렵지만 정신박약자는 딱 보면 알아차릴 수 있었다. 아니, 적어도 전문가는 알아차릴 수 있었다. 하지만 비전문가라면? 정신박약자는 평범한 사람으로 '패싱passing'될 수 있었다. 더 나아가 의사들은 이런 자들이 종종 겉으로 드러나지 않는 퇴화 유전자를 **전달한다고** 경고했다.

그러한 **패싱**이 의미하는 바는 정신박약자가 일반 사회에서 자유롭게 돌아다니고 자유롭게 결혼해 아이를 낳을 수 있다는 것이었다. 19세기 말에 대규모 인구통계학적 변화가 발생함에 따라 — 사람들이 시골에서 도시로, 아일랜드에서 영국으로, 지중해에서 북유럽으로, 유럽에서 미국으로 이동했다 — 정신박약자들은 눈에 띄지 않고 조용히 사회를 돌아다닐 수 있었다. 이처럼 패싱과 함께 사람들이 뒤섞이면서 **두 부모가 다** 정신박약 유전자를 지닐 확률이 높아졌다. 의사들은 둘 사이에서 태어난 자식들에게 훨씬 더 심각한 결함이 있으리라 믿었다. 증상이 심하지 않고 보인자carrier[열성 유전자를 하나만 지녀 증상은 없지만 자손에게 해당 형질을 전달할 수 있는 개체—옮긴이] 역할을 하는 부모에게서 간질 환자와 천치, 저능자, 알코올중독자, 대다수의 유전적 범죄자가 태어난다는 것이었다. 근본 원인 — 정신박약 유전자의 보인자 — 을 처리하지 않으면 정신질환자들을 아무리 치료해도 별 효과가 없을 터였다. 장기적으로 볼 때 이 집단은 거리에 널려 있는 중증 질환자와 알코올중독자, 범죄자와 극빈자를 점점 더 많이 낳을 것이었다.

급증하고 있는 이 정신박약자 집단을 국가가 **영구적으로** 수용 관리할 수 있을까? 정치계와 의료계 모두가 반발했듯, 이는 불가능해 보였다. 의회에서 이 범죄자들을 전부 수감할 수 있도록 공적 자금을 충분히 배정하지 않는다면, 일하고 투표하고 가족을 꾸리고 심지어 공직에도 출마할 수 있는 이 정신박약자 무리를 처리할 자금을 대체 어떻게 마련한단 말인가?

> 미국에는 20만 명이 넘는 정신박약자들이 있으며, 덜 보수적인 일부 믿을 만한 권위자들은 그 수가 30만 명이라고 말하는데 ······ 그중 무려 6만 명이 가임기 여성이다. 가정 내 보호관찰로는 이 여성들이 결혼이나 다른 방법을 통해 짝을 찾는 것을 막을 수 없다는 사실이 수없이 입증되었다.
> — 루시아 재퀴스, 「정신박약자들의 위협」[16]

이러한 불안감이 과학적 자선운동, 그러니까 전미자선교정회의National Conference of Charities and Corrections 회장 앨버트 O. 라이트의 표현으로는 '신자선운동New Philanthropy'을 지지하는 미국인들을 자극했다. 신자선운동은 계측 가능한 실질적 성과 없이 부유층이 가난한 퇴화자들에게 돈을 퍼붓는 것에 반대했다. 정신병원, 교도소, 학교, 인프라의 개선은 당연히 필요했다. 그러나 라이트는 과학적 자선운동이 "해결책뿐만 아니라 예방책 또한 추구해야 한다"라고 주장했다. 게다가 과학 전문가들은 빈곤과 범죄의 원인이 단순한 교육과 환경의 영향이 아닌 "본질" 또는 "내부의 결함"에 있다고 선언했다.[17] 그러므로 부유한 자선 계층의 부담이 갈수록 늘어나는 것을 예방하기 위해 부적자들을 관리하는 용인 가능하고 장기적인 유일한 해결책은 그들의 증식을 막는 것이었다. 아이러니하게도 자선가들이 미국 우생학의 가장 큰 지지자가 되려 하고 있었다.

"우리가 대규모 학살과 이에 준하는 대규모 거세라는 극단적인 조치를 취할 준비가 되어 있지 않다면, 더 비싸지만 더 인간적인 방법인 대규모 구금을 통해 결함 있는 유전자를 차단해야 한다"라고, 라이트는 경고했다.[18]

최초의 우생학 법률

1890년대 중반, 인디애나와 텍사스의 납세자들은 '대량 구금'에는 세금을 낼 수 없다고 선언했다. 그리하여 이 두 개 주의 의원들은 '극단적인 조치', 즉 퇴화자들의 번식 능력을 제거하는 단종법을 발의했다. 다시 말해 이들은 '대량 거세'를 선택한 것이었다. 이 법안은 아슬아슬하게 통과되지 않았다.

그러던 1895년 7월, 코네티컷주 의회는 이 문제를 다른 각도로 접근해 민주국가 역사상 처음으로 우생학 법안을 통과시켰다. 권력을 가진 코네티컷주 의원들은 바람직하지 못한

자들의 증식을 억제해 퇴화를 저지하겠다고 공식 선언했다. 코네티컷주는 모든 "간질 환자, 저능자, 정신박약자"의 결혼 및 성행위를 불법화했다. 심지어 "모든 극빈자"의 결혼을 조력하는 행위도 불법으로 만들었다. 처벌은? 위반자에게는 주립 교도소에서의 3년 징역형과 1,000달러의 벌금(오늘날 가치로는 2만 달러가 넘는다), "위반을 묵인한" 종교인과 공무원을 비롯한 공범에게는 일반 교도소에서의 1년 징역형이 내려졌다.[19]

골턴이 영국에서 10년 넘게 우생학을 옹호하며 거둔 성과를

[House Bill No. 681.]

CHAPTER CCCXXV.

An Act concerning Crimes and Punishments.

Be it enacted by the Senate and House of Representatives in General Assembly convened:

SECTION 1. No man and woman, either of whom is epileptic, imbecile, or feeble-minded, shall intermarry, or live together as husband and wife, when the woman is under forty-five years of age. Any person violating or attempting to violate any of the provisions of this section shall be imprisoned in the state prison not less than three years. *Penalty for certain persons living as man and wife when woman is under forty-five years of age. Amended Chap. CCCL.*

SEC. 2. Any selectman or any other person who shall advise, aid, abet, cause, or assist in procuring, or countenance any violation of section one of this act, or the marriage of any pauper when the woman in such marriage is under forty-five years of age, shall be fined not less than one thousand dollars, or imprisoned not less than one year, or both. *Penalty for aiding or advising violation of preceding section.*

SEC. 3. Every man who shall carnally know any female under the age of forty-five years who is epileptic, imbecile, feeble-minded, or a pauper, shall be imprisoned in the state prison not less than three years. Every man who is epileptic who shall carnally know any female under the age of forty-five years, and every female under the age of forty-five years who shall consent to be carnally known by any man who is epileptic, imbecile, or feeble-minded, shall be imprisoned in the state prison not less than three years. *Penalty for carnal knowledge when female is under forty-five years of age, in certain cases.*

Approved, July 4, 1895.

코네티컷주의 1895년 법은 부적자 간의 결혼을 불법화한 미국 최초의 우생학 법률이다.

훨씬 뛰어넘는 수준이었다.

그러나 이건 시작에 불과했다.

2년 후인 1897년 5월 16일, 미시간주 하원의원이었던 윌리엄 R. 에드거 박사가 환자나 보호자와의 협의 없이 범죄자 및 퇴화자에게 불임수술을 시행하는 것을 의무화하는 법안을 발의했다. 수십 년 전에 텍사스에서 기디언 린스컴 박사가 작성한 법안과 사실상 똑같았다. 20세기를 앞둔 이 무렵, 에드거 박사는 비주류 미치광이가 아니었다. 그는 정신병원과 구치소, 교도소에서 근무하는 거의 모든 의사와 더불어 북미 지역 의사 수백 명을 대상으로 광범위한 설문조사를 실시한 뒤 법안을 작성했다. 200명가량의 응답자 중 부적자의 강제 불임화에 약간이나마 우려를 표한 사람은 고작 **여덟 명**뿐이었다. 에드거 박사는 "따라서 우리는 원인을 제거할 수 있는 계획이나 치료법은 무엇이든 시도해봐야 한다"라고 주장했다.[20] 의사들은 너무 늦기 전에 문명의 퇴화를 막을 책임이 있었다. 그리고 큰 책임에는 큰 힘이 따라야 했다.

에드거 박사는 시온주의 저널리스트이자 롬브로소의 열렬한 추종자였던 막스 노르다우가 『퇴화』(1892)에서 재구성한 롬브로소의 범죄인류학과 고비노, 모렐 등이 제기한 퇴화에 대한 두려움을 인용했다. 그리고 법률의 유무와 상관없이 미국 전역에서 거세가 **이미 실시되고 있다**고 말하며 자기 입장에

1부 부적자들이 살아남다

힘을 실었다. 미국 의사들은 유럽의 퇴화와 유전 개념이 우생학으로 싹틀 토양을 이미 마련해두고 있었다.

예를 들면 캔자스주립백치·저능청소년정신병원에서는 이미 수술을 통해 결함 있는 혈통을 차단하고 있었다. 병원장인 호이트 필처 박사는 자위행위를 멈추지 못하는 어느 청소년을 거세하고 겨우 한 달 뒤 퇴화한 소년 세 명을 더 거세했다. 다시 한 달 뒤 일곱 명을 추가로 거세했고, 총 열한 명이 "정신적으로나 신체적으로 눈에 띄게 호전되었다". 필처 박사에게 대중의 항의가 쏟아지자 토피카사회순결연맹Social Purity League of Topeka은 박사를 지지하는 증언들을 찾아나섰다. 그러자 거세당한 소년의 부모 중 한 명이 매우 기뻐하며 캔자스 주지사 존 W. 리디에게 편지를 보냈고, 주지사는 에드거 박사의 법안을 검토 중인 미시간주 의원들에게 이 편지를 전달했다. "저는 모든 부모가 …… 수술받은 소년들의 상태가 호전된 것을 확인하면 자기 아들도 똑같이 수술해달라고 부탁하리라 믿습니다."[21] 에드거 박사는 캔자스와 미시간 외에 열 개 주에서 이러한 법안이 통과되기 직전이라고 보고했다.

미시간정신박약자·간질환자수용소의 현재 재소자이거나 차후 재소자가 될 수 있는 모든 남성과 여성은 무성화 수술의 타당성을 검토하기 위해 이하의 규정에 따라 선발된 유능한 의사 3인으로 구성된 의료 검사자 위원회의 진찰을 받아야 한다.

—「범죄자와 퇴화자의 무성화」[22]

에드거 박사가 1897년에 발의한 미시간주의 거세 법안은 통과되지 못했다. 전해지는 바에 따르면 의원들은 본인이나 그리 똑똑하지 못한 자기 지역구 주민이 거세 대상이 될까 봐 두려워했다고 한다![23] 코네티컷주가 1895년에 "간질 환자, 천치, 정신박약자"의 생식을 불법화하긴 했지만 인디애나주가 최초로 강제 단종법을 통과시킨 것은 1907년의 일이었다. 어쨌거나 미시간은 미래를 예고했다.

그렇다면 19세기의 마지막 10년간 무엇이 바뀌었기에 부적자들의 번식을 통제해야 한다는 주장이 산발적으로 논의되다가 더 공개적으로 조직화된 것일까? 제도화된 우생학이 처음 뿌리를 내린 미국에서는 이민에 반대하는 보수적 반응, (미미한 수준이긴 해도) 여성 및 아프리카계 미국인의 시민권 확대, 이에 더해 생태학적 취약성에 대한 인식 고양이 요인으로 작용했다. 부양해야 할 비백인의 수가 계속해서 늘어나면 나머지 인구는 타격을 입을 수밖에 없었다. 자원은 **필시** 고갈될 것이었다. 여기에 더해 '문명'이 현대 백인 남성을 '나약하게' 만들었다는 두려움 — 곧 대통령이 될 우생학자들의 친구 시어도어 루스벨트가 호들갑스럽게 여러 차례 반복한 표현 —

이 널리 퍼지면서 미국의 주 정부들은 진취적인 의사들이 생식기 수술을 한 단계 더 발전시키는 것을 허용하게 되었다.

우생학, 과학이 되다

(1899~1927년)

THE SHORTEST HISTORY OF EUGENICS

5장

인디애나 계획

오하이오강을 가운데 두고 켄터키주 루이빌과 마주 보고 있는 인디애나소년원, 그곳에서 해리 샤프Harry Sharp가 미국 최초로 널리 알려진 우생학자가 되었다. 흥미롭게도 샤프는 골턴의 우생학 선전에서 영감을 얻은 것이 아니었다. 샤프의 개종을 이끈 사람은 또 다른 미국인이었다. 전국에 이름을 떨치고 존경받던 시카고 의사 앨버트 오슈너Albert Ochsner는 1899년에 발표한 글에서 자신이 1897년에 두 중년 남성에게 성공적으로 실시한 두 건의 수술을 소개했다.[1] 두 남성은 전립성비대증을 앓았고 그중 한 명은 치질도 있었다. 오슈너는 완전 거세 대신 유럽식 정관 절제 수술을 추천했다. 이 맥락에서는 수술도 두 남성의 상태도 그리 놀랍지 않다. 펜실베이니아대학 의

2부 우생학, 과학이 되다

사인 앨프리드 우드는 오슈너보다 훨씬 이전에 프랑스와 영국, 미국에서 실시된 전립성비대증 수술 300여 건을 목록으로 작성한 바 있다.[2] 만일 오슈너가 자기 환자를 우드의 목록에 추가하는 식이었다면 환자의 상태나 수술 자체가 사람들에게 주목받는 일은 없었을 것이다.

그러나 오슈너가 1899년 봄에 글을 발표한 이유 — 해리 샤프가 그해 가을에 이 글을 읽은 이유 — 는 치료와는 거의 관련이 없었다. 오슈너는 자신이 거세보다 정관 절제를 선호하는 이유가 정관 절제는 **눈길을 끌지 않기 때문**이라고 말했다. 그러면서 정관 절제 수술이 눈길을 끌지 않기 때문에 부적자를 당사자 몰래 불임화하는 데 활용할 수 있다고 설명했다. 오슈너는 "통계에 따르면 …… 모든 범죄의 무려 4분의 3이 상습범의 소행이다. 상습범이 자녀를 낳을 가능성을 전부 없앨 수만 있다면 머지않아 이 집단의 수는 눈에 띄게 감소할 것이다"라고 주장했다. 그리고 수감자들은 자신이 정관 절제 수술을 받았음을 웬만해선 알아차리지 못할 것이라고 독자들에게 장담했다. 거세에 의존하지 않고도 범죄율이 혁명적으로 감소할 것이었다. 오슈너는 여기서 한 걸음 더 나아갔다. 그는 의사들이 알코올중독자와 정신질환자, 성적 일탈자(동성애자 포함), 대대손손 가난한 자들의 정관도 잘라버려야 한다고 주장했다.[3] 오슈너 같은 유명한 시카고 의사에게 부적자의 범위는 꽤

나 넓었다.

오슈너가 이 글을 발표하고 6개월 뒤, 해리 샤프도 자기 환자의 정관을 잘랐다. 샤프가 처음으로 칼을 댄 환자는 미주리에 사는 열아홉 살의 '클로슨'이었다. 이유는? 샤프에 따르면 클로슨은 '자위행위'에 시달리고 있었다. 좀처럼 사라지지 않던 빅토리아 시대의 도덕적 공황 속에서 클로슨은 소년원 병동에 있는 샤프를 찾아와 자신을 거세해 성적 타락이라는 저주에서 자기 영혼을 구해달라고 애원했다. 샤프는 기꺼이 클로슨의 부탁에 응했다. 그리고 오슈너가 1899년 4월에 발표한 글을 떠올리고는 클로슨의 자위행위를 멈추기 위해 거세가 아닌 정관 절제 수술을 시행했다.[4] 흥미롭게도, 샤프 본인이 영감을 얻었다고 밝힌 오슈너의 글에 따르면 정관 절제 수술은 남성 환자의 성 충동을 줄이지 **못했고** 오로지 완전 거세만 그러한 효과를 낼 수 있었다. 그러므로 클로슨의 자위 문제에 대한 해결책으로 샤프가 정관 절제 수술을 제시한 것은 이상한 일이다. 이런 세부 설명은 차치하고, 클로슨은 1899년 10월 12일에 정관 절제 수술을 받아 생식 능력을 완전히 잃었다. 몇 주의 시간이 걸렸고 두 번째 수술이 있었는지도 모르지만(샤프는 이 점을 정확히 기억하지 못했다) 정관 절제 수술로 클로슨은 결국 '치유'되었다. 자위행위가 줄었고 생각이 맑아졌으며 학교생활도 수월해졌다. 샤프는 정관 절제 수술이 클로슨의 전체 '신경계'

를 개선했다고 보고했다. 게다가 클로슨은 개종자 특유의 열정을 보이며 인디애나소년원의 다른 원생들에게 샤프의 수술을 강력 추천했다. 훗날 클로슨은 샤프의 칼날로 자유를 경험하고자 수십 명이 샤프를 찾았다고 주장했다.[5]

샤프는 오슈너가 말한 대로, 다른 의사들이 이미 하고 있던 대로 정관을 잘랐다. 그는 불임수술이 합법화되기 전인 1899년부터 1907년 사이에 자신이 20대 초반 남성 176명의 정관을 잘랐다고 주장했다. 그러나 실질적 권한을 가진 그 누구도 충분히 큰 목소리로 항의하지 않았고, 샤프도 8년간 침묵을 지켰다.

퇴화자의 수가 정말 위험할 만큼 증가하고 있었고 정관 절제 수술이 그처럼 사람들의 시선도 끌지 않았다면, 샤프는 왜 이 사실을 더 널리 알리지 않았을까? 이것이 불법행위라는 두려움이 한 가지 이유였을 수 있다. 골턴이 1883년에 '우생학'이라는 용어를 만들어내면서 전에 없던 새로운 것을 창조했다고 믿는 사람들처럼 샤프가 우생학의 혁신가라고 믿는 사람들에게 이 설명은 꽤 그럴듯해 보인다.[6] 그러나 역사적 증거가 말해주듯 범죄와 퇴화의 흐름을 끊기 위한 이런 수술이 점점 흔해지고 있었고 클로슨에게 실시한 정관 절제 수술의 가장 큰 목적이 치료이고 우생학적 목적은 부차적일 뿐이었다면, 샤프는 자신이 실시한 그 수술이 딱히 획기적이라고 생각하지 않았을지도 모른다. 실제로 이런 수술은 1927년의 악명 높은 벅 대 벨 대법원 판결 이후 부적자를 대상으로 한 더욱 조직적인 불임수술이 법적·과학적 정당성을 얻은 이후에야 획기적으로 보였을 것이다. 바로 이것이 1937년이 될 때까지 30년간 그 누구도 샤프를 인터뷰하지 않았던 이유일 수 있다.

1937년에 샤프를 인터뷰한 필라델피아 템플대학의 윌리엄 캔터는 샤프를 명백히 본받아야 할 선구자로 여겼다. 그는 "1907년에 인디애나주 의회가 최초로 합법화한 불임수술은 현재 28개 주와 여러 해외 국가에서 승인되었다"라며 만족감을 표한 다음 "특히 독일"이라고 — 오늘날의 시선으로는 몹시 불길해 보이는 어조로 — 덧붙였다.[7] 물론 캔터는 머지않아 제3제국 의사들이 미국의 이 지식을 이용해서 T4 작전Aktion T4을 수행할 줄은 몰랐을 것이다. 독일은 T4 작전으로 '부적합한' 환자 — 구체적인 법이 통과되지 않은 상태에서 샤프를 비롯한 미국 의사들이 40년간 불임수술을 실시한 바로 그 종류의 환자들 — 수십만 명을 불임화했고 많은 경우 몰살해버렸다.

6장

미국의 우생학 트라이앵글

유전자 결정론 개념은 이미 미국에 존재했다. 의사들은 이미 정관을 자르고 있었다. 몇 개 주에 이미 관련 법이 존재했고, 정신병원과 교도소도 이미 포화 상태였다. 정신박약자들이 매일같이 미국 거리를 돌아다녔다. 피부색이 짙은 도시 거주자들이 범죄를 저지르리란 우려는 미국인의 머릿속을 단 한 번도 떠난 적 없었다. 그러나 제1차 세계대전 무렵 미국 우생학을 하나의 **사회운동**으로 발전시킨 요인은 바로 여러 행위자로 구성된 조직적 네트워크였다.

'우생학 트라이앵글'에 속한 단체들은 미국 북부를 하나로 묶었고, 이곳을 기점 삼아 전 세계의 우생학 운동을 하나로 결속했다. 삼각형의 동쪽 꼭짓점인 뉴욕주의 콜드스프링

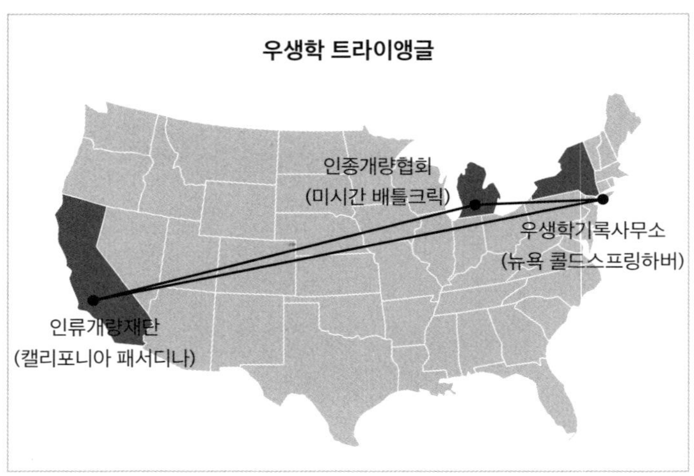

이 네트워크에 속한 의사, 교육자, 정치인은 뉴잉글랜드와 동부 연안, 중서부, 대평원 지대, 서부 해안 위아래로 우생학의 복음을 전파했다. 텍사스와 남동부는 독자적 노선을 따랐다.

하버에는 힘 있고 자금 넉넉한 우생학기록사무소가 있었다. 서쪽 꼭짓점인 캘리포니아주 패서디나에는 폴 포페노와 에즈라 고즈니, 데이비드 스타 조던의 인류개량재단Human Betterment Foundation이 있었다. 그리고 미시간주 배틀크릭에 있는 존 하비 켈로그의 인종개량협회Race Betterment Society가 삼각형의 북쪽 꼭짓점에 자리 잡고 있었다. 사람과 돈, 단체를 연결한 이 트라이앵글은 비교적 효율적으로 우생학 선전 작전을 펼쳤을 뿐만 아니라(그러는 동안 트라이앵글 속 평범한 의사들은 우생학 수술을 실시했다) 우생학의 메시지를 미국 너머 전 세계로 전

    2부 우생학, 과학이 되다

파했고, 이는 결국 참혹한 결과를 불러왔다.

동부: 우생학기록사무소

모든 관련자 중에서 유전학자와 과학자, 지식인을 우생학 운동으로 끌어들이는 데 가장 크게 공헌한 인물은 찰스 대븐포트Charles Davenport였다. 대븐포트는 1892년에서 1899년까지 하버드대학에서 생물학을 가르치다가 시카고대학 자연사 박물관에서 동물 표본을 큐레이팅하는, 보다 연구 중심의 직책으로 자리를 옮겼다. 1902년에 그는, 골턴의 후계자로 유니버시티칼리지런던 소속이었던 동시에 당시 탁월한 양적 진화 학술지 《바이오메트리카》의 편집자였던 칼 피어슨과 접촉했다. 그리고 피어슨을 통해 영국과 유럽 전역의 저명한 생물학자들과 인맥을 쌓았다. 그러나 피어슨의 다윈주의 진영과 재발견된 멘델 유전학 진영 간에 논쟁이 한창이던 1903년에 피어슨이 대븐포트의 과학적 결론을 날카롭게 비판하자 대븐포트는 멘델주의자 편에 섰다.[1] 미국의 다른 생물학자들은 대븐포트를 골턴과 피어슨처럼 수학에 능통한 혁신가이면서 협업하기에는 더 편한 사람으로 인식하기 시작했다. 시카고대학 박물관에서 근무하던 대븐포트는 이러한 명성에 힘입어 매년 미국 생물학자 수백 명이 이용하는 굴지의 실험소인 뉴욕주 콜드스프링하버 실험진화연구소Station for Experimental Evolution의 선임 유전학자로 발탁되었다.

지칠 줄 모르는 기회주의자였던 대븐포트는 그 자리를 이용해 인맥을 넓힌 뒤 그 인맥으로 로비를 벌여 카네기재단과 록펠러재단의 막대한 자금, 여기에 더해 에드워드 H. 해리먼의 철도회사가 가진 부까지 얻어냈다. (석유 거물의 아들인 존 D. 록펠러 주니어는 20세기의 첫 반세기 내내 우생학 트라이앵글의 동쪽 절반에 자금을 지원했다. 그의 두 아들 존 D. 록펠러 3세와 데이비드 록펠러는 20세기 중반의 전 세계적 인구통제 운동에서 중요한 역할을 맡았다.) 대븐포트가 어찌나 큰 성공을 거두었던지, 20세기 초반의 몇십 년간 그가 관리한 기부금 규모가 미국 대학 전체의 생물학 연구 기금을 **전부 합친 것**보다 더 컸다.[2] 대븐포트는 그중 상당량을 자신이 새로 설립한 우생학기록사무소에 쏟아부었고, 나머지 대부분은 우생학이라는 단어를 전 세계에 퍼뜨리기 위해 국제 규모의 우생학 대회를 조직하는 데 썼다.

자금이 풍부한 뉴욕의 우생학기록사무소에서 대븐포트는 골턴과 피어슨 같은 영국의 우생학 이론가들이 그저 꿈만 꾸었던 일들을 실천에 옮겼다. 그는 글을 쓰고, 홍보하고, 확장하고, 연결하고, 고용했다. 회의를 잇달아 열며 유전학자와 의사, 정치인, 기부자를 한 자리에 모았다. 퇴화의 징후일지 모를 특징을 찾아 여러 세대에 걸쳐 조사를 실시했다. 이러한 조사에서 얻은 자료를 토대로 『우생학에서 본 유전』(1911)을 발표했는데, 이 책에서 그는 알코올중독부터 빈곤, 인종 불평등에 이르는 모든 문제가 "신경병성 결함"에서 비롯된다는 주장을 다시 한번 반복했다.[3] 계획 결혼과 불임수술 같은 기존의 관행, 인종 혼합에 대한 고비노의 공포, 골턴의 경성 유전, 의료 문화와 과학 문화에서 반세기 넘게 떠돌던 여타의 관행을 그 누구보다 열심히 하나로 묶은 사람이 바로 대븐포트였다. 즉, 과학 개념과 의료 관행을 하나의 기치 아래 모아 '우생학'이라고 명명한 사람이 대븐포트였던 것이다. 고인이 된 프랜시스 골턴 경에게 '우생학의 아버지'라는 이름을 붙인 사람, 빅토리아 우드헐과 존 험프리 노이스의 오네이다 공동체 등은 건너뛰고 찰스 다윈을 골턴에게 영감을 준 인물로 꼽은 사람 역시 대븐포트다.

골턴처럼 대븐포트도 오늘날 '유전자'라고 불리는 내재된 생물학적 본질이 지능과 범죄성, 정신질환 같은 인간 특성을 결정한다고 믿었다. 이 유전자 때문에 특정 집단은 사회에서 특정 역할을 맡도록 운명 지어졌다. 올더스 헉슬리는 자신의 소설 『멋진 신세계』(1938)에서 이런 대븐포트의 관점을 패러디했다. 이 소설에서 사회 지도자층인 '알파'는 번식장에서 길

러지고 인간 성취의 사다리를 따라 베타와 델타 등으로 하위 계층이 나뉜다. 헉슬리는 분명 대븐포트와 플라톤의 『국가』에서 영감을 받아 이 소설을 썼을 것이다. 그러나 더 가까이에도 영감의 원천이 있었다. 형 줄리언 헉슬리 ─ 대븐포트의 동료였다 ─ 는 20세기 전반 동안 영국에서 우생학 운동을 추진했고 제2차 세계대전 이후에는 유엔에서 영향력을 떨치는 주요 인물이 되었다.

대븐포트의 지도 아래 우생학기록사무소는 주로 현장연구와 인터뷰, 설문조사를 통해 무수히 많은 개인 및 가구의 자료를 수집했다. 그리고 이 자료를 이용해 미국 가정의 가계 및 생물학적 정보를 담은 막대한 규모의 아카이브인 우생학기록사무소 인덱스Eugenics Record Office Index를 만들었다. 그리고 범죄성과 알코올중독, 정신박약 등 일탈 특성을 보유한 자들의 번식을 막고자 이런 행동의 이른바 유전적 요인을 추적했다. 지능지수와 수학능력검사를 직접 개발한 것은 아니었지만 이런 표준화된 시험을 널리 홍보하기도 했다. 빅데이터가 미국의 퇴화 문제 해결에 도움이 될지도 몰랐기 때문이다.

우생학기록사무소가 끼친 영향을 '엄청나다'라고 말하는 건 현실을 대단히 축소한 것이다. 이 기관의 활동과 더불어, 비교적 단순한 생물학적 본질이 인간의 삶을 결정하고 사회에도 영향을 미친다는 이 기관의 메시지는 특히 제2차 세계대

   2부 우생학, 과학이 되다

전 이전의 수십 년간 미국 의학과 법학에 결정적인 영향을 미쳤다. 정치인과 학자, 미디어는 우생학기록사무소가 만들어낸 이 메시지들을 끊임없이 쏟아냈고, 이를 이용해 본인들이 일반 대중의 질을 개선해주리라 믿는 각종 정책을 정당화했다.

물론 비평가들은 우생학기록사무소가 실시한 연구의 타당성을 의심하며 이 연구가 틀린 가정과 편향된 자료에 기반한다고 주장했다. 일부는 우생학 불임수술에 반대했다. 그들은 이 기관의 출판물에 영향받은 의사들이 취약 계층, 특히 장애인과 빈곤층을 겨냥한다고 지적했다. 그럼에도 우생학기록사무소는 계속해서 힘을 키워나갔고, 1939년이 되어서야 전쟁 활동 지원, 루스벨트 뉴딜 정책의 우선 과제, 나치가 우생학의 명목으로 잔혹 행위를 저질렀다는 소문, 부실 경영 혐의 등으로 서서히 재정이 악화되었다.

그러나 중요한 점은 대브포트가 혼자가 아니었다는 것이다. 도움이 없었다면 우생학기록사무소가 미국 의학계와 여타 분야에 이만큼 막대한 영향을 끼칠 수 없었을 것이다. 우생학이 이만큼 힘을 키울 수 있었던 것은 우생학 트라이앵글 덕분이었다.

해리 H. 로플린

대븐포트의 오른팔이었던 해리 H. 로플린Harry H. Laughlin
은 우생학을 정치 수단으로 휘두르며 우생학 트라이앵글의
메시지를 미국의 여러 주도와 워싱턴의 권력자들에게 전달했
다. 대븐포트는 아이비리그에서 공부한 헌신적인 과학자였는
데, 그 당시 유전학자라고 하면 어딘가 위협적인 최첨단의 분
위기를 풍겼다. 대븐포트는 자료를 수집하고 우생학기록사무
소의 통계 담당자들을 관리했다. 우생학의 과학적 신뢰성을
끌어올리고자 쉼 없이 일했고, 자기만의 체계적인 방식으로
성공을 거두며 자신이 우생학 트라이앵글 동부권의 심장임을
증명했다. 대븐포트가 거미줄을 짰다면, 로플린은 중서부 특
유의 환한 미소와 힘 있는 악수로 그 줄 위를 거미처럼 타고
다녔다.

로플린은 (차례대로) 학교장, 교육감, 농업 교사로 일했다.
그는 반갑게 인사하고, 상대를 한껏 추켜올리고, 자기 멜빵을
탁 튕기고, 친근하게 몸을 앞으로 기울이며 벗어진 정수리를
긁적이는 재주가 있었다. 물론 그는 프린스턴에서 세포생물학
을 공부했고 늘 깔끔하게 넥타이를 매고 다녔다. 그러나 한편
으로 그는 평범한 남자들의 생활에도 익숙했다. 예를 들면 농
업, 특히 말에 해박했다. 작업용 말뿐만 아니라 순종 말에 대

          2부 우생학, 과학이 되다

해서도 대화를 나눌 수 있었다. 그리고 '아이쿠' 하는 그 친근하고 솔직한 얼굴이 우생학을 **세일즈**하는 데 혁혁한 역할을 했다. 로플린은 그 어떤 허튼소리로도 청중을 장악할 수 있었고, 그곳이 가축 품평회장이든 카니발이든 미국 의회든 늘 대화 상대를 설득하는 데 성공했다. 다른 우생학자들이 식자층 대중에게 더 깨끗하게 살거나 과학 지식을 더 많이 쌓으라고 요구했다면, 로플린이 정치인 친구들에게 요구한 것은 당신들의 힘을 선거구민이나 돈줄 관리에 쓰지 말고 달갑지 않은 자들을 없애는 데 쓰라는 것뿐이었다.

그들은 정말 로플린의 말대로 했다. 대븐포트가 로플린을 우생학기록사무소의 책임자로 임명한 1910년에는 우생학 법이 통과된 주가 별로 없었다. 당시에는 오로지 캘리포니아만이 법의 승인 아래 불임수술을 실시했다. 해리 샤프가 있던 인디애나주조차 조직화된 제도적 수술에서 한 발짝 물러난 상태였다(물론 의사 개개인의 차원에서 우생학은 산발적일지언정 꾸준히 이어졌다).[4] 그러나 로플린은 끈질기게 불임수술 확대를 추진했다. 1914년 초 무렵에는 네바다와 뉴저지, 캔자스, 뉴욕, 아이오와, 노스다코타가 우생학 주 대열에 합류했다. 미시간은 에드거 박사가 법률 제정에 실패하고 거의 20년이 지난 뒤인 1913년에 마침내 단종법을 통과시켰다. 로플린은 의사와 정치인, 사회복지사, YMCA 관리자, 성직자, 교사, 교장, 과학적 자

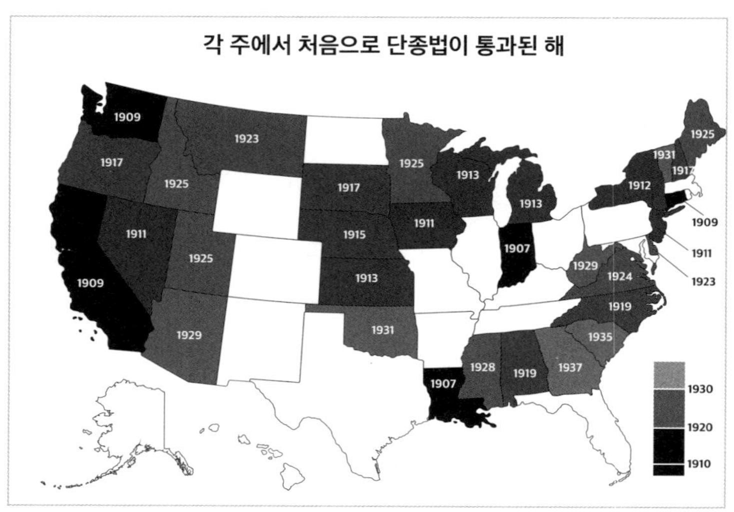

1940년 이전의 단종법 도입

선운동 지도자, 통계학자, 교수, 대학 총장과 귀중한 인맥을 쌓았다. 우생학 법안을 채택한 주들의 수가 급격히 증가했다.[5]

1920년 여름, 미 의회 의원들이 인종을 개량해야 한다며 우생학기록사무소에 도움을 요청했다. 대븐포트는 로플린을 의회로 보냈다. 그 결과(이에 대해서는 뒤에서 더 자세히 살펴볼 것이다) 향후 40년간 미국 이민 정책의 성격이 크게 달라졌다.

로플린은 저서 『미국에서의 우생학 불임수술』(1922)에서 '표준 우생학 단종법'을 제시했다. 아마도 이 표준 법안은 제1차 세계대전과 제2차 세계대전 사이의 우생학 운동에서 가장 비극적인 영향을 미친 정치적 산물일 것이다. 로플린은 이를 통

     2부 우생학, 과학이 되다

해 약자와 빈자, 비백인의 생식 능력을 제거함으로써 사회의 퇴화를 치료하겠다는 희망을 우생학 트라이앵글 너머 미국 전역으로 퍼뜨렸다.

여러 주에서 우생학 수술에 법적 이의를 제기하는 경우가 점점 늘고 있었기에 로플린은 자신의 표준 법안이 통과될 수 있도록 법적 사례와 판결의 언어를 노골적으로 끌어다 썼다. 먼저 그 어떤 우생학 법안도 보복으로 비쳐져서는 안 되며, "잔인하거나 이례적인 처벌"을 금지하는 헌법 조항에 걸려선 안 됐다. 로플린은 "처벌적 요소는 절대 없어야 한다"라고 강조했다. 그는 "퇴화했거나 결함 있는 유전적 특성 때문에 사회 부적응자를 낳을 가능성이 있는" 교도소와 정신병원 안팎의 사람들만이 우생학 법안의 표적이 될 수 있다고 주장했다.

두 번째로 로플린은 "후손을 낳는 능력을 영구적으로 무효화하는 …… 외과 수술이나 의료 처치"를 감독할 전문가 집단이 있어야 하며 "안전하고 능숙하며 인간적인 수술과 처치를 위해 적절한 대책"을 마련해두어야 한다고 주장했다.[6] 양심에 찬 유권자나 법 체계에 머리를 조아리는 정치인, 경찰, 교도관은 자의적으로 수술을 결정할 수 없었다. 로플린은 불임수술을 의사들의 냉정한 판단에 맡겨야 하며 주 정부 소속의 공식 우생학자가 그 역할을 맡는 것이 가장 좋다고 강조했다.

마지막으로 로플린은 퇴화의 특징을 지니고 있다고 추정

되는 누구나 불임수술을 요구하는 소송의 대상이 될 수 있긴
하지만(그렇다, 일반 시민이 이웃이나 가족, 적을 밀고할 수 있다
는 뜻이다) 판사와 여섯 명으로 구성된 배심원단이 결정에 참
여하게 될 것이라고 말했다. 심지어 로플린은 항소 규정도 포
함했다.

자신감 있고 설득력 있으며 친절하고 침착하고 빈틈없고
인맥이 넓었던 로플린은 이러한 태도와 표준 법안에 힘입어
전국적 논의의 중심에 섰다. 흥미로운 점은, 로플린의 최대 업

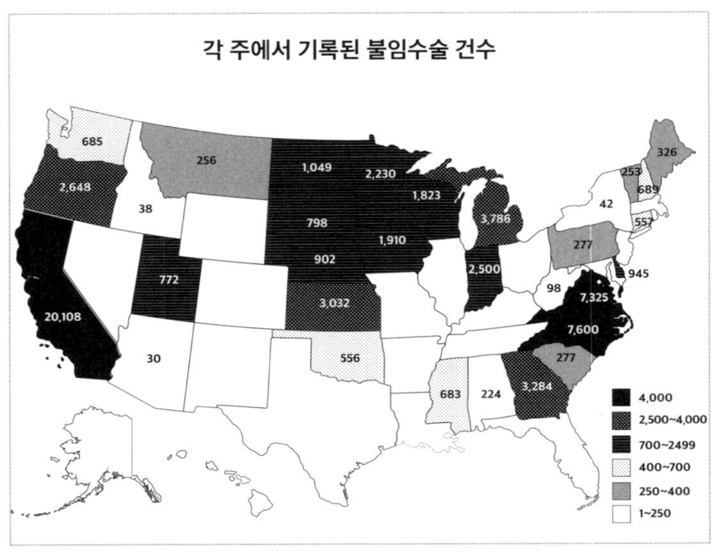

1907년부터 1980년까지 미국의 각 주에서 공식 기록된 우생학 불임수술 건수: 기
록이 부실했거나 '우생학' 외의 다른 범주로 분류되었거나 해당 주에서 우생학 불임
수술이 불법이었다는 이유로 기록되지 않은 불임수술이 무수히 많았다는 점에 유의
하자.[7]

적이 표준 단종법의 제정이 아니었다는 것이다. 이 법은 앨버트 프리디 박사(벅 대 벨 판결로 유명해진 인물로, 이에 대해서는 8장에서 살펴볼 것이다) 같은 다른 사람들이 노력을 쏟은 후에야 제정되었다. 그 대신 로플린은 반이민 활동에 깊이 관여하게 되었다. 우생학은 처음부터 이민 정책과 뒤얽혀 있었다.

중서부: 인종개량협회

카리스마 있는 괴짜에 끈기가 대단했던(영화로도 제작된 소설 『웰빌로 가는 길』에서 그려진 것처럼 돌팔이는 아니었다) 존 하비 켈로그John Harvey Kellogg 박사는 우생학 트라이앵글의 북쪽 끝꼭짓점에 자리 잡고 있었다. 미시간주의 배틀크릭에서 존 하비와 그의 동생 윌 키스 켈로그는 점점 불어나던 콘플레이크 시리얼 사업 수익을 인종개량협회에 쏟아부었다. 윌 키스가 결국 시리얼 사업에 전념한 것과 달리 존 하비는 1877년부터 배틀크릭요양원을 운영했는데, 제7일안식일재림파의 휴양 센터로 세워진 이 요양원은 스트레스에 시달리는 부자들이 '깨끗한 생활'을 누릴 수 있는 휴양지로 변모했다. 배틀크릭요양원은 아름답고 자금이 풍부한 협회 본부의 역할을 했다. 투숙객들은 켈로그 박사식 건강법의 열성 추종자들에게 개

별 관리를 받았고, 채식(켈로그 콘플레이크가 포함되었고 육류
는 맛 좋은 '자살 충동'으로 여겨졌다)과 빈번한 관장, 규칙적인
야외 운동으로 구성된 식이 및 운동 요법을 따랐다. 또한 존
하비는 섹스와 알코올, 카페인, 담배가 신경계를 약화해 퇴화
를 불러온다고 믿었기에 투숙객에게 이러한 행위를 삼가달라
고 요구했다.[8]

물론 존 하비 켈로그가 깨끗한 생활(그는 이를 '환경우생학
euthenics'이라 불렀다)을 추구했다고 해서 깨끗한 번식에 관심이
없었던 것은 아니었다. 켈로그는 "모든 교사와 인류 사상의 지
도자, 출판인, 전문직 종사자, 생각 깊은 남녀가 **인류가 죽어가
고 있다**는 사실을 반드시 전 세계 곳곳에 빠짐없이 알리고 이
암울한 운명에서 벗어날 해결책을 다 함께 찾고 실천해야 한
다"라고 공언했다.[9] 켈로그는 주로 영국에서 수집된 인구통계
학 자료(미국인은 이렇게 꼼꼼하게 기록을 남기지 못했다)가 백
인 인종이 서서히 멸망하고 있음을 증명한다고 생각했다. 그
는 우리가 개를 사육하고 국화꽃을 재배하듯 신중하게 백인
인종을 번식시켜야 할 때라고 촉구했다.

그러나 그런 일은 강요할 수 있는 것이 아니었고 켈로그는
불임수술을 좋아하지 않았다. 인종 개량에 필요한 것은 칼이
아닌 유인책이었다. 켈로그는 각종 대회를 후원해 가장 우수
하고 퇴화의 특징이 가장 적으며 생물학적으로 가장 적합한

가족을 찾아내는 쪽을 더 선호했다. 콘플레이크가 우리의 주요 아침 식사가 되었듯 실제로 '건강 가족' 대회와 '우량아' 대회가 미국 우생학 운동의 주요소로 자리 잡았다.[10] 그러나 켈로그가 이런 대회를 통해 궁극적으로 추구한 바는 단순히 상을 나눠주는 것이 아니라 자료를 수집하는 것이었다. 그는 우생학기록연구소에서 관리할 전국의 가족 등록부, 더욱 영리한 번식을 가능케 할 가계도를 만들고자 했다.

유전 등록부는 그가 20세기 초의 우생학 운동에 기여한 가장 중요한 두 가지 중 하나였다. 더더욱 중요했던 다른 하나는 바로 전국적인 홍보였다. 켈로그는 객실 1,200개를 갖춘 배틀크릭요양원에서 인종개량협회의 회의들을 대규모로 개최하며 전국의 중요 인물들에게 소식을 알렸다. 헨리 포드도 회의에 참여했다. 토머스 에디슨과 J. C. 페니, 어밀리아 에어하트, 소저너 트루스, 심지어 미래의 대통령인 워런 G. 하딩과 윌리엄 H. 태프트도 회의에 참석했다. 이러한 회의들에서 켈로그는 대븐포트와 로플린 같은 전국에서 가장 열성적인 우생학자들을 전 세계에서 가장 영향력 있는 문화계 인물 수백 명에게 소개했다.

1914년 1월 초에 배틀크릭요양원에서 제1차 전국인종개량회의가 열리자 당연하게도 영미 우생학 운동의 주요 연사 70명이 회의에 참석했다. 이들은 담배와 자위행위의 해악에서부터 (생물학적이므로) 고질적인 빈곤, '미국의 동양인 문제'에 이르기까지 여러 다양한 주제로 대화를 나누었다. 회의에서 대븐포트는 자료를 수집해야 한다는 켈로그의 간절한 요청에 동의했다. 그러나 대븐포트는 우생학자들이 원하는 것은 건강 대회나 관장, 채식이 아닌 경제적 성과이며 우리는 실제로 그런 성과를 낼 수 있다고 주장했다.

우생학자들은 예방 조치를 시행해 부적자 돌봄이 야기하는 국가의 막대한 재정 부담을 완화할 수 있었다. 과학 — 대븐포트의 우생학 — 이 그 방법을 알려줄 것이었다. 돈에 관한 이러한 메시지는 우생학 운동에서 가장 오래 이어진 요소 중 하나가 되었고, 켈로그의 협회 덕분에 세금 내기 싫어하는 전국 산업 거물들의 귀에 흘러 들어갈 수 있었다.

켈로그가 개최한 1914년 회의 연설에서 대븐포트는 간질 환자가 더 많은 간질 환자를 낳고, 정신이상자가 더 많은 정신이상 자녀를 낳으며, 범죄자가 더 많은 범죄자를 낳는다는 사실을 조사 결과가 입증한다고 단언했다. "퇴화자가 증식하는 지역에서 빈민과 거지, 도둑, 강도, 매춘부의 상당 부분을 차지하는 사람들이 끊임없이 쏟아져 나오며 우리 도시로 밀려들고 있습니다."[11] 이 무가치한 가족들의 흐름을 중간에 어떻게든 차단할 수만 있다면 모든 지역사회 — 전 세계 — 가 문제없이 더 건강한 길로 나아갈 수 있을 터였다. 그 과정에 관장은 필요치 않았다.

정확히 하자면 켈로그가 말한 '인종 개량'은 적합한 자를 널리 퍼뜨리고 확대하고 더욱 갈고닦는 것이었다. 켈로그에게는 '환경'이 여전히 인종 개선에 중요하다는 믿음이 골턴이나 대븐포트보다 강했다. 역사가들은 이러한 믿음을 '포지티브' 우생학이라고 부른다.

켈로그가 모은 청중 앞에서 대븐포트는 달갑지 않은 자들, 비용만 많이 드는 무가치한 자들을 깡그리 없애야 한다는 교훈을 설파했다. 이러한 대븐포트의 메시지는 더 실용적인 듯 보였다. 비용과 범죄, 성적 일탈을 줄일 이 방법은 아마 청중석에 있던 포드와 페니, 에디슨 같은 인물들의 귀를 혹하게 했을 것이다. '네거티브' 우생학이라고 불리는 이러한 믿음은 환경 개선으로 해결 불가능한 문제들을 천성을 제거함으로써 해결할 수 있다는 약속에서 동력을 얻었다. 켈로그의 포지티브 우생학은 개인의 희생과 고된 노력, 자제력, 말 그대로 장을 비울 수 있는 용기를 요구했다. 반면 대븐포트의 방식은 힘 있는 자들이 힘없는 자들의 신체를 통제하는 유구한 미국식 전통을 따랐다. 그러니 '네거티브' 우생학이 승리를 거둔 것도 당연했다.

서부: 인류개량재단

　미국 우생학 트라이앵글의 서쪽 꼭짓점은 동쪽 꼭짓점과 여러 면에서 비슷했다. 완고하고 성실했던 폴 포페노Paul Popenoe는 인류개량재단을 중심으로 남부 캘리포니아의 엄숙한 도덕가들을 한자리에 모았다. 그는 1915년에 켈로그가 제2차 전국인종개량회의를 개최한 이후에 인류개량재단을 설립했다. 켈로그는 이 회의에서 우생학 등록부를 만들어야 한다고 다시 한번 주창했는데, 이 회의가 샌프란시스코의 호사스러운 파나마-태평양 박람회에서 열린 데다 우생학자들이 박람회장에서 가장 큰 부스를 차지한 덕분에 결혼 규제와 건강한 삶에 관한 켈로그의 메시지는 미시간에서보다 훨씬 많은 청중에게 퍼져나갔다. 켈로그의 제2차 회의에서 영감을 얻은 감귤 사업의 거물 에즈라 고즈니는 1920년대 말에 인류개량재단이 형식을 갖추자 포페노의 서부 지역 후원자가 되었다. 그 무렵 포페노는 — 대븐포트와 상당히 유사하게도 — 농업 전문가에서 '유전학자'로 변신해 있었다. 오늘날에도 발행되고 있는 포페노의 《유전학저널》은 최신 과학과 유전학 옹호를 적절히 뒤섞는 역할을 맡았다.

　포페노와 고즈니는 함께 『인류개량을 위한 불임수술: 1909~1929년에 캘리포니아에서 실시된 6,000건의 수술 결

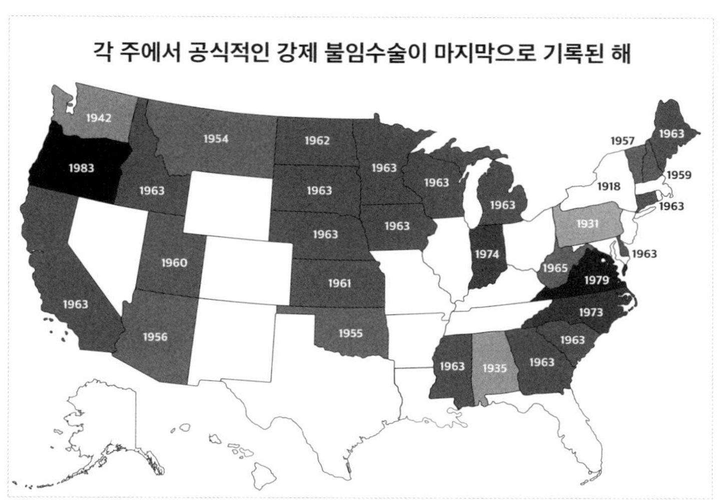

일부 주에서는 우생학 불임수술의 법적 지위가 불확실했기 때문에 해당 연도 이후로 도 기록 없이 수술이 이루어졌을 수 있다는 점에 유의하자.[12]

과 개요』(1929)를 펴냈다. 이는 산업화된 미국에서 실시된 우생학 불임수술을 본격적으로 조사한 첫 번째 연구였다. 당연하게도 이 책은 남성과 여성을 대상으로 한 불임수술이 안전하고 효과적이라는 사실을 증명했다. 유능한 의사들, 이를테면 샌프란시스코에서 북쪽으로 약 80킬로미터 떨어진 샌타로자에 위치한 주립소노마카운티수용소 소장 프레드 O. 버틀러는 1919년부터 자신의 시설에서 실시한 수백 건의 불임수술 중 사망 같은 불의의 결과가 발생한 경우는 극히 드물었다고 포페노와 고즈니에게 자신 있게 보고했다. (버틀러는 25년간 4,300명이 넘는 환자의 불임수술을 직접 실시하거나 감독했으며, 이는 제2차 세계대전 이전에 캘리포니아주에서 실시된 전체 불임수술의 상당 부분을 차지한다.[13] 이 책은 출간 직후 큰 주목을 받았다. 이러한 우생학 홍보의 효과가 어찌나 좋았는지, 독일 의사들은 1930년대 초에 파시스트가 정권을 장악하기 전부터 이미 우생학을 진지하게 고려하기 시작했다.

서부 해안의 저명한 인물들이 포페노와 고즈니의 요청에 응답했다. 서던캘리포니아대학 로스쿨의 교수이자 학장이었고 훗날 루스벨트가 임명한 컬럼비아특별구 연방항소법원 판사이자 전국라디오텔레비전방송인협회의 회장이 될 저스틴 밀러가 인류개량재단의 창립 멤버로서 핵심 역할을 맡았다. 생물학자이자 스탠퍼드대학 초대 총장이었던 데이비드 스타 조던도 마찬가지였다. 고즈니는 저명한 과학자와 기업인, 언론인, 도시 엘리트 20여 명을 설득해 재단의 선봉에 서도록 했다. 1920년대 초에 캘리포니아공과대학(칼텍)이 운영되기 시작하자 고즈니는

고즈니와 함께 인류개량재단을 이끈 포페노

2부 우생학, 과학이 되다

유명 교수진과 대학 후원자 들에게 재단에 투자하고 이 단체를 홍보해달라고 요청했다. 그중 1923년에 노벨상을 수상하고 20년 넘게 칼텍을 이끈 세계적인 물리학자 로버트 밀리컨을 비롯한 몇몇 인물은 우생학 불임수술의 대표적 옹호자가 되었다. 밀리컨은 1937년에 재단 이사회에 합류했는데, 이 무렵에는 나치가 우생학 개념을 홍보한다는 사실이 이미 전 세계에 알려져 있었다. 1942년에 고즈니가 사망하자 밀리컨은 재단의 자금을 칼텍으로 옮겼다. 칼텍의 고즈니연구기금은 이후로도 계속해서 "인간 특성의 생물학적 토대"에 관한 연구를 지원했다.[14]

20세기 전반기에 정치에 가장 큰 영향을 미친 곳은 의심할 여지 없이 우생학 트라이앵글의 동부권이었다. 그러나 불임수술에서 선두에 선 곳은 캘리포니아였다. 양차 세계대전 사이에 캘리포니아의 의사들은 연평균 남녀 450명을 불임화했다. 로플린의 집계에 따르면 캘리포니아주에서 실시된 불임수술은 1940년까지 1만 4,000건이 넘었는데, 이는 다음 순위인 버지니아주의 네 배에 해당하는 숫자였다.[15] 게다가 인류개량재단의 유력자들이 언론을 우생학 편으로 끌고 가는 듯했다. 포페노와 인류개량재단, 우생학 운동 전반을 다룬 《샌프란시스코 이그재미너》의 기사들은 명백히 호의적인 논조를 띠었고, 사회문제를 묘사하는 데 우생학자들이 사용하는 용어를 그대로 가져다 쓰기도 했다. 결함 있는 자와 유전적 범죄자, 부적자, 무가치한 빈곤층 때문에 사회가 퇴화하고 있다는 식으로 말이다.[16] 포페노가 "[독일] 최고의 인종적 요소를 보호"해 "국가를 재건"하겠다는 히틀러를 대놓고 찬양했음에도 그의 명성과 서부 해안을 장악한 인류개량재단의 영향력은 전혀 훼손되지 않았다.[17]

포페노의 사회공학이 우생학 트라이앵글의 서부권에 미친 문화적 영향은 우생학기록사무소가 미친 영향보다 훨씬 오래 지속되었다. 버틀러의 불임수술 관행 역시 캘리포니아의 여러 정신병원에서 세계대전 이후로도 한참 동안 이어졌다. 포페노는 우생학적 이성애 중심주의의 선구적 대변자로 변신해 전국에서 존경받는 결혼 상담사가 되었다. 결국 그의 목표는 바람직한 가족을 널리 퍼뜨리는 것이었으며, 결혼 상담사라는 새로운 역할은 그 목표를 달성하는 현명한 방법처럼 보였다.[18] 전통적인 성별 및 젠더 역할만을 인정하는 포페노의 결혼 상담 모델은 1940년대와 텔레비전 시대에 미국 전역으로 급속히 퍼져나갔다.[19]

포페노는 저서 『현대 결혼 안내서』(1925)와 『인간의 재생산 문제』(1926)에서 전통적인 젠더 역할을 떠받들었다. 이 책들에서 그는 권위적인 아버지와 집에서 남편 및 아이들의 필요를 채워주는 가정주부 어머니로 구성된 이성애 중심적 영미 중산층 가족의 미덕을 찬양했다. 포페노의 관점에서 볼 때 우생학적으로 아주 건강한 이 가족 구성은 더 큰 행복을 낳을 뿐만 아니라 백인의 탁월함을 안전하게 지켜주었다.[20] 포페노는 신앙 때문에 독신 생활을 유지하는 것이 몹시 사악한 짓이라고 선언했는데, 독신주의 때문에 "열등한 인종 구성원이 다음 세대를 낳게 되고 …… 최고가 아닌 차선의 구성원을 통해서만 인종이 유지되기" 때문이었다. 부적자를 낳는 기전으로서 독신보다 더 나쁜 것은 성매매뿐이었다.[21]

포페노는 결혼 상담 분야에 적극 뛰어들어 로스앤젤레스에 미국가족관계연구소American Institute of Family Relations를 열었다. 이런 유형의 상담 센터로는 최초였던 이 연구소는 "결혼과 자녀 양육 문제를 해결하는 청산소" 역할을 했다.[22] 그렇다고 포페노와 우생학의 연결 고리가 끊어진 것은 아니었으니, 미국우생학협회American Eugenics Society가 포페노의 연구소를 후원했기 때문이다. 또한 포페노는 계속해서 우생학 불임수술을 지지하는 로비 활동을 펼쳤고, 『인류개량을 위한 불임수술』(1929)에 최신 정보를 덧붙여 다시 한번 뻔뻔하게 우생학을 홍보하는 『캘리포니아에서의 불임수술 28년』(1938)을 펴냈다. 이 개정판에서는 두 종류의 경향이 드러났다. 하나는 불임화되는 비백인의 수가 백인에 비해 지나치게 많다는 것이었고, 다른 하나는 불임수술이 공공시설이 아닌 민간 병원에서 급속도로 늘고 있다는 것이었다. 이러한 경향이 포페노가 선택한 표본의 영향인지, 아니면 실제로 아무 규제 없이 외딴 곳에서 수술하던 관행으로 되돌아간 것인지는 알 수 없지만 어쨌든 흥미로운 자료다. 그다음 일어날 일을 고려하면 더더욱 그렇다.[23]

《레이디스 홈 저널》에서 최고로 인기 있는 칼럼 시리즈 중 하나였던 「이 결혼, 지킬 수 있을까요?」는 포페노가 1950년대 초에 만든 작품이었다. 그는 이 칼럼을 3자 대화 형식으로 썼는데, 먼저 아내의 불만과 함께 때때로 문제가 있는 남편의 반응이 나오고 포페노가 진단을 내리는 식이었다(진단은 거의 언제나 아내가 맞춰야 한다는 조언으로 끝났다). 이 칼럼은 2014년에 잡지가 폐간한 뒤에도 계속되었다. (오늘날 섹스토이 사용에 찬성하는 잡지 《모어More》에 실리고 있는 이 칼럼을 아마 포페노는 전혀 알아보지 못할 것이다.) 1960년에 포페노가 쓴 에세이 모음집이 베스트셀러가 되면서 그는 '결혼 박사'라는 새로운 이미지를 얻었다. 비록 이 '박사'는 실제 학위와는 전혀 관련이 없었지만 말이다. (영문학을 전공한 포페노는 대학 시절 유전학을 공부하다 졸업 전에 손을 뗐다.) 또한 포페노는 1950년대 내내 아트 링클레터의 매우 인기 있는 텔레비전 프로그램 〈하우스 파티〉에 종종 게스트로 출연하며 조언을 쏟아냈다. 1957년 4월에는 그루초 막스의 텔레비전 프로그램 〈인생을 걸어라You

Bet Your Life)에서 미스 노르웨이 옆에 앉아 백인 전문직 종사자 특유의 화법을 늘어놓았다.[24] 그 무렵 포페노의 완고함은 누구와 결혼해서 자녀를 낳아야 하는가를 고민할 때 특히 귀를 기울여야 할 '매우 진지한 사람'의 태도로 비쳤다.[25]

1960년대의 여러 문화적 변혁 이후 포페노는 다시 한번 변신했다. 그는 약자를 오냐오냐한다며 종교를 비난하던 기존의 입장을 버리고(그러나 우생학자들이 치켜세운 이성애 중심 중산층 가족에 대한 지지는 결코 거두지 않고) 소위 복음주의적인 '목회 심리치료사'들과 협업하기 시작했다. 포페노는 결혼 상담 산업으로 한몫을 잡으려는 새로운 세대에게 오랜 세월 백인 인종을 지지하며 깨끗한 생활과 번식을 추구한 경험을 전수해주었다.

예를 들면 1979년 캘리포니아에서 '가족에 주목하다'라는 제목의 영상 시리즈에 관한 신문 기사가 나왔다. 이 시리즈의 제작자인 제임스 돕슨은 포페노의 제자였다. 신문들은 돕슨의 시리즈가 이미 "미국가족관계연구소의 설립자이자 회장인 폴 포페노를 비롯한 여러 사회학자에게 널리 인정받고 있다"라고 보도했다. 포페노가 사망하고 주류 우생학이 무너진 이후에도 우생학 트라이앵글의 정서는 돕슨의 보수적인 매체를 통해 계속해서 이어졌다.

7장

우리 중 최악을 연구하다

포페노가 주창한 우생학적 이상 가족과 반대되는 이미지가 1800년대부터 1920년대까지 진행된 10여 건의 연구에서 모습을 드러냈다. 이런 가족들은 포페노를 비롯한 모든 우생학자를 수십 년간 괴롭힌 악몽이었다.

"작은 방에 들어가니 눈먼 노파와 그의 아들, 아들의 아내와 두 자녀, 노파의 딸과 딸의 한 자녀가 보였습니다"라고, 점점 성장하던 도시 인디애나폴리스에서 사회 활동을 활발히 펼치던 플리머스교회의 오스카 매컬러 목사가 운을 뗐다. "의자나 식탁, 발판은 하나도 없었고, 작은 스토브가 하나 있었지만 불은 피워져 있지 않았습니다. 접시와 주전자, 칼, 포크, 숟가락도 전혀 없었습니다. 이런 지독한 가난을 마주하니 몸서리가 쳐졌습니다." 매컬러 목사는 1880년 여름 오하이오 클리블랜드에서 열린 전미자선교정회의에서 발언 중이었다. (이 단체의 이름만 봐도 개념상 어떤 변화가 있었는지 알 수 있다. 얼마 전까지만 해도 이 단체의 이름은 '공공자선위원회회의Conference of Boards of Public Charities'였다. 즉, 그때까지 '교정'은 이 단체의 목표가 아니었다.) 선한 매컬러 목사는 이 가난한 가족을 위해 무엇을 해야 하는지 본능적으로 알았다. "저는 바로 석탄과 먹을 것, 입을 것을 가져왔습니다." 그러나 목사는 과학 논문을 읽은 적이 있었다. 그래서 유전적 결함이 무엇인지, 가족 대대로 흐르는 범죄와 가난, 알코올중독, 정신이상의 흐름을 과학자들이 어떻게 추적하는지 잘 알았다. (참고로 골턴이 '우생학'이라는 용어를 만들기 3년 전이었다.) 목사는 이런 의심을 품고 공공 기록에서 맹인 노파의 가족을 찾아보았다. 그리고 자신이 그 기록에서 부적합한 유전적 퇴화자들의 문제를 발견했다고 주장했다. 목사는 그들에게 '이스마엘족'이라는 인상적인 이름을 붙였다.[1]

여기서 저는 '미국 집시'라는 이름으로 알려진 대가족 일파를 발견하게 되었습니다. 이 가문에서 공적부조를 받고 있는 구성원은 세 세대에 걸쳐 현재까지 총 125명인데, 그중 65퍼센트가 사생아이며 아이들의 57퍼센트가 다섯 살에 이르기 전에 사망했습니다. …… 그 이후로 저는 이 가문이 유해한 잡초처럼 우리 사회의 밑

바닥에 깔려 있음을 알게 되었습니다. 제가 지금 들고 있는 도표를 보시면, 이 혈통에 속한 사람들 수가 지금까지 400명이 넘습니다. 이들은 거리에서 구걸하고, 집집마다 돌아다니며 식은 음식을 좀 달라고 애원합니다. 이들의 이름은 시 법원의 범죄 기록, 카운티 구치소, 난민 수용시설, 소년원, 주립 교도소, 카운티 빈민 수용소에서 찾아볼 수 있습니다.

— 오스카 매컬러 목사, 「이스마엘족」[2]

매컬러가 말한 '이스마엘족'은 1870년대부터 1940년대 사이에 보건의료 종사자, 정부 기관, 사회학자, 인류학자, 우생학자, 목사 들이 느슨히 연합해 연구한 20여 '가문' 중 하나였다. 15개의 대규모 연구와 몇몇 소규모 연구에서 저자들은 이 '가문'들에 주크, 캘리캑, 냄, '스모키 필그림Smoky Pilgrims' 등 인상적인 새 이름을 붙였다. 다음은 이 '가문'들의 목록이며 괄호 안은 연구의 제1저자와 연도다.[3]

① 주크가 (리처드 덕데일, 1877)

② 이스마엘족 (오스카 매컬러, 1888)

③ 스모키 필그림 (프랭크 블랙마, 1897)

④ 주크-에드워드가 (앨버트 윈십, 1900)

⑤ 제로가 (거트루드 대븐포트, 1907)

　　2부 우생학, 과학이 되다

⑥ 캘리캑가 (헨리 고더드, 1912)

⑦ 힐포크가 (플로렌스 대니얼슨과 찰스 대븐포트, 1912)

⑧ 냄가 (아서 에스타브룩과 찰스 대븐포트, 1912)

⑨ 파이니가 (엘리자베스 카이트, 1913)

⑩ 샘 식스티스 (메리 코스터, 1916)

⑪ 댁가 (애너 핀레이슨, 1916)

⑫ 주크가 [재연구] (아서 에스타브룩, 1915)

⑬ 히코리가 (미나 세션스, 1918)

⑭ 코리가, 야크가, 탬가 (아서 로저스와 모드 메릴, 1919)

⑮ 몽그렐 버지니언 (아서 에스타브룩과 이반 맥더글, 1926)

중요한 점은, 연구 대상자 다수가 직접적인 혈연관계가 **아니**었거나(그러므로 '가문'이라는 단어에 따옴표를 쳐야 한다) 공통 가족이라고는 먼 친척 몇 명뿐이었다는 것이다. 그럼에도 전문가들은 여기서 생물사회학적 교훈을 끌어냈다. 매컬러 목사의 말마따나 "퇴화의 법칙은 중력의 법칙만큼이나 유효하며, 우리 사회에 퇴화의 법칙이 존재한다는 사실을 의심하거나 이렇게 퇴화된 삶의 형태를 알아보지 못하는 사회학도는 한 명도 없을 것"이었다.[4] 사회의 퇴화와 결정론이라는 가정은 의심할 수 없는 사실이었다. 매컬러를 비롯한 연구자들은 이 '가문'들을 통계학의 언어를 쓴 도덕적 일화로 탈바꿈시켰다.

제1차 세계대전 이후 책, 신문과 잡지의 기사, 설교, 우생학 대회의 전시 자료 들은 한 가지 명확한 메시지를 전달했다. 바로 이 '가문'들을 격리하고, 이들 중 다수를 구금하고, 자금 지원을 끊고, 가능한 모든 수단을 동원해 이들의 번식을 제한해야 한다는 것이었다.

덕데일의 주크가

그러나 최초의 '가문' 연구가 강조한 교훈은 이와는 다른 것이었다. 매컬러 목사가 이스마엘족을 연구하기 20년 전, 몸은 허약했지만 교도소를 더욱 인도적인 곳으로 바꿔야 한다고 열렬히 주장했던 리처드 덕데일이 뉴욕주 얼스터카운티에 있는 교도소를 찾았다. 그가 수감자들을 인터뷰한 결과 여섯 명이 네 개의 성姓으로 묶인 혈연인 것으로 드러났다. 다시 법원 기록을 찾아본 그는 이 여섯 남성의 친척 약 40명 중 절반이 역시 범죄를 저질러 유죄 판결을 받은 전적이 있음을 알게 되었다. 덕데일은 이 정보를 증거로 이해했지만, 퇴화나 생물학적 결정론의 증거로서가 **아니었다**. 오히려 그는 가정형편이 열악하고 의미 있는 일자리를 찾지 못하고 쉽게 술에 접근할 수 있는 환경이 끊임없이 범죄를 일으키는 요인이라고 생각했다.

덕데일은 교도관과 의사에게 들은 퇴화와 생물학적 결정론에 **반대했다.** 뉴욕에 위치한 쿠퍼유니온에서 예술과 건축, 새로운 사회개혁 이론을 공부한 덕데일은 환경이 적어도 유전적 요인만큼 중요하다고 주장했다.[5]

자금 지원을 거의 받지 않고 얼스터카운티에서 수년간 수감자 709명을 연구한 덕데일은 이들 대부분을 연결하는 관계망을 발견했고, 이들이 **서로 다른** 42개의 가문 출신이라는 사실을 알아냈다. 그러나 연구를 발표할 때 그는 허구의 가문 하나를 만들어서 자신의 저서 『주크가: 범죄와 빈곤, 질병, 유전 연구』(1877)의 중심에 놓았다. 그 뒤로 역사가들은 슬로터, 플라우, 밀러, 두보아, 클리어워터, 뱅크, 부시 등 덕데일의 연구에 흡수 통합된 가문의 이름과 계보를 다시 추출해냈다. 그러나 피해는 돌이킬 수 없었다. 그 이후로 '주크가'는 영원히 고비노와 케틀레, 롬브로소 그리고 이들의 현대 추종자들이 경멸하는 사회 퇴화의 상징이 되었다.[6] 그 당시의 멸칭에 따르면 이들은 '화이트 트래시'였다.

그러나 생물학적 결정론에 근거한 주장들과 달리 덕데일은 주크가 사람들이 처한 빈곤의 원인으로 사회를 지목했다. 이들의 퇴화 상태는 끈질기게 **지속될**지 몰라도 **영원한** 것은 아니었다. 뉴욕주는 이들의 가난과 범죄를 개선하기 위해 자원을 **더 많이** 투자해야 했다. 이들을 단순히 유전적 퇴화자로 단정하는 것이 아니라 이들에게 신발과 깨끗한 물, 건강한 음식, 좋은 보수를 받는 교사를 제공해야 했다.

아서 에스타브룩이 약 40년 뒤 주크가를 다시 연구한 데에는 덕데일이 주크가의 빈곤을 확립된 계층 구조 탓으로 돌린 이유도 분명 있을 것이다. 대븐포트와 우생학의 열렬한 지지자였던 에스타브룩은 냉소적인 태도로 덕데일의 권고를 뒤집었다. 에스타브룩은 덕데일의 연구를 다시 써서 1915년에 발표했는데 — 덕데일이 조사한 인원수의 네 배를 조사했다 — 여기서 주크가는 에스타브룩 본인 같은 엘리트에게서 세금을 뜯어내는 유전적 범죄자의 본보기가 되었다.[7] 에스타브룩에 따르면 국가의 책임은 사회복지사와 국가기관, 학교의 개입을 통해 주크가가 빈곤에서 벗어날 수 있도록 돕는 것이 아니라 그들의 번식 능력을 제한하는 것이었다.

시골의 퇴화

19세기 중반에 나타난 퇴화에 관한 우려는 대개 도시에서 발생한다고 여겨지는 범죄와 질병에 관한 것이었다. "모든 불량배는 런던으로 간다" 같은 표현은 19세기 중반에 처음 유행했을지 모른다. 그러나 덕데일의 주크가를 시작으로 한 가문 연구는 작은 마을과 시골 지역에서 끈질기게 지속되는 퇴화를 꼬집어 강조하게 되었다. 가문 연구자들은 모두 민족지학 방법론을 사용했는데, 이 방법은 규모가 작고 안정적인 가계도를 근거로 주장을 입증했다. 15개의 대규모 연구는 대부분 바람직하지 않은 행동을 보이거나 외모가 불미스러운 생존 인물에서부터 조사를 시작했다. 다음으로는 사람들의 증언 및 지역 도서관과 법원에 남아 있는 기록을 바탕으로 이 '가문'들의 계보를 추적해 백인 남성 '시조'를 찾아냈다. 대도시에서는 사용하기 힘든 방법이었다.

시골 연구가 매력적이었던 또 다른 실용적인 이유가 있었다. 골턴을 비롯한 초기 우생학자들은 대규모 공개 행사에서 '대회'를 여는 방식으로 대량의 정보를 퍼 담았다. 카운티 박람회와 농산물 품평회는 이런 방식의 개인정보 수집에서 특히 쏠쏠한 성과를 냈다. '가장 적합한' 가족이나 '가장 우량한' 아기에게 상금을 준다고 하면 수백 명이 자신들의 유용한 개인 정보를 우생학자에게 대량으로 거저 제공할 것이었다. 게다가 시골은 자료 수집을 위해 파견된 사람들에게 더 안전한 환경처럼 보였다. 덕데일과 매컬러는 본인이 직접 조사에 나섰지만 후기 연구들은 대부분 롱아일랜드에 있는 우생학기록사무소에서 연구 보조원이나 '현장 조사원'을 현지로 파견하는 방식이었다. 이 조사원들은 대개 대학을 졸업한 젊은 여성들이었다. 가문 연구에 자금을 지원한 부유층은 이 여성들이 위험한 도시에 가지 않기를 바랐다. (존 D. 록펠러 주니어는 비용이 가장 많이 든 연구 두 개에 직접 돈을 댔다.[8] 록펠러 가문은 20세기가 끝날 때까지 계속해서 우생학과 인구통제에 관여한다.)

여러 세대에 걸친 '가문' 이야기는 거의 언제나 똑같은 방식으로 펼쳐졌다. 반듯했던 시조가 의심스러운 여성과 관계를 맺은 것을 시작으로 점점 더 교활하고 상스럽고 게으르고 더럽고 정신적 문제가 있고 내리막길을 걷는 후손들이 생겨났다. 우생학자들이 어떤 이름을 붙였든 이 '가문'들은 농장과 마을에 성 노동자와 도둑, 술꾼, 깡패, 거지, 만성질환자를 비롯한 각종 악당들을 공급했다. 지리적 위치와 빈곤의 구체적 양상은 달랐지만 이 '가문'들은 모두 동일한 선천적 결함을 지니고 있었다. 이 고유한 유전자 이상은 해당 유전자의 보유자들이 퇴화한 자손을 끝없이 낳아대는 한 절대 사회에서 사라지지 않을 터였다. 15개 연구에 실질적 차이가 있다면 그건 저자들이 어디까지 개입을 요구하는가뿐이었다. 자금 지원을 중단하거나 공공 지원을 철회해야 하는가? 더 엄격한 법을 제정해야 하는가? 수용소 규모를 키워야 하는가?

사람들을 대규모로 수감해야 하는가? 결혼을 규제해야 하는가? 불임화해야 하는가?

안락사해야 하는가?

    2부 우생학, 과학이 되다

8장

우생학의 법적 뼈대

평범한 소송 사건과 의료 기록을 살펴보면 미국에서 우생학이 얼마나 급속도로 일상에 만연해졌는지 알 수 있다. 이러한 변화는 어느 정도 우생학 트라이앵글이 성공을 거둔 탓이기도 하다. 그러나 이 판결들은 미국의 의사들, 특히 교도소와 수용소에서 근무하는 의사들이 무단으로, 심지어 '우생학'이라는 단어를 언급조차 하지 않고 수년간 남몰래 불임수술을 실행해왔음을 보여준다. 표적은 주로 시설에 수용된 범죄자들이었다. 그러나 의사, 교도관, 정신병원 원장 들은 문란한 여성과 정신박약자, 동성애자를 비롯한 시설 바깥의 미심쩍은 일탈자들에게도 우생학을 적용해야 한다고 차츰 압박하기 시작했다.

다음에 소개하는 판결들은 우생학이라는 빙산의 일각에 불과하다.

워싱턴주 대 페일런 판결(1912)

법원은 피터 페일런에게 10대 초반의 아동을 강간한 혐의로 유죄 판결을 내리고 종신형을 선고했다. 그러나 판사는 여기에 더해 페일런에게 정관 절제 수술까지 선고했다. 페일런은 불임수술이 잔인한 처벌을 금지하는 워싱턴주 법률 조항을 위반한다며 항소했다. 워싱턴주 대법원은 이에 동의하지 않았다. 정관절제술은 페일런과 같은 범죄를 저지른 자들이 주로 선고받는 사형에 비하면 더 가벼운 처벌인 데다 거세처럼 잔인하지도 않다는 이유에서였다. 법원은 이러한 판결을 뒷받침한 몇 가지 인상적인 근거를 언급했는데, 그 근거는 대브포트나 골턴이 아닌 "《미국의학협회저널》"과 "시카고의사클럽Chicago Physicians' Club, 남부지구의학회Southern District Medical Society, 시카고사회위생학회Chicago Society of Social Hygiene"에서 나온 것이었다. 의사들이 옹호한 처벌적 불임화가 과학계 우생학자들이 권고한 배제 조치와 꼭 서로 손잡고 이루어졌다기보다는 비슷한 시기에 별개로 확대되었음이 여기서 다시 한

번 드러난다.[1]

> 현대 과학 연구가 백치와 정신이상, 저능, 범죄성이 선천적이고 유
> 전적임을 입증한다는 근거에 따라 캘리포니아와 코네티컷, 인디애
> 나, 아이오와, 뉴저지를 비롯한 다른 주들의 입법부는 경찰권을 행
> 사하여 백치와 정신이상자, 저능자, 상습범을 불임화하는 법을 제
> 정했다. 이러한 법률의 집행에서 정관절제술은 흔히 실행되는 수
> 술인 것으로 보인다. …… 정관절제술이 항고인에게 가할 수 없을
> 만큼 잔인한 처벌이라고는 볼 수 없다.
> ― 워싱턴주 대 페일런 판결(1912)[2]

데이비스 대 베리 판결(1914)

아이오와 남부지방법원의 판사 스미스 맥퍼슨은 워싱턴
주 대 페일런 판결에 동의하지 않았다. 정관절제술은 거세만
큼 침습적인 수술이 아닐지 몰라도 둘 다 실제로 잔인하고 이
례적인 처벌이며 영국 관습법에서도 수 세기간 그렇게 간주되
었다.

1913년, 아이오와 가석방심의위원회[이때 위원장이 윌리엄 베리
였다.―옮긴이]는 아이오와교도소 소속 의사인 오스틴 F. 필폿에

게 아돌프 데이비스의 정관을 절제하라고 지시했다. 이 수술은 별개의 두 중범죄 유죄 판결에 따른 처벌이었으나, 아이오와에서 새로 제정된 단종법에 따라 정신박약자와 알코올중독자, '약쟁이', 간질 환자, 매독 환자, '성 도착자'로 간주되는 이들에게도 시행될 수 있었다. 맥퍼슨 판사는 불임수술이 잔인하고 이례적인 처벌에 해당된다고 보았다. 이 수술이 야기하는 신체적 고통은 실제로 그리 크지 않을 수 있다. 그러나 19세기 의사들이 거세를 권장한 이유였던 사회적 억제 효과 때문에 정관절제술도 마찬가지로 잔인한 처벌이었다. "굴욕과 수모, 정신적 고통이 항시 존재하며 만인에게 알려질 것이고, 그가 어디를 가든 따라다닐 것이다." 우생학자들은 정관절제술을 현대성의 상징으로 여겼지만 맥퍼슨 판사는 정반대의 결론을 냈다. "이 수술은 암흑시대에나 어울린다."[3] 아이오와주는 1914년에 맥퍼슨의 판결을 대법원에 상고했다. 그러나 대법원이 개입하기 전에 아이오와주가 먼저 법을 바꾸었고, 대법원은 판결 없이 사건을 하급법원으로 돌려보냈다.

거세와 정관절제술에는 차이가 있다. 거세가 정관절제술보다 더 큰 수술이지만 그 결과를 보면 정관절제술이 훨씬 더 저속하고 천박하다. …… 윌리엄 블랙스톤은 『영국법 주해』에서 거세를 잔인한 처벌 중 하나로 언급하지 않았는데, 아마도 문명이 발달하면서

　　　　2부 우생학, 과학이 되다

거세가 지나치게 잔인한 처벌로 여겨져 더 이상 시행되지 않았기 때문일 것이다. …… 신체적 고통은 그리 크지 않을 수 있지만 그것만이 잔인한 처벌을 판단하는 기준은 아니다. 굴욕 …… 정신적 고통이 항시 존재하며 만인에게 알려질 것이다.

— 데이비스 대 베리 판결(1914)[4]

그러나 잠시 멈춰서 이 판결을 더 고찰할 필요가 있다. 맥퍼슨은 다음 세 가지 근거에 입각해 아이오와주의 법을 뒤집는 감정적 판결을 내렸다. 첫째, 데이비스의 남성성을 존중해야 한다. 둘째, 불임수술은 범죄에 대한 처벌이 될 수 없다. 마지막 셋째, 불임수술을 받는 개인은 법 앞에서 정당한 절차를 보장받아야 한다. 많은 주에서 데이비스 대 베리 판결에 대응해 의사들로 구성된 더 엄격한 심사위원회를 소집하고 불임수술의 처벌적 성격을 축소함으로써 맥퍼슨 판사의 두 번째와 세 번째 근거를 논박했다.

그러나 가장 인상적인 부분은 첫 번째 근거다. 맥퍼슨 판사가 데이비스에게 공감했음이 여기서 명확히 드러난다. 그러나 피고인이 그 정도로 동정을 받을 가치는 없다고 판사와 가석방심의위원회를 설득할 수 있다고 상상해보자. 피고인은 생물학적으로 아예 **종류**가 다르다고 그들을 설득할 수 있다고 상상해보자. 3부에서 살펴보겠지만, 이때쯤 이미 낡은 것이

된 퇴화 서사가 미국 우생학에서 그토록 중요한 역할을 맡게 된 것이 바로 이러한 방식을 통해서였다.

스미스 대 웨인 검인판사 판결(1925)

순수한 처벌의 목적이 아닌 우생학적 이유로 실시하는 불임수술을 전면적으로 지지한 최초의 주는 아마 미시간일 것이다. 미시간주는 1897년에 미국 최초로 단종법을 제안했다가 실패한 역사가 있다. 미시간 바로 밑에 있는 인디애나주는 미국 최초의 우생학법이었던 주법을 1921년에 위헌으로 선언했는데, 데이비스 대 베리 판결에서처럼 적법한 보호 절차가 없다는 이유에서였다. 그러나 해리 샤프가 주도한 1907년의 이 법률은 10여 년간 시행되며 크나큰 성과를 거두었다. 미시간주 판사들은 퇴화자가 급증해 세수가 고갈된다는 사실을 강조하며 자신들의 법과 인디애나주의 법을 구분 지었다. 이러한 위협이 원동력이 되어, 기업 친화적이고 과세에 반대하는 의원들이 포진한 여러 주들이 단순한 범죄 방지책이 아닌 정부 지출을 억제하는 수단으로써 불임화를 지지하는 새로운 법안을 통과시키기 시작했다.

과학은 정신박약이 유전임을 상당히 확실하게 증명했다. 무시무시한 결과를 야기하는 이 널리 알려진 사실은 몹시 중요한 사회경제적 문제를 낳는다. …… 미시간주에는 최소 2만 명의 공인된 정신박약자가 존재한다. 주립 시설에 격리할 수 있는 인원의 여덟 배에 달하는 숫자다. …… 이들이 사회에 심각한 위협을 가한다는 사실은 아무도 의심하지 않을 것이다.

― 스미스 대 웨인 검인판사 판결(1925)[5]

벅 대 버지니아주립간질환자·정신박약자수용소 소장 벨 판결(1927)

벅 대 벨 판결은 역사상 가장 유명한 우생학 사건이다. 그 내용은 언뜻 보면 단순해 보인다. 버지니아주 샬러츠빌의 존 돕스와 앨리스 돕스 부부는 1924년 1월에 열일곱 살이었던 양녀 캐리 벅Carrie Buck을 린치버그 근처에 있는 주립간질환자·정신박약자수용소에 보내려고 했다. 당시 임신한 10대였던 캐리는 3월에 딸 비비언 벅을 낳았다. 공교롭게도 캐리의 친모 에마 벅 역시 그곳에 수용되어 있었다. 어린 캐리를 맡은 후로 줄곧 캐리에게 집안일을 시켰던 앨리스 돕스는 캐리가 정신박약자라고 말했지만, 캐리가 임신한 상태였기 때문에 '도덕적 타락'이 지극히 타당한 혐의가 되었다.[6] (집을 찾아온 돕스의 한 친척에게 성폭행을 당해 임신했다는 캐리의 주장은 모두가 아무렇지 않게 무시했다.) 수용소 소장 앨버트 프리디 박사가 이끄는 보수적 의사와 변호사 무리가 압력을 가하자 결국 버지니아 주 정부는 대놓고 비용 절감을 이유로 로플린의 '표준 단종법'에 따라 단종법을 제정했다.

캐리 벅은 버지니아에서 새로 제정한 우생학법 — 약 10년 전 데이비스 대 베리 판결에서 맥퍼슨 판사가 제시한 반대 이유에 걸리지 않으려고 특별 고안한 법이었다 — 의 적법성을 시험할 이상적 인물이었다. 우생학 전반, 특히 정신박약 여성의 불임화에 우호적인 변호사와 의료 전문가를 검찰 측과 피고 측 **모두**에 배치한 프리디는 버지니아 법원에서 이 사건을 자신이 원하는 방향으로 끌고 갔다. 1925년에 프리디가 사망하기 직전, 버지니아의 우생학자들은 이 사건을 전前 웨스트 버지니아 탄광 담당 의사이자 기업의 충신이었던 존 헨드런 벨John Hendren Bell에게 넘겼다. 프리디를 이어 수용소 소장이 된 벨은 프리디의 사건을 미 대법원까지 끌고 가는 데 성공했다.

1927년 5월에 연방 대법관 올리버 웬델 홈스 주니어Oliver Wendell Holmes Jr.가 선언한 거의 만장일치에 가까운 대법원 의견은 벨과 프리디를 비롯한 모든 미국 우생학자들의 입장을 고스란히 요약하고 있었다. 한편으로 이 판례는 서구에서 거의

　　2부 우생학, 과학이 되다

100년간 이어진 퇴화에 대한 공포를 드러내기도 했다.

> 우리는 공공의 복지를 위해 가장 훌륭한 시민에게도 목숨을 요구할 수 있다는 사실을 여러 차례 목격했다. 우리가 무능에 압도되지 않도록, 이미 국가의 힘을 빨아먹고 있는 자들에게 그보다 더 작은 희생, 당사자에게는 종종 희생으로 느껴지지조차 않는 희생을 요구할 수 없다면 이상한 일일 것이다. 퇴화한 자손이 범죄를 저질러 처형되거나 그 저능함으로 말미암아 굶어죽도록 내버려두는 대신 명백히 부적합한 자들이 후대를 잇지 못하게 사회에서 미리 막는 편이 전 세계를 위해 더 낫다.
> — 올리버 웬델 홈스 주니어 대법관, 벅 대 벨 판결의 대법원 다수 의견 (1927)[7]

이러한 홈스 대법관의 논증은 악명 높은 발언으로 이어졌다. "저능자는 3대[에마 벅과 캐리 벅, 갓난아이였던 비비언 벅을 가리킨다]면 충분하다."

대법원은 프리디와 벨이 제안한 우생학 불임수술이 미국 수정헌법 14조를 위반하지 않는다고 보았다. 판결에 따라 전문가로 구성된 위원회가 모든 사례를 검토할 것이었다. 수술은 가벼웠고 전혀 잔인하거나 이례적이지 않았다. 게다가 불임수술은 범죄에 대한 처벌이 아니었다. 결국 1927년 10월 19일에 의사들이 캐리 벅을 불임화했다. 얼마 지나지 않아 캐리의 여동생인 도리스 벅도 벨에게 개인적으로 불임수술을 받았다.

우리가 벅 대 벨 판결을 다시 이야기할 때 종종 간과하는 점이 있으니, 바로 '저능자' 발언이 대법원 판결의 끝이 아니라는 것이다. 대법관들은 프리디의 또 다른 우생학 계획에 대해서도 판결했다. 그 계획의 내용은 수용소 측에서 스스로 생활할 수 있고 일할 수 있는 환자들을 불임화해 출소시킴으로써 더 많은 정신박약자를 집에서 끌어내 새로 수용할 수 있도록 하는 것이었다.

> 그러나 사람들은 이렇게 말하기도 한다. 이 논리가 모두에게 적용된다면 몰라도, 일부 시설에 수용된 소수에게만 적용되고 시설 밖의 다수에게 적용되지 않는다면 소용이 없다는 것이다. 이러한 주장은 보통 헌법적 논증에서 이 계획의 결함을 지적하는 마지막 수단으로 사용된다. …… 불임수술을 통해 원래대로라면 시설에 계속 수용되어 있을 사람을 바깥세상으로 돌려보낼 수 있고 이로써 병원에 다른 환자를 수용할 수 있다면, 우리가 목표로 하는 평등이 더욱 가까워질 것이다.
>
> ― 올리버 웬델 홈스 주니어 대법관, 벅 대 벨 판결의 대법원 다수 의견 (1927)[8]

비용 절감 — 세금을 인상해 인력을 증원하거나 시설을 증설하기보다는 정부 규모를 축소하는 것이 1920년대의 추세였다 — 은 벅 대 벨 판결로 이어진 프리디의 버지니아 계획에 늘 포함되어 있었다. 실제로 캐리 벅은 불임수술을 받은 뒤 몇 주간 회복하기 위해 다른 가정에 '가석방'되었고, 수용소 측은 캐리가 비운 자리를 다른 환자로 채웠다.[9]

때때로 학자들은 소위 진보적이라는 의원, 판사, 개혁가들이 우생학을 바라보는 시각에 맹점이 있다고 비판한다. 벅 대 벨 판결에서의 홈스 대법관이 그랬던 것처럼 말이다. 그러나 이 역사적 판결의 감정적 동인은 고비노까지 거슬러 올라가는 **보수주의자**들의 감정과 똑같다고 말하는 편이 더 타당하

자신과 마찬가지로 시설에 수용된 어머니 에마와 함께 있는 캐리 벅

버지니아주 매디슨하이츠에 위치한 중부버지니아훈련센터(과거의 주립간질환자·정신박약자수용소). 지금은 버려진 이 건물들은 한때 우생학 불임수술이 벌어진 주요 현장이었다.

다. 그 감정은 바로 비도덕적이고 범죄가 난무하는 사회를 가득 채우고 있는 유전적 부적응자들이 감상주의적 독실함으로 왜곡된 정부의 박애주의 정책을 통해 부자들의 재정을 고갈시킬 것이라는 두려움이다. 데이비스 대 베리 판결(1914)의 맥퍼슨 판사는 불임수술이 피고의 인간성을 영구적으로 말살한다는 사실에 공감 어린 혐오감을 드러냈으나, 홈스 대법관과 더불어 미국 전 대통령이었으며 당시 대법원장을 맡고 있던 태프트를 비롯한 다른 일곱 명의 대법관은 벅 자매에게 그런 감정을 전혀 느끼지 않았다. 정신박약자들은 애초에 인간으로서의 자격을 그만큼도 갖고 있지 못한 것처럼 보였다.

우생학은 결코 정신장애인**만** 대상으로 삼은 것이 아니었다. 베네딕트 모렐은 1800년대 중반에 이미 퇴화에 관한 우려와 인종 문제를 구분하고자 했는지도 모른다. 그러나 고비노의 퇴화론은 좀처럼 사라지지 않았다. 켈로그와 포페노 등이

     2부 우생학, 과학이 되다

설파한 '인종개량'은 단순히 우생학에 따라 빈자나 범죄자가
아닌 가장 뛰어난 사람을 선별해 다음 세대를 잇게 하자는 의
미일 수 있다. 그러나 3부에서 살펴볼 내용처럼 인종개량은 종
종 비백인을 제거하는 것을 의미했다.

인종을 청소하다

(1919~1945년)

THE SHORTEST HISTORY OF EUGENICS

9장

'유색인의 물결'이
'위대한 인종'을 삼키다

제1차 세계대전 직전의 10년이라는 짧은 기간 동안 우생학자들, 그중에서도 특히 영국의 우생학자들은 우생학과 인종적 편견을 분리할 수 있다는 듯이 굴었다. 그러나 생물학적 결정론과 인종에 관한 오래된 개념은 제2차 세계대전이 발발할 때까지 줄곧 강화되었다. 우생학은 개별 가계도를 바로잡는 것을 넘어 인종적 본질의 등급을 매기고 분리하고 정화하는 데까지 점점 확대되었다.

그 사례로 널리 존경받는 산부인과 의사이자 영국 우생학 운동에 지대한 영향을 미친 케일럽 샐리비Caleb Saleeby 박사의 궤적을 살펴보자. 1904년에 그는 아동 노동과 과밀한 도시 환경이 주는 스트레스가 알코올중독과 청소년 흡연 같은 건강에 해로운 행동으로 이어진다고 강력 주장했다. 이러한 스트레스가 서서히 신체와 정신을 마모시켰고 — 오늘날 우리는 '웨더링weathering'이라는 용어를 사용한다 — 그 결과 오랜 시간에 걸쳐 퇴화 집단이 생겨났다. 샐리비의 직설적인 논문 「신체의 퇴화는 대개 당대 도시들에 대한 고발이다」(1904)에는 인종을 차별하는 과거의 생물학적 결정론이 전혀 들어 있지 않다. 그러나 고작 3년 후인 1907년, 샐리비는 노인이 된 프랜시스 골턴 경과 함께 이런 종류로는 처음 설립된 런던의 우생학교육협회Eugenics Education Society의 초기 지지자가 되어 있었다.

인종이 섞이고 있다는 깊은 두려움이 샐리비를 순식간에 다른 사람으로 바꿔놓았다. 그가 우생학교육협회에 합류하자마자 아리아인과 다른 인종이 섞여서 문명이 몰락한다는 고비노의 오랜 불만이 그의 글에 서서히 스며들기 시작했다. 여러 권의 저서 — 『부모 됨과 인종 문화』(1909), 『인종 재생의 방법』(1911), 『여성과 여성성』(1911), 『우생학의 발전』(1914) — 에 걸쳐 샐리비는 인종이 환경보다 더 결정적 영향을 미친다는 점을 점점 더 강조했다. 퇴화를 막으려면 사회에서 최선의 인간이 최악의 인간보다 많아지도록 백인들이 자기 번식을 신중하게 관리해야만 했다. 슬프게도 샐리비의 이러한 주장은 영향력을 키워가던 우생학 운동에서 **가장 온건한** 편에 속했다.

19세기 말부터 20세기 초까지 퇴화에 관한 오랜 두려움은 현대 과학의 방식으로, 그리고 무엇보다 매우 대중적인 방식으로 기존의 인종적 편견과 뒤섞였다. 언론인, 연예인, 영향력 있는 사교계 명사, 정치인, 산업 지도자 들이 과학자 및 의사와 합세해 우생학을 공격적으로 홍보했다. 이전까지 꾸준히 불꽃을 지펴온 우생학 운동이 이들의 노력으로 이제는 활활 타오르는 불길이 되었다. 또한 이들은 우생학 운동의 초점을 단순히 병들거나 위험한 자들이 아닌 인종적 위계질서 쪽으로 옮겼다.

고비노, 바그너 추종자들 사이에서 되살아나다

결함 있는 자들과 아리아인의 인종적 순수성에 관한 냉혹한 견해를 널리 퍼뜨린 고비노협회는 1870년대에 독일 작곡가 리하르트 바그너가 노쇠한 고비노와 함께 지중해를 여행한 후 독일어권 유럽 전역에 우후죽순 생겨났다. 바그너는 자신이 발간한 월간지 《바이로이트 소식지》를 통해 고비노가 피운 인종적 편견의 불꽃을 부채질했다. 1930년대에 바그너 지지자들은 이 잡지 지면에서 나치가 독일을 장악해 아리아주의를 정화하고 인종 퇴화를 저지할 것이라고 자랑스레 떠들어댔다.

영국의 식물학자였다가 독일을 숭배하는 역사가로 변신한 휴스턴 스튜어트 체임벌린과 게슈탈트 심리학의 창시자 중 한 명인 크리스티안 폰 에렌펠스는 바그너의 주요 신봉자로서 고비노가 즐겨 쓰던 용어를 사용해 서로 다른 인종의 혼합을 맹렬히 비난했다. 이들이 속한 한쪽 편 '인종'에는 아리아인의 생물학적 본질(머지않아 '유전자'에 담겨 있다고 여겨지게 된다)을 지닌 사람들이 있었고, 다른 한편에는 바람직한 본질(또는 유전자)을 갖지 못한 독일어권 외부 출신의 열등한 백인이 있었다. 아리아인은 이런 열등한 백인들과 섞이면서 퇴화하고 있었다. 이렇게 약해진 상태라면 백인들은 '황색 위험Yellow Peril', 즉 일부다처제를 따르며 자식을 많이 낳는 동아시아 인종에게 수가 밀릴 위험에 처할 것이었다. 1905년에 일본이 저 거대한 러시아제국을 상대로 예상치 못한 승리를 거두자 이들의 의심은 사실로 확인되었다.

그러나 동아시아 인구가 생물학적으로 세상을 장악하는 것은 끔찍하긴 해도 수십에서 수백 년 뒤의 미래에나 닥칠 일이었다. 그사이 체임벌린과 에렌펠스를 비롯한 고비노-바그너의 추종자들은 백인의 생식적 우위를 위협하는 훨씬 가까운 표적을 겨냥했다.

1885년 4월, 런던의 《포토그래픽뉴스》에 유대인 남학생들의 사진 10여 장을 합성해서 만든 여러 개의 이미지가 실렸다. 이 사진들은 히브리어 문헌 학자이자 지역의 인류학도이기도 했던 조지프 제이컵스가 찍은 것이었다. 제이컵스의 런던 스승, 다름 아닌 프랜시스 골턴 경이 제이컵스의 사진들을 겹쳐서 매끄러운 합성 이미지를 만들었다. (오늘날의 AI 기반 사진 앱들은 어떤 면에서 빅토리아 시대에 골턴이 사용한 기법을 재현한 것이라 할 수 있겠다.) 제이컵스는 과학 기술을 이용해 만든 이 엄밀한 이미지들로 영국에서 점점 확산되던 반유대주의의 물결에 맞설 수 있기를 바랐다. 이 이미지들이 '유대인 유형'은 평범하고 정상적이고 건강하고 깔끔하며 전혀 위협적이지 않다는 사실을 입증했기 때문이다. 게다가 영국과 미국에 유대인 공제회를 여럿 설립하고 역사적인 『유대 백과사전』을 출판한 제이컵스는 골턴의 합성 이미지에서 인종적 순수성의 증거를 발견했고, 유대 인종을 위해 그 순수성을 보존해야 한다고 생각했다. 제이컵스는 골턴의 기술적 도움에 힘입어 유대인이 **생물학적으로** — 그리고 문화적·종교적으로도 — 다른 인종과 분명히 구분된다고 결론 내렸다.

거의 무작위로 선발되었고 부모가 각자 유럽의 반대편 출신인 이 유대인 청년들이 이렇게 뚜렷한 하나의 유형을 나타낸다면, 그것은 현대 유대인이라는 분명하고도 명확한 생물학적 유형이 실제로 존재하기 때문일 수밖에 없다. 사진 과학은 이처럼 내가 역사에서

　　3부 인종을 청소하다

도출한 결론, 즉 유대인이 뿔뿔이 흩어진 이후로 다른 인종의 피가 거의 섞이지 않았다는 사실을 확인해주는 것으로 보인다.

— 조지프 제이컵스, 「현대 유대인의 인종적 특성에 관하여」[1]

그러나 이 내용은 체임벌린과 에렌펠스 등 바그너에게 심취해 고비노의 퇴화론을 주창한 이들이 똑같이 주장한 바이기도 했다. 아이러니하게도 이들은 반유대주의에 맞서겠다는 제이컵스의 희망을 꺾는 데 이 이미지들을 사용했다. 체임벌린과 고비노-바그너 추종자들은 아리아인의 백인성을 정화하고 비백인 — 특히 유대인 — 을 조직적으로 억압해 사회를 구원해야 한다는 생각을 널리 퍼뜨렸다. 유대인이 다른 인종과 생물학적으로 뚜렷하게 구분된다는 사실이 이제 역사뿐만 아니라 제이컵스와 골턴이 만든 이미지로도 '입증'되었다. 고비노-바그너 추종자들은 그럼에도 독일과 스칸디나비아 국가들이 인종 정화에 그리 적극적으로 나서지 않는다는 점에 불만을 표했다. 영국은 더욱 심각했다. 실제로 생물학적 유대인인 벤저민 디즈레일리 총리가 수년간 영국 정부를 이끌었으니까 말이다! 즉 반유대주의는 우생학적 해결책과 매끄럽게 결합했다.

인종이 모든 것을 좌우한다. 이것이 유일한 진실이다. …… 사막에

동떨어져 살아서 피 섞일 일이 절대 없는 게 아니라면 인종의 쇠퇴
는 피할 수 없는 현실이다.

— 벤저민 디즈레일리[2]

체임벌린과 에렌펠스는 유대인 '문제'를 처리할 방법의 본
보기를 대서양 건너편에서 찾았다. 미국은 1882년의 중국인배
척법처럼 인종적 순수성을 지키기 위한 법을 이미 제정한 상
태였다. 또한 미국인은 인종 전쟁이 진화론상 얼마나 중요한
지를 제대로 인식하고 있는 듯했다. 루스벨트 대통령을 비롯
한 여러 인물들은 미국의 '나약한' 백인들을 조롱했다. 체임벌
린과 에렌펠스 같은 인종차별주의자처럼 루스벨트도 '서부 개
척지' 땅에서 살아가는 용맹하고 남자다운 생활만이 아리아
인종을 깨끗하게 씻어낼 수 있으며 오직 이런 생활 방식을 통
해서만 다른 인종과 지배권을 두고 다투는 다원주의적 투쟁
을 준비할 수 있다고 믿었다.

미국의 유력자들

한편, 특히 영향력을 떨친 미국의 두 저자 매디슨 그랜트
와 로스럽 스토더드는 전 세계에 널리 읽힌 책을 집필해 제1차

세계대전 초기 뉴욕시에서 자신들의 사회적 기반을 바탕으로 인종 혼합에 대한 공포를 확산시켰다. 이들의 책이 큰 성공을 거두면서 우생학과 결부된 과학적 인종주의의 불씨가 전 세계, 그중에서도 특히 중부 유럽에서 크게 타올랐다.

매디슨 그랜트(1865~1937)

1910년대, 대대로 부유한 가문 출신의 맨해튼 사교계 명사 매디슨 그랜트Madison Grant와 25년간 미국자연사박물관 관장을 지낸 그의 친한 친구 헨리 페어필드 오즈번Henry Fairfield Osborn이 두 권의 책을 연이어 출간해 인종이 퇴화하고 있다는 고비노의 우려를 미국 독자들에게 또다시 널리 알렸다. J. P. 모건의 조카이자 테디 루스벨트의 분앤크로켓클럽Boone and Crockett Club[야생동물 보호와 공정 사냥을 목적으로 하는 미국의 비영리단체—옮긴이] 회원이었던 오즈번은 1915년에 500쪽에 달하는 『구석기 시대 사람들』을 출간했다. 이 벽돌책은 수십 년간 미국 고등학교와 대학교의 교육과목 정규 교재로 쓰였다. 이 책에서 오즈번은 더 교묘하지만 고비노와 똑같은 인종차별적 주장을 드러냈다. 그 주장은 푸른 눈을 가진 지적이고 근육질인 구석기 원시 인종 크로마뇽인이, 유럽 '알프스'와 '지중해' 지역의 번식 빠르고 피부색 짙은 열등한 인종에게 비극적으로 밀려났다는 것이었다. 오즈번이 설명한 인류의 퇴화사는 우생학 관련 국제 전시회들에도 모습을 드러냈다. (고비노를 떠올리게 하는 오즈번의 설명은 생명력이 실로 질기다. 나는 이 책이 출간되고 거의 100년이 지났을 무렵에 내 아이의 교실에서 오즈번의 설명과 내용이 거의 똑같은 과학책 삽화를 본 적이 있다!)

고비노의 이론을 각색한 그랜트의 이론은 더욱 사악한 결과를 낳았다. 히틀러는 그랜트의 저서 『위대한 인종의 소멸』(1916) 독일어판을 자신의 '성서'라 칭했다. 홀로코스트 이후에 열린 뉘른베르크 '의사 재판'에서 히틀러의 개인 주치의 카를 브란트는 생체 실험과 안락사를 비롯한 자신의 극악무도한 행위를 변호하며 그랜트의 책을 근거로 삼았다. **당신네 미국인들이 먼저 했잖아.** 브란트는 이렇게 비난했다.

오즈번의 고생물학 저서처럼 그랜트의 『위대한 인종의 소멸』도 고결한 아리아인 또는 '노르딕' 인종이 오래전부터 피부색이 짙고 더 더러운 '알프스'와 '지중해' 지역 인종을 억지로 받아들여야 했다는 오래된 거짓 주장을 다시 한번 반복했다. 뉴욕동물학회를 운영하고 미국 환경운동에 앞장선 그랜트는 과학 자체를 비롯해 서구 사회의 공적으로 여겨지는 모든 기술적·예술적·지적 성취가 노르딕이라는 이 '위대한 인종'에게서 나왔다고 굳게 믿었다. 그러나 그 위대함은 고비노의 경고처럼 서로 다른 인종이 섞이면서 희석되고 말았다. 겉으로는 순수해 보이는 노르딕조차 유전적 정신질환처럼 더 열등한 인종에서 흔히 나타나는 퇴화의 증상을 보였다. 일종의 '인종적 자살'이었다. 소수의 순혈 노르딕은 영어를 포함해 독일어에서 파생된 언어를 사용하는 유럽 북부와 서부 지역 일부에만 남아 있었다. 그랜트의 설명에 따르면 이들을 대표하는 걸출한 인물 몇 명이 북미로 거주지를 옮겨 미국과 캐나다에서 가장 훌륭한 가문을 이루었다.

그랜트는 과학자도 아니고 우생학 트라이앵글에 속하는 단체의 장도 아니었지만, 우생학 운동의 핵심 간행물 《우생학 뉴스》에 재직하는 동안 인종주의를 노골적으로 드러내며 공식 우생학 운동의 방향을 완전히 바꿔놓았다. 그랜트가 관여하기 전이었던 1910년대에 《우생학뉴스》는 주로 퇴화한 **개인**에 초점을 맞추었다. 그러나 1920년대에 그랜트가 편집자로 일하게 되면서 인종 혼합과 비백인 **집단**의 열등함을 비난하는 기사를 점점 더 많이 싣게 되었다.[3]

그랜트의 『위대한 인종의 소멸』은 80년 전 고비노의 책 못지않게, 어쩌면 그보다 더 영향력을 떨친 백인 우월주의 선언문이 되었다. 그랜트는 자신이 고비노와는 달리 20세기의 물리학·생물학 논문만큼이나 객관적이고 정교하게 방법론을 다듬었다고 보란 듯이 선전했다. 그가 처음 세운 가설은 "기록되지 않은 과거의 수백억 년간 그러했듯, 오늘날 현대사회에서 발생하는 모든 현상의 바탕에는 인종이 있다"라는 것이었다. 그다음 그랜트는 역사적 자료를 이용해 이 가설을 '검증'했다. 알렉산더 대왕의 제국이 언제 멸망했는가? 답은 '순혈 마케도니아인'의 피가 '아시아'의 피와 섞였을 때다. 로마 문명은 왜 계급 갈등이 극심했는가? 로마의 지도자들은 아리아인(즉 '노르딕')의 후손이었으나 평민들은 '지중해 인종'이었기 때문이다. 스페인은 왜 전 지구의 반을 차지하던 제국의 장악력을 잃었는가? 우월한 노르딕-켈트족의 피가 이베리아반도에서 지중해인의 피와 섞이고 신대륙에서는 더욱더 '열등한' 인종의 피와 섞였기 때문이다.[4] 고비노가 프랑스의 퇴화를 한탄하고 바그너가 독일의 퇴화 앞에서 눈물을 흘렸듯, 그랜트는 영국과 미국의 노르딕이 ― 그는 이들이 호모 에우로파에우스 Homo europaeus라는 하나의 종을 이룬다고 주장했다 ― 피부색이 더 짙은 인종에게 밀려나기 직전이라고 경고했다. 수백 쪽에 걸쳐 이런 '자료'를 제시한 그는 인종이 퇴화하고 있다는 가설이 과학적으로 입증되었다고 주장했다.

시어도어 로스럽 스토더드(1883~1950)

뉴욕시의 언론인이었던 로스럽 스토더드Lothrop Stoddard는 『위대한 인종의 소멸』을 읽고 인생이 바뀌었다. 하버드에서 박사학위를 받고 벽장에 쿠클럭스클랜Ku Klux Klan, KKK의 가운을 보관하고 있던 스토더드는 비백인 인종이 세계 무대를 습격한 현상을 그랜트보다 더 깊이 조사했다. 또한 그랜트보다 더 진지하게 다윈식 수사법을 사용했다. 과학적 객관성을 가장한 두 권의 인기 저서 『유색인의 물결: 백인 세계의 우월성에 대한 위협』(1920)과 『문명에의 반란: 열등인의 위협』(1922)에서 스토더드는 앵글로색슨 독자들에게 겁을 주고자 했다. 전 세계에서 비백인이 백인보다 자손을 더 많이 낳고 있었다. 스토더드는 독자들에게 다윈설이 생식의 법칙임을 일깨웠다. 어떤 인구 집단이 생식 경쟁에서 패배한다면 그 어떤 교육과 위생 관리, 사회 공학으로도 그 현상을 뒤집을 수 없었다. 이런 생물학적 역전 현상이 이미 정치에 영향을 미치고 있었다. 러시아에서 발생한 볼셰비키 혁명은 영악하고 독존적인 유대인의 음모로 백인의 정당한 지배 구조가 뒤집혔을 때 무슨 일이 벌어지는지를 잘 보여주었다. 유대인과 볼셰비키가 열등한 '유색인' 집단을 조직해 백인에 맞선다면 어떻게 될까? 중동과 아프리카의 인구가 유럽의 패권에 반기를 들지도 몰랐다. 필리핀이 미국의 멍에를 벗어던질지도 몰랐다. 인도에서 영국인들이 밀려날지도 몰랐다. 언젠가는 백인이 동물원에 전시될지도 몰랐다. 그랜트가 설립한 뉴욕 동물원이 오타 벵가라는 이름의 콩고인 남성을 전시했던 것처럼 말이다. 백인이 전 세계의 번식을 강력하게 통제하지 못하면 어떤 수치를 겪게 될지 상상해보라!

스토더드의 견해 중에는 흔해빠진 인종차별로 일축해버릴 수 있는 것들도 있지만, 한편으로 그는 전보다 더 과학적인 듯 보이는 유전자 결정론을 널리 퍼뜨리기도 했다. 스토더드는 유전학자들이 지적 열등함의 본질, 서로 다른 인종에 각인되어 있는 그 본질을 찾아낼 수 있다고 믿었다. 그는 어떤 백인들은, 그리고 어떤 비백인 인종 집단 전체는 이처럼 유전적으로 열등한 본질을 너무 많이 지니고 있어서 돌이킬 수 없는 퇴화 상태에 이르렀다면서 이런 자들에게 '열등인'이라는 이름을 붙였다.

이런 유전자 결정론만으로는 충분하지 않다는 듯 스토더드는 마르크스주의자, 사회주의자, 공산주의자, 그리고 이들의 오락가락하는 박애주의자 동지 들이 '열등인'을 억압하는 귀족과 자본가, 식민 지배자를 타도하려 한다고 경고했다. 볼셰비즘이 잘 보여주었듯 이런 공산주의의 진짜 위협은 단순히 정치나 경제의 문제가 아니었다. 스토더드에 따르면 공산주의는 전 세계가 생물학적으로 퇴화하고 서로 다른 인종이 섞이는 것을 의미했다. 교활한 유대인과 물러터진 기독교인, 무정부주의자 들은 자식을 많이 낳는 이탈리아인과 아랍인, 아시아인, 아프리카인을 이용해 세계 무대에서 노르딕을 밀어내려 할 것이었다. 재빨리 과감하게 개입하지 않으면 다윈의 진화론에 따라 이러한 결과가 현실로 나타날 터였다.

스토더드는 다행스럽게도 어떤 형태의 마르크스주의도, 무정부주의도, 물러터진 종교적 감상주의도 우생학을 통해 전부 약화할 수 있다고 독자들을 안심시켰다. 저러한 '환경 중심' 철학들은 권력 구조를 바꾸거나 개개인을 교육함으로써 **외부에서** 사회를 개선할 수 있다고 가정한다. 그러나 "우생학은 지금 존재하는 개개인 중 **누가** 후대를 잇고 또 잇지 않을지를 결정함으로써 **내부에서** 인종을 개선하고자 한다"라고 스토더드는 의기양양해했다. 스토더드에 따르면 멀리 볼 때 이러한 관점이 훨씬 효율적이고 경제적이다. 그는 "오로지 환경을 통해서 이루어낸 개선은 유지하는 데 끊임없이 에너지가 들어간다"라고 강조했다. 게다가 자선 활동은 '무능한' 자들이 유전적 문제로 사회에 부담을 가하게 함으로써 사회 개선을 더욱 어렵게 만들었다.[5]

두 인물이 미국과 전 세계에 미친 영향

매디슨 그랜트는 이미 뉴욕 계층 사다리의 꼭대기에 있었다. 그러나 로스럽 스토더드는 두 권의 저서 덕분에 대중에게 이름을 알렸다. 《뉴욕타임스》는 거의 한 면을 할애해 『유색인의 물결』을 극찬했다. 평론가는 "동양이 서양의 몰락을 지켜볼 것"이고 "한쪽에서는 볼셰비즘이, 다른 한쪽에서는 전쟁으로 인한 인종 멸절이 우리를 위협하고 있다"라고 안달복달했다.[6] 심지어 워런 G. 하딩 대통령도 스토더드의 책을 언급했다. 하딩은 1921년에 있었던 앨라배마주 버밍햄시 출범 50주년 기념 연설에서 인종 과학과 결부된 우생학을 바탕으로 미국 정책을 결정할 것임을 시사했다.

시간을 내어 로스럽 스토더드의 저서 『유색인의 물결』을 읽고 고심해본 사람이라면 …… 오늘날 미국에서 발생하는 인종 문제가 전 세계에 불어닥친 인종 문제의 한 양상일 뿐임을 깨닫지 않을 수 없습니다. ……

양쪽 인종 모두 사회 평등을 위한 제안을 단호히 반대할 수 있습니다. 실제로 여기서 '평등'이라는 단어를 빼는 것이 더 도움이 될 것입니다. 이것이 사회 평등의 문제가 아니라 본질적이고 영원하며 피할 수 없는 차이를 인식하는 것에 관한 문제임을 양쪽 모두가 받

　　　　　3부 인종을 청소하다

아들여야 합니다.

─ 워런 G. 하딩 대통령[7]

우생학에 찬성하는 이 두 명의 인종주의자가 얼마나 영향력을 떨쳤는지 확인할 또 다른 방법은 그 시대 미국 대중문화를 살펴보는 것이다. 1923년 3월 3일에 발간된 《타임》 창간호에는 스토더드의 책 전면 광고가 실려 있다. 이로부터 2년 뒤, 두 인물은 F. 스콧 피츠제럴드의 고전 소설 『위대한 개츠비』(1925)에 영원히 박제되었다. 제이 개츠비의 라이벌로 백인 스포츠맨이자 전형적인 미국인인 톰 뷰캐넌은 "문명이 허물어지고 있어. 난 지독히 비관적인 사람이 됐어"라고 불쑥 내뱉으며 수 세대에 걸쳐 이어진 퇴화에의 두려움을 드러낸다. 그러나 곧 톰은 새로운 과학적 진단을 내놓는다. "고더드라는 사람이 쓴 『유색인종 제국의 부상』 읽어봤어?" (고더드는 그랜트와 스토더드의 이름을 합친 것이다.) "이 책 상당히 과학적이야. …… 우월한 인종인 우리 백인이 조심하지 않으면 다른 인종이 세상을 지배하게 될 거라고."[8] 피츠제럴드가 이러한 관점을 지지한 것은 분명 아니지만 ─ 『위대한 개츠비』의 나머지 부분에서 명확하게 드러난다 ─ 톰의 대사에서 피츠제럴드가 그랜트와 스토더드의 대중적 영향력을 파악하고 있었음을 알 수 있다.

이 책들이 전 세계에 얼마나 큰 파장을 일으켰냐면, 1940년에 나치 정권이 스토더드에게 레드카펫을 깔아줄 정도였다. 전쟁이 시작되고 처음 몇 달간 나치는 스토더드를 포함한 백인 언론인 수십 명을 초대해 제3제국의 막후를 보여주었다. (히틀러의 '성서'를 쓴 그랜트도 몇 년 전 세상을 떠나지 않았더라면 이들과 함

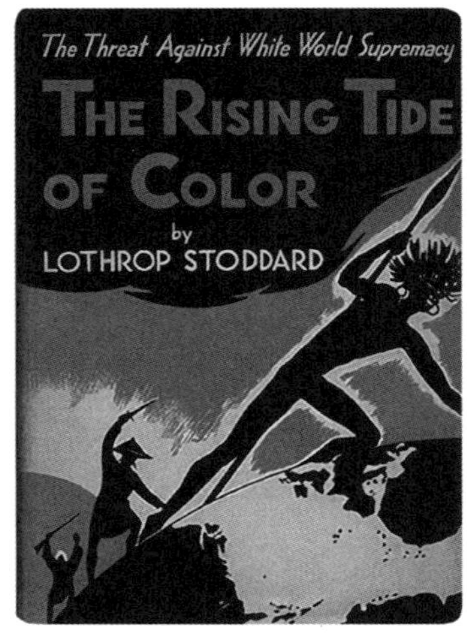

영향력을 떨친 스토더드의 두 저서 중 먼저 출간된 『유색인의 물결』은 하딩 대통령에게 영향을 미치고 나치를 고무했으며 『위대한 개츠비』에서 대화 소재로 등장했다.

께 나치 유럽을 순회했을 것이다.) 스토더드는 나치 인종 과학자들의 네트워크(뒤에서 더 자세히 다룰 것이다)를 통해 하루 동안 베를린의 유전건강상급법원 — 로플린이 만든 표준 단종법에 따라 운영되었다 — 에서 세 명의 판사 옆에 앉아 있기도 했는데, 최고법원은 그날 회부된 사건들에서 불임수술을 권고하지 않았다. 스토더드는 독일인의 유능함에 감탄하면서도 판사들이 '너무 보수적'이라고 판단했다.

그러나 1940년에 독일을 순방하던 스토더드는 시간이 갈수록 점점 더 깊은 인상을 받았다. 거리가 말끔했고 사람들도

     3부 인종을 청소하다

말끔했다. 나치 선전의 대가들과 악수를 나누거나 히틀러 본인을 알현할 때면 상호 존중이 느껴졌다. 그는 범죄와 빈곤, 불결, 비효율을 성공적으로 퇴치 중인 국가의 한가운데에 서 있었다. 이 성과는 단순히 사회복지와 교육을 확대한 결과도, 백인이 아닌 '열등인'에게 더 많은 권한이나 자원을 제공한 결과도 아니었다. 이 성과는 수술을 통해 퇴화라는 생물학적 본질을 지닌 자들을 유전자 풀에서 제거함으로써 이루어낸 것이었다. 스토더드는 꺼림칙한 현장 또한 분명히 지나쳤다. 추레한 유대인 게토의 주민들이 눈에 띄게 겁먹은 눈으로 스토더드와 다른 언론인을 의전하는 나치 관리인들을 쳐다보았다. 그러나 스토더드는 전체적으로 제3제국이 현대사회에 걸맞은 우생학 기준을 빠르게 만들어나가고 있다고 생각했다. 연필처럼 얇은 그의 콧수염 아래에서 절로 미소가 배어났다.

10장

국제 우생학 네트워크

우생학을 옹호하던 의사와 과학자 들은 제1차 세계대전이 끝난 1918년에 몇 가지 결정을 내려야 했다. 유럽 전역에서 군인과 민간인이 최소 1,500만 명 사망한 마당에, 독일과 영국의 우생학자들이 인종 퇴화를 저지해야 한다는 공동의 대의를 위해 국가주의를 제쳐놓고 한데 결집해야 할까?[1] 종전 직후 영국과 프랑스의 영향력 있는 우생학자 중 몇몇은 적대감을 내려놓지 못하고 있었다. '공병대원'(영국 육군 공병대 소속)이자 찰스 다윈의 저명한 아들이었던 런던 우생학 운동의 계승자 레너드 다윈 소령은 독일과의 협력에 강력 반대하며 1921년 개최 예정인 제2차 국제우생학대회에 독일 우생학자들을 초청하지조차 말아야 한다고 주장했다. 이러한 이유로 제2차 국제

우생학대회가 뉴욕시에 있는 미국자연사박물관에서 열리게 된 것이다. 다윈 소령의 바람은 이루어졌다. 독일 우생학자들은 초청받지 못했다.

당시에는 드러나지 않았을지도 모르지만, 우생학이 **영국의 것**이라는 주장은 이 순간을 기점으로 완전히 사라졌다. 다윈 소령이 결사반대하는 와중에도 우생학기록사무소의 미국인들은 우생학 운동의 방향성을 알아서 정립하기 시작했다. 오로지 인종적 순수성이라는 공익에만 집중한 소장 대븐포트는 대회가 열리는 내내 다윈 소령을 따라다니며 독일인 문제와 재정 지원 문제를 따져 물었고, 영국의 차분한 방식이 아니라 미국의 화려한 방식으로 우생학을 홍보해야 한다고 설득했다. 결국 대븐포트가 승리를 거두었다. 이렇게 독일인은 1920년대 후반에 우생학 운동에 재합류하게 되었다. 또한 미국이 국제 우생학 네트워크의 허브가 되어 대공황이 발생하기 전까지 그 자리를 유지하게 되었다.

우생학 서사를 보여주다
: 1921년 뉴욕에서 열린 제2차 국제우생학대회

미국 우생학 트라이앵글의 홍보로 전 세계 우생학 운동

에 스며든 가장 완벽한 단 하나의 우생학 서사가 1921년 9월, 뉴욕시 미국자연사박물관의 포리스트리홀Forestry Hall(우생학자들이 '다윈 홀'로 이름을 바꾸었다)에서 열린 제2차 국제우생학대회에서 모습을 드러냈다. 해리 샤프가 자경단인 양 정관을 절제한 때로부터 20여 년이 지난 이때, 우생학은 국제 규모의 운동으로 자리 잡고 있었다. 전시는 우생학자들이 보여주고자 했던 운동의 모습을 그대로 담고 있었다. 1920년대 들어 전 세계의 우생학은 '최선을 장려하는' 골턴의 영국식 우생학보다는 '최악을 제거하는' 미국의 인종 중심 우생학에 점점 가까워지고 있었다.

우리가 지금 제2차 국제우생학대회가 열리는 다윈 홀에 와 있다고 생각해보자. 안내에 따라 반시계 방향으로 전시회장을 돌면 1920년대 초반의 국제 우생학 서사를 '읽어낼' 수 있다.

제일 처음 우리는 유전되는 위대함의 서사를 만나게 된다. '귀족 유전자'를 지닌 가문에 대한 이 연구들은 주크가와 이스마엘족 등을 다룬 '가문 연구'의 대척점에 있었다. 목록 제일 위에는 메이플라워호를 타고 온 순례자들과 미국 역사에 남은 다른 저명한 가문들의 계보가 자리했다. 우생학자들에 따르면 미국인의 모범이 된 이 위대한 인물들의 계보는 비극적이게도 더 열등한 인종과의 무분별한 번식 때문에 곧 끊길지 몰랐다. 대회의 여러 목표 중 하나로, 우생학자들은 미국이

다시 위대해지기를 바라는 간절한 희망을 드러냈다.

그러려면 일반 시민이 과학을 더 깊이 알아야 했다. 식물과 동물에게서 특정 형질이 어떻게 대물림되는지 이해하는 것이 그 시작이었다. 전시장을 둘러보는 방문객들은 동물학과 식물학에서의 유전학을 배울 수 있었다. 한 패널에는 '순종' 번식으로 '혼혈'을 막지 못한다면 나쁜 유전자 돌연변이가 '열성'으로 잠복해 수 세대에 걸쳐 이어질 수 있다고 쓰어 있었다. 비교적 중립적인 이 주장을 관람객이 받아들일 수 있다면 이제는 인간의 문제로 넘어갈 수 있었다.

7번 부스에서는 메이플라워호 계보의 대척점에 있는 유해한 가문, 즉 결함 있는 '열성' 형질을 품고 있는 가문들의 계보학적 사례 연구를 소개했다. 우생학자들은 이들에게 '불량 유전자Cacogenic'라는 딱지를 붙였다. 매컬러 목사가 널리 알린 이스마엘족이 있었고, 덕데일의 온건한 설명을 에스타브룩이 생물학적 결정론에 맞게 수정한 주크가가 있었다. 그 뒤로 헨리 고더드의 캘리캑가, 그리고 댁가, 냄가 등이 줄줄이 이어졌다. 이들 가문은 전부 퇴화의 전형이자 일반 대중에게 빌붙는 기생충이었다.[2]

'불량 유전자' 가족의 맞은편에는 오즈번의 '인간의 인종' 전시가 있었다. 고생물학자인 오즈번은 두개골 표본과 고고학 유물을 통해 유럽의 크로마뇽인이 유인원에 더 가까운 네안

데르탈인을 지배한 역사를 설명했다. 당연하게도 맞은편에 전시된 현대의 불량 유전자 가문 역시 얼굴에 유인원 같은 '퇴화적 특성'을 더 많이 드러냈다. 인체측정학 전시에서는 바로 이 특성들이 인종적 경향을 드러내고 범죄 성향 같은 행동을 결정한다고 설명했다. 이 전시는 생물인류학에서 그간 '인종 과학'이라 불린 것을 우생학과 교묘하게 결합했고, 이러한 경향은 하버드에서 스탠퍼드에 이르는 여러 대학의 인류학 프로그램에서 이후로도 수십 년간 이어졌다.

그다음 부스에는 이민의 위험성과 지능검사(제1차 세계대전 말에 주류를 이룬 스탠퍼드-비네 지능 척도)의 전망, 살아 있는 사람의 두개골과 신체를 측정하는 인체측정학, 학교에 ('보건 수업'이라는 이름으로) 위생 관련 정규 과목을 신설하는 등 보건 위생을 강화할 필요성에 관한 전시가 준비되어 있었다.

관람객들은 전시회장 양쪽 끝에 마련된 입구와 출구를 지나면서 두 개의 커다란 조각상과 마주쳤다. 하나는 '평균적인 미국 남성 청년'을 형상화한 조각상이었다. 찰스 대븐포트가 딸 제인 대븐포트 해리스에게 제1차 세계대전에 참전한 백인 용사들의 모습을 60센티미터 크기의 석고 조각상으로 만들어달라고 의뢰한 것이었다. 제인은 1919년에 수집한 퇴역군인 10만여 명의 신체 측정치와, 1917년에서 1919년 사이에 신병 170만 명에게 실시한 알파 지능검사(언어와 그림으로 구성) 및 베타 지능검사(그림만으로 구성) 결과를 참고했다. 자료 수집 결과는 놀라울 만큼 실망스러웠다. 미국 군인들은 전쟁 이전에 작성한 보고서의 예상치보다 더 약하고 더 아프고 더 작았으며 지능도 더 낮았다. 우생학자들이 오래전에 예언한 퇴화 현상 — 제인이 조각상으로 구현한 현상 — 이 이미 나타나고 있었다.

반대쪽 끝에 있는 또 다른 조각상은 '하버드에서 가장 강인한 50인'을 본따 만든 것이었다.[3] 맞은편에 있는 '평균' 남성 조각상과 달리 이 조각상은 정점에서 환히 빛나고 있었다. 여기서 정점이란, 오염되지 않은 백인의 남성성, 우생학적으로 순수하고 운동 신경이 뛰어나며 지적인 유전자를 소유한 이들을 의미했다.

내가 여러분과 함께 상상 속에서 제2차 국제우생학대회 전시회장을 한 바퀴 돈 것은 100여 년간 허공에 떠돌던 개념들이 제1차 세계대전 이후에 하나의 통일된 서사로 굳어졌음을 보여주기 위해서다. 이 서사는 수많은 분야와 수많은 상식, 수많은 예술 표현과 흔한 문화적 클리셰에서 가져온 증거로 뒷받침되었고, 여기에는 수많은 통계자료와 명백한 유전학 자료가 켜켜이 쌓여 있었다. 오늘날 찰스 다윈을 기리며 다윈홀이라 이름 붙인 이 전시회장에서, 과학자와 의사, 정책 입안자, 교육 공무원, 수백 명의 자원봉사자가 영화의 프레임처럼 배치된 약 스무 개의 작은 부스를 통해 하나의 거대한 우생학 서사를 엮어냈다.

우생학의 핵심 서사

이 서사는 그랜트와 스토더드에서 시작해 최소 고비노까지 거슬러 올라가는 우생학자들의 주장을 반영하고 있었으나 전시 주최자들은 주로 골턴과 다윈에만 매달렸다. 우생학자들과 그 추종자들이 전파하고자 했던 우생학의 핵심 서사는 다음과 같다.

몇몇 사람들은 인종에 깊이 각인된 경향 그리고/또는 자신에게 내재한 부적응적 특성 때문에 남들보다 열등해질 수밖에 없다. 그건 노예제도나 차별, 영양실조, 과로, 부의 불균형이 남긴 유산이 **아니다**. 미국과 유럽 출신 식민지 자본가의 잘못도 아니다. 심지어 환경의 탓도 아니다. 그건 **생물학적** 문제다. 긴 인류 역사를 돌아보면 서열과 불평등 — 그리고 불의와 억압처럼 보이는 그 결과 — 은 우리 종의 유전 서사에 포함되는 **자연스러운** 일부일 뿐이다. 교육이나 사회 계획으로는 열등한 개인이나 인종에게 별 도움을 줄 수 없다.

그러나 백인을 비롯한 모든 인종에게서 나타나는 보다 미

묘한 부정적 특성들도 존재하며, 우리는 이러한 특성들을 걸러낼 수 있다. 즉, 그 부정적 특성의 정확한 위치를 찾아낼 수만 있다면 백인을 구원하고 앞으로 여러 세대에 걸쳐 퇴화의 흐름을 저지할 수 있다. 이렇게 백인은 다윈식 인종 경쟁에서 계속 정상을 유지할 수 있다. 과학자들 — 이를테면 객관적인 지능검사를 실시하는 심리학 전문가들 — 은 결함을 찾아내고 일반인으로 '패싱'될지 모를 퇴화자들을 골라낼 방법을 이미 개발했다.

정신이나 신체에 결함이 있는 자들이 이 불완전한 특성을 자식에게 물려주어선 안 된다. 문제가 심하지 않은 특성들도 '열성' 유전자로서 누구도 깊이 신경 쓰지 않는 사이 부모에게서 자식에게로 전달될 수 있다. 마치 폭탄에서 특정 부품이 만나야만 폭발이 일어나는 것과 비슷하다. 부모 양쪽이 동시에 이러한 특성을 한 아이에게 물려준다면 유전 폭탄이 찰칵 작동하면서 폭발할 것이다.

안타까운 점은 이러한 과학 정보에 주목하는 사람이 너무 적다는 것이다. 이런 사람들 때문에 이제 문명 자체가 재앙의 문턱에 서 있다. 이 같은 대규모 붕괴를 예방하려면 지역과 개인, 가족, 학교, 병원 단위로 결함 있는 자들을 찾아내 제거하는 한편, 우리 중 가장 우수한 자들을 널리 퍼뜨려야 한다. 달갑지 않은 인간들은 — 쥐나 바퀴벌레처럼 — 관리하지 않고 방치할 경우 우수한 인간보다 훨씬 빠르게 증식한다. 그렇다면 결국에는 이런 자들을 부양하는 데 세금이 훨씬 많이 들어갈 것이다. 아무 조치도 취하지 않는다면 빈자와 범죄자, 정신이상자가 온 지구를 가득 채울 것이고, 우리 평범한 사람들이 현재와 같은 삶의 질을 누리기가 더욱 어려워질 것이다. 다행히도 우리 과학자와 의사 들에게는 이 상황을 바로잡고 유전 폭탄을 해체하고 위험을 완화할 수단이 있다. 그 수단을 사용해도 된다는 정부의 허락만 있으면 된다. 게다가 이 수단들은 위험하지 않다. 훌륭한 과학과 훌륭한 의학에서 나온 것이기 때문이다.

바로 이것이 전 세계에 퍼진 우생학 서사였다. 그러나 제2차 국제우생학대회에서 분명히 드러났듯 영미권 중심의 뼈대가 이 서사를 떠받치고 있었다. 모든 긍정적인 사례는 영국과 미

	대학생 자녀를 둔 가족	어머니가 45세 이상인 열성 가족
평균 출산 횟수	3.28	7.91
평균 사망 자녀 수	0.44	1.74
평균 생존 자녀 수	2.83	6.17
출산 간격(년)	7.3	3.1
자녀 생존율(%)	80.3	77.9

통계가 우생학을 뒷받침한다. '더 우수한' 가족은 자식을 너무 적게 낳는다.[4]

　　　　　　3부 인종을 청소하다

국 북동부(뉴잉글랜드) 출신의 백인, 이성애자, 부자, 교육받은 전문직에게서 나왔다. 바로 이들이 남자다운 강인함과 여자다운 정숙함을 보여주는 사례였다. 이민자들은 대체로 이런 긍정적인 자질을 지닐 수 없었고, 실제로 '불량 유전자'로 분류될 가능성이 훨씬 높았다. 아프리카계 미국인과 아메리카 원주민은 이 이야기 어디에도 등장하지 않았다. 대회를 주최하고 후원한 자들이 퍼뜨린 주장처럼, 북유럽계 백인 혈통이 가장 우월하다는 것은 언급할 필요조차 없는 기본 사실이었다.

몇몇 인기 저자의 주장처럼 20세기 초의 미국 우생학 운동이 '지배 인종'을 창조해내려 했다는 말은 다소 과장된 측면이 있다.[5] 오늘날 미국과 영국의 보수주의자들이 아무리 간절히 원할지언정 그 당시 우생학 운동의 서사는 진보적 개혁가들이 추진한 **혁신의** 이야기가 아니었다.[6] 우생학 서사는 무언가 새로운 것을 만들어내려고 했다기보다는, 결함 있는 자들과 동성애자, 열등한 인종을 철저히 **보수적으로 제거해** 그들의 맹공격 앞에서 이성애자 엘리트들의 우위를 지키려던 시도였다. 이러한 신념은 정치경제적 우위에 있는 사람들이 계속 우위를 점할 수 있도록 현 상태를 그대로 내버려두어야 한다고 주장하는 이른바 사회적 다윈주의와는 말 그대로 **정반대**에 있었다. 오히려 20세기 우생학자들은 19세기에 고비노와 바그너 추종자 같은 극단적 보수주의자들이 울린 것과 똑같은 경종을 울렸다. 아무 조치를 취하지 않으면, 이대로 번식에 개입하지 않으면, 우리가 원치 않는 자들이 증식해 결국 당신을 대체할 것이다.

주요 국제 대회들

수십 차례의 지역 회의가 세 차례의 굵직한 국제 대회를 보완했다. 국제 대회는 매번 다른 특색을 띠었고, 각 지역 회의는 지역 운동을 장려해 전 세계 곳곳에서 우생학 실천을 부채질했다. 물론 이런 회의에는 '위대한 인물들'이 등장해 주요 연설을 도맡았다. 그러나 우생학의 숨은 역사에서 더 중요한 점은, 이런 회의들이 무명의 '평범한' 우생학 추종자들을 양산했다는 것이다. 이 의사, 보건 공무원, 관료 들은 '부적자'에 관한 과학 메시지와 퇴화자의 혈통을 끊어내는 의료 관행을 자신이 속한 지역사회에 퍼뜨렸다. 찰스 대븐포트가 이끈 유력 단체인 국제우생학기구연맹International Federation of Eugenics Organizations은 수많은 지역 회의를 후원하며 1920~30년대 내내 짝수 해마다 자체 회의를 열었다. 그러나 우생학 서사를 전파하는 데 특히 중대한 역할을 한 동지이자 적이 있었으니, 바로 라틴국제우생학기구연맹Latin International Federation of Eugenics

Organizations이었다. 우생학 운동에서 미국의 패권을 견제하고자 저명 통계학자 코라도 지니의 주도하에 설립된 단체다. 결국에는 남유럽과 동유럽의 '비非노르딕' 국가까지 포함하게 된 이 단체는 제2차 세계대전으로 운영을 중단했다가 다시 활동을 재개한 뒤 국제우생학기구연맹이 해체된 이후에도 1965년까지 명맥을 유지했다.

1912년 7월 24일부터 29일까지 런던의 세실호텔에서 열린 제1차 국제우생학대회는 우생학과 의학, 정치 분야의 주요 인물을 거의 400명가량 불러 모았다. 레너드 다윈 소령은 윈스턴 처칠을 비롯한 청중 앞에서 기조연설을 하며 자연 진화 법칙을 발견한 아버지의 업적과 우생학을 연결해서 설명했다. 그러나 미국의 우생학자들은 정반대의 주장을 펼쳤다. 이들은 대대적 개입을 원했다. 자식을 많이 낳는 퇴화자를 불임화함으로써 자연의 질서에 개입하는 것이 앞으로 나아갈 유일한 방법이었다. 영국과 캐나다, 미국의 우생학자들이 행사장을 가득 채웠고, 노르웨이와 그리스, 프랑스에서 온 우생학자들이 그 옆에 소수 자리했다.

이 장을 시작하며 간략하게 설명한 제2차 국제우생학대회는 1921년 9월 25일부터 27일까지 열렸다. 바로 이때 영국의 '신사 계급' 우생학자들에게서 미국의 중산층 전문직 우생학자들에게로 권력이 넘어갔다. 고생물학자 헨리 페어필드 오즈번이 뉴욕에서 대회를 주관했다. 매디슨 그랜트가 자금을 마련했고 해리 로플린을 도와 대회를 조직했다. 전화기를 발명한 알렉산더 그레이엄 벨이 다윈 소령의 뒤를 이어 대회 의장직을 맡았다. 이제는 다윈 소령까지도 연설에서 미국 우생학자들의 주장 — 결혼 제한과 불임화를 통한 부적자 제거 — 을 그대로 반복했다. 벨도 동참했다. 어머니와 아내에게 청각장애가 있었음에도 그는 우생학을 실천해 청각장애를 제거해야 한다고 주장했다. 미국 국무부가 후원하고 카네기재단이 자연사박물관 전시와 이동 경비를 지원한 제2차 대회는 전 세계에서 수백 명의 방문객을 끌어모았다. 유럽과 북미의 대표단 외에도(독일은 프랑스와 영국의 반대로 참여하지 못했다) 아르헨티나, 오스트레일리아, 브라질, 콜롬비아, 쿠바, 일본, 뉴질랜드 등에서 대표를 파견했다. 그러나 한 스웨덴 우생학자가 대놓고 불만을 표했듯 미국 대표단이 행사장을 장악하고 거의 모든 공식 발표를 독차지했다.[7]

1932년 8월 21일부터 23일까지 개최된 제3차 국제우생학대회 역시 미국자연사박물관에서 진행되었다. 이번에도 미국우생학 트라이앵글의 회원들이 주최 측을 장악했고 이에 따라 연설을 도맡았다. 88세가 된 레너드 소령은 대회에 참석하지 못했다. 영국 측은 대표적인 우생학자 몇 명만 겨우 파견할 수 있었다. 이제 독일과 오스트리아를 비롯한 제1차 세계대전의 적국들도 우생학 네트워크에 합류했으나 이탈리아와 네덜란드의 참가자들이 과학 논문을 더 많이 제출했다. 이번에도 미국이 논문 65편 중 거의 50편을 제출하며 대회를 독식했다. 그러나 남미와 카리브해, 아시아 국가들의 참여 증가는 우생학이 영미권 국가 밖에서도 널리 확산되고 보편화되었다는 사실을 보여주었다. 나중에 살펴보겠지만, 이번 대회의 참석자들은 훗날 '우생학'이 나치와 결부되어 금기어가 된 후에도 남미와 아시아, 카리브해 지역에서 '인구통제'를 추진하고 조직하게 된다.

이 시기의 우생학 운동은 그 어느 때보다 재정이 탄탄했다. 철도 사업으로 막대한 부를 쌓은 해리먼 가문이 다시 한 번 대회 전반을 후원했다. W. 애버럴 해리먼의 순종 말들에게서 수집한 유전자 자료가 제3차 대회의 전시에서 중요한 역할을 했다. (해리먼은 미국에서 가장 부유한 인물 중 하나였을 뿐만 아니라 제2차 세계대전 중에는 소련에서, 그다음에는 영국에서 미국 대사를 지냈고 트루먼 대통령하에서는 상무장관으로 일했다. 그 이후에는 48대 뉴욕 주지사가 되었으며 마지막으로 케네디와 존슨 정부에서 국무장관을 역임했다.) 로플린과 그랜트 역시 루스벨트, 도지, 프랫, 드레이퍼, 듀폰 코플랜드 같은 명문가의 자산을 끌어들여 우생학을 지원했다.

10년마다 열린 우생학 국제 대회는 흥미롭게도 매번 강조점이 조금씩 바뀌었다. 처음에는 퇴화와 백인의 낮은 출산율, 폭력 범죄가 우생학자들의 관심을 끌었다. 나중에는 질병과 이민, 비백인의 높은 출산율이 지배적 화두였다. 그러나 몇 가지 예외를 제외하면 결함을 찾아내고 인종에서 그 결함을 제거하고 우월한 '백인' 국가에서 열등한 인종을 배제해야 한다는 우생학의 핵심 서사가 모든 논문과 전시, 대회에서 변함없이 이어졌다.

전 세계의 우생학

전 세계에서 온 대회 참석자들은 자국의 문화적 맥락에 맞게 핵심 서사를 각색했다. 결국 전 대륙에 있는 대다수 주요 국가들이 우생학 조치를 채택했다. 비영미권 국가의 우생학자들은 미국과 영국의 우생학자들에게서 느껴지는 편협함과 자국의 우생학을 분리했다. 그러나 이성애 중심 가족을 강조하며 전통적인 남성과 여성의 역할이 '문명화된 번식'으로 이어진다고 주장한 것은 모든 국가가 마찬가지였다.[8] 우생학자들은 그 외 모든 것을 성적 일탈로 규정하고 개입해야 할 대상으로 여겼다.

실제로 오늘날 우리는 손사래를 치며 우생학을 과거에 안전히 은폐된 사이비 과학으로 치부하기 쉽다. 내가 다음 사례들을 간략하게 소개하는 이유는 이 사상이 동양과 서양, 북반구와 남반구, 부국과 빈국, 보수적인 국가와 진보적인 국가를 가리지 않고 얼마나 빠르게 전 세계로 퍼져나갔는지를 보여주기 위해서다.

아르헨티나

아르헨티나 우생학자들은 1936년에 설립된 모자보건국 하에서 이상적인 '아르헨티나 생물형'을 지닌 사람들에게 대가족을 꾸릴 것을 장려하는 정책을 추진했으며, 내분비 치료를 통해 여성들을 이 이상적인 유형으로 바꾸려 했다.[9] 가톨릭의 영향이 강해 형법으로 불임수술을 금지했던 아르헨티나는 불임수술이나 '네거티브' 우생학을 실천한 사례가 매우 드물어 보였다. 그러나 훗날 의사들은 정부의 감시 때문에 불임수술을 **공개적으로 보고한** 의사가 거의 없었다고 밝혔다. 실제로 불임수술은 빈번하게 이루어졌다.[10]

오스트레일리아

웨스턴오스트레일리아주의 원주민 보호 총책임자 A. O. 네빌과 노던준주의 총보호 책임자 세실 쿡 박사, 그리고 오스트레일리아 전역 및 인접한 토러스해협제도에서 활동한 이들의 동료 및 후임자 들은 1920년대부터 1970년대까지 원주민 아이들을 부모에게서 강제로 떼어놓았다. '보호관'들은 다른 인종의 부모 사이에서 태어난 아이들을 백인 오스트레일리아인 가정에 '위탁'해 '백인으로 양육'함으로로써 인종을 재분리하고자 했다. 쿡은 "우리의 혼혈인 문제는 흑인 인종이 완전히 사라지고 그들의 자손이 백인 인종에 빠르게 흡수되면서 순식간에 해결될 것이다"라고 설명했다.[11] 네빌과 쿡이 추진한 정책이 어찌나 설득력 있었는지, 미국 우생학자들도 이를 모방하려 했다. 벅 대 벨 판결의 기틀을 놓은 월터 플레커는 "오스트레일리아는 다른 인종 사이의 출산도, 유색인의 이민도 허용하지 않으면서 이 문제에 상당히 현명하게 대처하고 있다"라고 말했다.[12] 원주민 가족의 무려 3분의 1이 '자녀 강탈' 관행의 희생양이 된 것으로 추정되며, 이러한 이유에서 오스트레일리아는 1998년에 '국가적 사과의 날'을 제정했다.[13]

브라질

고비노는 1869년에서 1870년까지 브라질에서 프랑스 대사로 일하며 브라질의 황제 동 페드루 2세와 친분을 쌓았다. 두 사람의 관계는 1889년에 브라질에서 노예제가 폐지된 후에도 지속적으로 이 나라의 행보에 영향을 미쳤다. 이후로 25년간 브라질은 유럽인 이민자를 대규모로 끌어들임으로써 아프리카인 혈통을 '백인화'하는 정책 — 브랑케아멘투branqueamento — 을 시행했다. 의사와 개혁가 들은 퇴화한 혼혈인 메스티소를 향한 익숙한 공포를 부추기며 '위생'의 명목으로 불임수술과 결혼 제한 정책을 강력하게 밀어붙였다. 또한 이들은 영미권 우생학자들처럼 비백인의 이민을 제한하려 했다. 이 문제는 남미에서 가장 규모가 큰 — 그러나 유일한 — 회의였던 1929년의 우생학대회에서 가장 중요한 사안으로 다뤄졌다.

1920년에서 1940년 사이에 브라질 우생학자들은 미국이나 독일과 달리 소수 인종을 배제하는 정책을 전면적으로 채택하지 않았다. 가톨릭교회, 인류학자, 「인종주의에 반대하는 브라질 지식인 성명문」을 낸 지식인 들의 반대와 더불어 브라질 우생학자들 사이의 내분 덕분에 브라질의 우생학 정책은 다행스럽게도 수술보다는 환경과 교육, 보건 정책을 개선하는

방향으로 나아갔다.[14]

캐나다

미국의 벅 대 벨 판결 직후, 여성 참정권 운동가이자 대영 제국 최초의 여성 치안판사였던 에밀리 머피의 공개 지지에 힘입어 앨버타주에서 단종법(1928)이 통과되었다. 브리티시컬럼비아주와 서스캐처원주도 그 뒤를 따랐다. 결국 캐나다의 우생학자들은 '결함'이 있다고 간주된 3,000명 이상을 강제로 불임화했다. 다른 국가와 마찬가지로 의사들의 칼날은 주로 소수 인종 — 캐나다 원주민, 메티스[원주민과 유럽인 사이에서 태어난 사람들—옮긴이], 동유럽인 — 을 향했고, 장애의 징후가 전혀 없는 가난한 싱글맘 역시 수술 대상이 되었다. 단종법은 1970년대까지 계속 시행되었다.[15]

1996년에 캐나다 법원은 15세였던 1959년에 앨버타의 주립정신장애인훈련학교에서 자신도 모르는 사이 불임수술을 당한 레일라니 뮤어의 손을 들어주었다. 그 당시 의사들은 뮤어에게 맹장을 제거했다고 말했다. 뮤어 판결로 캐나다의 과거 우생학 관행에 대한 재조사가 시작되었다. 1999년, 앨버타주 정부는 캐나다의 우생학 법에 따라 강제로 불임화된 수백

명의 생존 피해자에게 공식 사과하며 약 8,100만 캐나다 달러를 지급했다.[16]

중국

중국 대표단은 1932년이 되어서야 우생학 국제대회에 처음으로 참여했지만, 찰스 대븐포트의 제자였던 판광단潘光旦은 1920년대부터 중화민국에서 우생학 옹호자로 영향력을 떨치기 시작했다. 제2차 세계대전 전후 중국 정부는 판광단의 저서와 논설, 월간 학술지 《우생》 — 나중에 "인종의 성숙을 돕다"라는 뜻의 '화년華年'으로 이름을 바꾸었다 — 을 참고해 정책 방향을 결정했다. 중국 최초의 노골적인 우생학 혼인법은 1950년대에 등장했다. 이 법으로 친족 간의 결혼과 나병 같은 특정 질환이 있는 환자 간의 결혼이 금지되었다.[17]

판광단의 영향력과 함께 건강한 자식을 낳기 위해서는 결혼 전에 상대의 가계도를 조사해야 한다는 우려가 생겨나긴 했지만, 서구식 유전자 결정론이 중국을 장악하지는 않았다. 판광단 역시 영미권 우생학에서 직접 목격한 인종차별을 계속해서 비판했다. 마오쩌둥이 이끄는 중국에서 '우생학'은 이민 제한과 불임수술보다는 매독, 결핵, 알코올중독, 오피오이

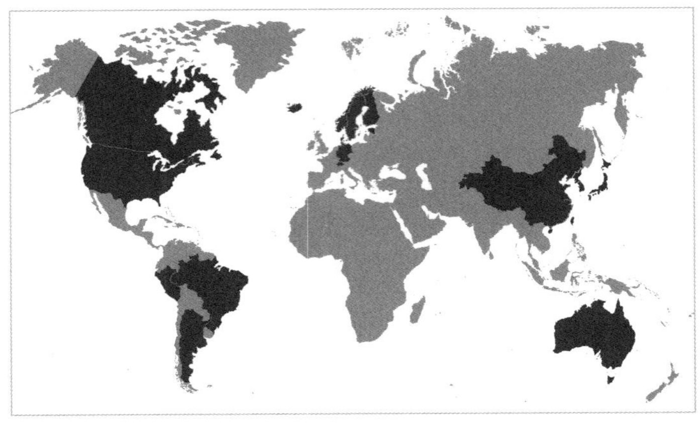

21세기 전반기에 우생학 정책을 적극 실시한 국가들. 짙은 색으로 칠해진 국가에서 우생학 정책이 적극 실시되었다.

드[아편과 유사한 마약성 진통제—옮긴이] 남용을 퇴치하고 무이차이 muitsai, 妹仔라 불리는 아동 불법 거래를 근절하기 위한 공중보건 조치 및 결혼 상담을 중심으로 이루어졌다.[18] 판광단 본인도 문화대혁명 당시 '인구통제'(뒤에서 더 자세히 다루겠다) 같은 반동적 견해를 지녔다며 비난받았다. 그러나 판광단이 사망한 이후 공산당 내부자들이 그의 유산을 복원했고 1970년대 들어 서구식 우생학이 확산되기 시작했다.[19]

     3부 인종을 청소하다

일본

1911년, 시카고대학의 뛰어난 신진 조류藻類 연구자 야마노우치 시게오山內繁雄가 찰스 대븐포트가 주요 연사로 초청된 일련의 강연에 참석했다. 1913년에 일본으로 귀국한 야마노우치는 대븐포트의 사람 모으는 능력을 모방해 여러 우생학 단체를 설립했는데, 그중 하나가 바로 1917년에 세워진 대일본우생회였다. 이 단체는 오래가지 못했지만 그 회원들은 결혼 제한을 옹호하는 유명 인사가 되어 결국 1940년에 국민우생법을 성공적으로 통과시켰다.[20] 이 법에 따라 신설된 우생학 결혼 상담 센터들은 우생학적으로 가장 바람직한 일본인 남녀의 정확한 신체 치수를 파악했고 인종위생과 인종 전쟁을 암시하며 모호하게 대중을 위협했다.

일본에서 아이 한 명이 태어날 때마다 중국에서는 일곱 명, 인도에서는 다섯 명, 소련에서는 세 명이 태어납니다. 인구 증가가 중요하다지만 몸이 약하고 정신에 문제가 있는 아이들이 태어나면 국가에 해가 됩니다. 그러니 결혼을 신중하게 고민하고 건전한 결합을 이루어 우수한 자식을 낳도록 합시다.[21]

제2차 세계대전 당시 의사들은 이 법에 따라 약 500명을 불임화했다. 또한 이 정책은 일제강점기가 끝난 뒤에도 한국 사회에 지속적인 영향을 미쳤다.

일본제국이 무너진 후 일본 정부는 1948년에 미국의 감독 하에 우생보호법을 제정했다. 이 법으로 결혼이 제한되었고 부적자 — '현저한 범죄 성향'을 드러내는 자들도 이에 포함되었다 — 의 비자발적 불임수술을 감독하기 위한 우생보호위원회가 설립되었다. 1953년에 후생성이 명확하게 밝혔듯 의사가 필요하다고 판단할 경우 물리력과 거짓말까지 동원해 "환자의 의지에 반하여" 불임수술을 시행할 수 있었다. 이후 50년간 일본의 의사들은 이 법에 따라 최소 1만 6,000명을 강제로 불임화했다.[22]

스칸디나비아

1922년부터 1958년까지 스칸디나비아반도 — 고비노와 그랜트, 스토더드 등이 주장한 상상 속 아리안주의의 중심지 — 는 스웨덴 웁살라대학 산하의 국립인종생물학연구소 Statens institut för rasbiologi를 통해 강력한 우생학 정책을 실시했다. 스칸디나비아의 유전학자와 인류학자 들은 미국이 우생학 운동에 참여하기도 전인 20세기 초부터 우생학 사상을 과학

연구와 접목했다. 또한 스웨덴과 덴마크, 핀란드, 아이슬란드, 노르웨이의 의사와 정치인은 결혼 제한과 불임화의 중요성을 대다수 유럽 국가보다 훨씬 오랫동안 강조해왔다. 그러나 스칸디나비아의 유전학자들은 대놓고 인종을 차별하기보다는 보통 비용 절감의 측면을 강조했다.[23] 유전병 환자를 인구에서 제거하면 다른 모두를 위해 더 강력한 복지국가를 만들 수 있었다. 공식 집계상 스칸디나비아 반도에서 우생학의 이름으로 불임화된 사람은 약 17만 5,000명이다. 그러나 이 수치는 논란의 여지가 있는데, 1970년대 중반에 우생학 관행이 공식 중단되자마자 피임을 위한 자발적 불임수술이 합법화된 이유가 크다.[24]

스웨덴 웁살라에 위치한 건물 데칸후세트는 1922년부터 1958년까지 스웨덴인종위생학회(1909~1921)의 후신인 국립인종생물학연구소로 이용되었다. 인종과 우생학에 대한 관심은 1960년대가 끝날 때까지도 사라지지 않았다.[25]

스위스

스위스는 국가 차원에서 우생학 정책을 채택한 적이 단한 번도 없다. 그러나 1912년부터 시행된 스위스 민법에는 공적 자금으로 우생학 결혼 상담을 지원하고 정신장애인으로 간주되는 사람들의 결혼을 불법화하는 조항이 들어 있었다. 또한 독일에서 훈련받은 인류학자로서 쉼 없이 두개골 크기를 측정했던 오토 슐라긴하우펜이 1930년대 내내 국제 우생학 운동의 핵심 회원으로 활동했다. 본래 지방 분권적 정치 체제를 갖춘 스위스는 우생학 분야에서도 인종이라는 핵심 사안에서 결코 하나 되지 못했다. 20세기 전반의 스위스 사회는 반유대주의가 여전히 만연했고 백인 우월주의가 당연시되었다. 그러나 슐라긴하우펜조차 1930년대 파시즘의 급작스러운 우경화를 참아내지 못했다. 1934년에 나치 우생학자 에른스트 뤼딘에게 제3제국 우생학 법안을 소개받은 스위스의 정신과 의사들은 코웃음을 쳤다. 스위스에서 강제 단종법을 제정한 주는 단 한 곳(보Vaud)뿐이었다.

그러나 일종의 온건 우생학은 병원에서 수십 년간 실시되었다. 1920년대부터 의료진은 연계 방침을 채택해 합법적으로 임신을 중단하려 하는 여성에게 불임수술을 받으라고 압박했다. 의사가 판단하기에 그 여성이 어머니 되기에 '부적합'할 경우 이러한 압박은 더더욱 심해졌다. 법적 지침이 없는 상태에서 누가 부적자인가에 대한 판단은 오롯이 의사에게 맡겨졌다. 의사들이 유전병과 퇴화, 인종위생을 이유로 불임수술을 실시한 기록은 거의 없다. 그 대신 의사들은 불임수술의 근거로 "살림을 엉망으로 함"이나 "형편없는 어머니임" 같은 이유를 들었다. 이러한 연계 방침은 1970년대까지 이어졌다. '우생학'으로 공식 분류되지는 않지만 스위스 여성 수천 명이 자기 질병 때문에 스위스 보건의료 제도의 비용이 늘지 않도록 미래에 아이를 낳을 가능성을 제거해야 한다는 사회적 압박감을 느낀다고 보고했다.[26] 스위스는 2000년대가 되어서야 이러한 관행을 공식적으로 철폐했다.

우루과이

양차 세계대전 사이에 기업과 의사, 변호사, 정치인이 힘을 합쳐 우루과이에 '우생학 유토피아'를 건설하고자 했다.[27] 우루과이의 정신과 의사와 외과의 들은 단순히 퇴화한 유전형질을 제거하기보다는 전 국민(**참고**: 백인만이 아니었다)의 이익을 위해 세 가지 측면에서 개입해야 한다고 주장했다. 그 내용은 ① 이민 심사를 통해 늙고 병든 사람을 골라내기, ② 아동을 대상으로 한 사회보장 정책(아동보호법) 확대하기, ③ 공중보건 증진을 위한 핵심 과제로서 처벌과 치료를 통해 알코올중독에 개입하기였다. 이 제안들이 유럽과 미국의 우생학과 전혀 닮지 않았다는 점이 흥미롭지 않은가?

실제로 1934년에 부에노스아이레스에서 열린 제2차 범미 우생학인종개량회의에서 우루과이의 우생학자들은 인종이 뒤섞여서 퇴화가 일어난다는 설명과 불임화를 단호히 거부했다. 미국에서 온 대표 세 명과 이들을 지지하는 라틴아메리카 우생학자들은 최소한 **자발적** 불임수술을 허용하는 것이 어떻겠느냐고 권했다. 심지어 이들은 이 주장을 뒷받침하려고 라틴아메리카 인종이 퇴화했다는 해리 로플린의 저술을 읽어주기까지 했다. 그러나 눈치 없이 밀어붙이기만 하는 북미 대표들의 태도와 인종차별주의는 남미 대표단을 분노하게 만들 뿐이었다. 이 회의 이후 우루과이의 '우생학'은 유럽-미국의 영향권 내에 있는 다른 국가들과는 판이하게 다른 양상을 띠게 되었다.[28]

이 사례들에서 알 수 있듯이 대공황이 시작될 무렵에는 국제 우생학 네트워크가 전 세계에 퍼져 있었다. 우생학이 모든 국가에서 동일한 양상을 띤 것은 아니지만 국제 우생학 네트워크는 전 세계 의학계와 과학계에 촉수를 뻗쳤다. 이 네트워크에서 영국의 영향력은 서서히 줄었고, 뉴욕에서 캘리포니아까지 이어진 미국 우생학 트라이앵글이 강력한 영향을 미쳐 도쿄와 케이프타운, 부에노스아이레스에서 유사한 우생학 관행이 시작되었다. 그러나 얼마 지나지 않아 독일이 미국의 강력한 정책을 능가하며 우생학 역사상 가장 악명 높은 시기의 대표적 악당으로 부상하게 된다.

11장

미국을 다시 하얗게

미 국회의원 앨버트 존슨Albert Johnson은 미국 이민 제도를 개편하겠다는 자신의 계획에 과학적 근거를 마련하고자 뉴욕 우생학기록사무소의 해리 로플린을 영입했다. 존슨은 미국을 그랜트가 말한 '위대한 인종'의 고향으로 영원토록 남기기 위해 우생학의 이름으로 엄격한 이민 정책을 통과시키려 했다. 그리고 지극히 뿌듯한 성과를 냈다. 이를테면 제2차 세계대전 중 나치의 박해가 극심해진 바로 그 시기에 존슨-리드 법에 따라 유대인의 미국 입국이 엄격히 제한되었다. 이는 백인 인종을 정화하겠다는 거대한 국제 계획의 일환이었다.

공화당으로 출마해 워싱턴주 제3선거구에서 당선된 존슨은 로플린처럼 중서부에서 자랐고 코네티컷주 뉴헤이븐에서 기자로 일하다가 타코마로 이주했다. 그리고 1913년에는 지역의 독선적인 미디어 선동가로 유명세를 떨쳤다(그는 《그레이스 하버 워싱터니언》의 편집자였다). 존슨은 진실을 멋대로 왜곡했지만 그가 미디어에 쏟아내는 장광설이 시끄럽고 격해질수록 점점 더 세력을 얻었고, 그렇게 결국 정치에 입문했다. 그 역시 정치인답게 이랬다저랬다 말을 바꾸는 능력이 대단했다. 덕분에 어느 인기 있는 입장에서 정반대의 입장으로 춤추듯 자연스레 태세를 전환할 수 있었고, 영향력 있는 유권자들이 생각을 어떻게 바꾸든 모든 입장을 똑같이 맹렬하게 옹호할 수 있었다. 그는 열 번의 선거에서 자기 의석을 지켰다.

그러나 여론과 상관없이 존슨이 입장을 고수하는 사안이 하나 있었다. 존슨은 이민자들을 참아줄 수가 없었다. 다행스럽게도 백인 유권자들은 언제나 그의 입장에 동의했다. 존슨은 아시아인이 백인을 밀어내려 한다며 그랜트와 스토더드가 말한 '황색 위험'에 대한 공포심을 부추겼다. 동아시아에서 온 이민자들 ― 존슨은 남몰래 이들을 자택 가정부로 고용했다 ― 은 특히 정치인 존슨의 심기를 건드렸다. 존슨은 다른 백인들이 외국인을 학대하는 것을 실제로 목격했다. "아시아에서 온 노동자들은 우리에 갇혀서 하급 노동자 취급을 받았고, 철로 작업 현장으로 떠밀렸다." 다만 존슨은 이런 비인간적인 대우를 문제 삼지 않았다. "일본인 노동자들을 이곳으로 데려오기 위해 **보상**이 제공되었다."[1] 존슨은 처음에는 자기 미디어를, 그다음에는 자신의 정치적 노선을 이용해 비백인이 백인에게 받는 처우가 아닌 비백인의 존재 자체를 소리 높여 비난했다. 그의 지지자들은 갈수록 늘어났다.

존슨은 기업 친화적인 공화당원이었지만 워싱턴주 아시아배제연맹Asiatic Exclusion League과 손잡았고, 1907년 9월에 워싱턴 벨링햄에서 백인 블루칼라 노동자 500여 명이 다른 남아시아인 블루칼라 노동자들을 캐나다로 쫓아낼 때 자신도 그 현장에 있었다고 주장했다.[2] 그는 정치 엘리트로 자리매김하는 결정적 계기가 된 자신의 연설에 '알래스카 수호: 백인 인종의 통합과 세계 평화의 문제'(1913)라는 제목을 붙였다. 이 연설에서 그는 순수한 백인 단일민족국가를 이루겠다는 희망과 그 희망을 현실화할 계획을 명확하게 드러냈다. 존슨은 자신이 1920년대 북서부에서 세력이 급증한 KKK의 새하얀 가운을 소유하고 있다는 사실을 결코 인정하지 않았다. 그러나 그는 한결같이 백인 우월주의를 열렬히 지지했으며 KKK도 이에 보답했다. 그들은 존슨의 재선을 매번 정치 강령의 핵심 사안으로 삼았고, 존슨은 그 '영광'을 늘 자랑스레 받아들인 유일한 의원이었다.[3]

나는 아시아 대부분 지역에서 발생하는 극심한 생존 경쟁이 ……

     3부 인종을 청소하다

다른 국가로까지 퍼져서는 안 된다는 [범아리아주의의] 입장이다.
…… 아시아인 이민 문제는 백인 인종의 생사가 달린 문제다.

— 앨버트 존슨, 하원 연설(1913)[4]

의회에서 두 번의 임기를 마친 존슨은 화학 지식이 전혀 없었음에도 제1차 세계대전 중 몇 달간 새로 창설된 화학전 부대의 대위로 임명되었다(그러나 그가 워싱턴DC에 있는 자기 사무실을 잠시라도 떠났다는 증거는 전혀 없다). 민간인 신분으로 돌아온 그는 군대에서 얻은 이 명성을 이용해 마침내 자신의 성배를 차지했다. 미 하원 이민귀화위원회의 의장이 된 것이었다. 이 자리에서 그는 비백인의 미국 입국을 초장에 막을 수 있었다.

존슨은 자연스레 우생학자 로플린을 자기편으로 여겼다. 이 감정은 쌍방향인 것으로 드러났다. 약 한 세대에 걸쳐 반향을 일으킨 둘의 상호 거래에서 존슨은 로플린의 과학적 근거를 바탕으로 특정 집단은 미국의 백인 개신교 문화에 **생물학적으로** 동화될 수 없다고 주장하며 이들을 배척했다. 로플린은 존슨의 영향력을 이용해 비백인 집단에 정신박약과 도덕 장애 문제가 있다는 인식을 퍼뜨렸고, (별로 인기가 없는) 생식기 수술을 더 널리 시행해야 한다는 우생학자들의 소망을 이민자를 비난하는 (꽤 인기 있는) 국가 담론 안에 주입했다.

1921년, 이민귀화위원회는 로플린의 핵심적 지원과 그랜트의 홍보에 힘입어 미국 사회에서 전례가 없는 엄격한 이민 제한 정책을 세우고 의회와 백악관의 동의를 얻어내는 데 성공했다. 존슨이 이끈 이 위원회는 1910년에 딜링햄위원회가 처음 제안한 긴급이민할당법Emergency Quota Act을 공식화했다. 그러나 윌리엄 폴 딜링햄이 이민을 적당히 제한하려 했던 것과 달리, 앨버트 존슨은 위원회가 "도대체 무슨 일이 벌어지고 있는지" 파악할 때까지 미국으로의 이민을 "전면 중단"할 것을 요구했다.[5]

존슨이 속한 공화당 내에서 기업의 이익을 대변하는 세력은 이 정책의 영향으로 저임금 노동력이 줄어드는 것을 싫어했다. 결국 존슨은 한 발짝 물러나 매년 국가별로 1910년 인구조사 자료에 기록된 인구수의 3퍼센트까지 입국을 허용하기로 했는데, 이는 유럽인을 적극 우대하고 아시아인과 아프리카인을 거의 배제하는 처사였다. 편견이 심했던 우드로 윌슨 대통령조차 이 법안이 세계대전 이후 국제 협력 회복에 방해가 된다며 반대하고 나섰다. 그러나 윌슨의 뒤를 이어 대통령에 당선된 공화당 출신 하딩은 이런 양심의 가책을 전혀 느끼지 않았다. 하딩은 의회 특별회기를 소집해 긴급이민할당법을 통과시켰고, 서명을 끝내자마자 즉시 항구에 명령을 내려 배에 탄 이민자들을 말 그대로 바다에 돌려보냈다. 1920년에 미

국에 입국한 이민자 수가 80만 명이었던 것에 반해 1922년에 그 수는 겨우 30만 명이었다.[6]

그러나 존슨은 여전히 만족하지 못했다. 1924년에 그는 '부적자' 제거라는 우생학적 목표와 백인 우월주의 사이의 연관성을 역사상 그만큼 정치 권력을 지녔던 그 어떤 미국인보다도 더 명백하게 드러냈다. 존슨이 이끈 위원회는 피츠버그 출신인 보수의 새 얼굴 데이비드 에이킨 리드David Aiken Reed 상원의원과 협력해 전보다 더 엄격한 존슨-리드 법을 마련했다. 이 법안이 통과되면서 — 유전적 결함이 있거나 유대교를 믿거나 백인이 아니라는 이유 등등으로 — 부적합하다고 간주된 거의 모든 사람이 미국에 입국할 수 없게 되었다. 1922년에 이미 30만 명으로 줄었던 이민자 수는 연간 15만 명으로 급락

이민을 제한하는 존슨-리드 법에 서명하는 캘빈 쿨리지 대통령(1924)

했다. 게다가 이 중 10만 명 이상이 북유럽의 백인 거주지 출신이었다.

대공황 이후의 정치적 격변으로 존슨은 마침내 자리에서 쫓겨났다. 그러나 존슨이 로플린의 과학적 토대 위에 남긴 우생학의 유산 탓에 동유럽 유대인 수천 명이 나치의 억압을 피해 도망치는 동안 미국은 달갑지 않은 이민자들을 계속해서 배척했다. 미국은 닫혔던 문이 인권운동으로 겨우 열리기 전까지 40여 년간 아프리카인과 아시아인, 태평양제도민, 그 밖의 비백인을 사실상 전면 거부했다.

> 오늘날 [이민에 대한] 개념이 미약하게나마 눈에 띄게 개선되기 시작한 국가가 하나 있다. 물론 그 국가는 모범이 되어야 할 우리 독일 공화국이 아닌 미국이다.
> — 아돌프 히틀러[7]

로플린은 존슨-리드 법을 순수한 인종을 위한 위대한 승리로 치켜세웠으며, 이 정책의 여파는 남은 20세기와 21세기 내내 이어졌다. 예를 들면 도널드 트럼프가 법무장관으로 지명한 제프 세션스는 2015년의 한 라디오 인터뷰에서 1924년의 존슨-리드 법을 찬양했다. 비백인의 이민을 저지하고 우생학자들이 상상한 미국의 모습에 부합하는 이들만 흡수한 덕분에 "탄탄한 미국 중산층"이 생겨났다는 것이었다.[8] 1965년에 린든 B. 존슨 대통령의 도움으로 이 법안이 폐지되면서 비백인이 미국으로 들어올 수 있는 문이 다시 열렸다. 21세기에 세션스는 미국이 "이대로라면 1924년에 비할 수 없을 만큼 이민자 수가 급증할 것"이라며 개탄했다. 세션스는 1920년대처럼 비백인에게 다시 이민 할당량을 적용하는 것이 곧 미국을 다시 위대하게 만드는 길이라고 생방송에서 넌지시 내비쳤다.

아이러니하게도 노르웨이와 스웨덴, 아이슬란드, 덴마크, 네덜란드의 '노르딕' — 앨버트 존슨 하원의원과 KKK 가운을 걸친 그의 동지들이 미국으로 이민 오길 **바랐던** 사람들 — 역시 존슨-리드 법 이후로 원래 왕성했던 인구 유입이 급감했다.[9] 1960년대 중반에 의회에서 이 법안을 폐지한 것은 전과 달리 인종 및 민족 다양성을 소중히 여기게 되어서라기보다는 아마도 이러한 사실 때문일지 모른다.

12장

나치와의 연관성

과학과 인종과 우생학의 역사에서 모든 길은 나치로 통한다. 열띤 논쟁이 길어지면 결국 상대방을 나치에 비유하게 된다는 단순한 고드윈의 법칙을 말하는 게 아니다.[1] 인종 과학이나 우생학이라는 단어를 듣기만 해도 거의 모두가 자동으로 머릿속에 나치를 떠올린다. 우리는 역사상 인류가 저지른 가장 혐오스러운 짓들을 거의 본능적으로 히틀러의 독일과 연관 짓는다. 우리가 나치의 우생학을 **너무 많이** 안다는 것. 바로 이것이 하나의 문제다. 할리우드와 대중문화는 나치의 극악무도함을 한층 증폭시켰고(가령 나치가 좀비를 소환해내는 식으로), 나치 의사들을 우리와 같은 보통 사람이 아닌 이질적인 존재로 만들었다. 히틀러와 괴벨스, 멩겔레, 괴링 같은 악인들이 홀로코스트를 조직하긴 했지만 그 거대한 장치를 가동하고 매일 운영한 것은 평범한 사람들이었으며, 평소에 그들은 똑똑하고 유능하고 책임감 있고 말끔하고 근면한 사람, 더 나아가 '다정한' 사람이었다.

나치의 위협적 우생학은 다른 국가 — 나치와 싸워 강제수용소를 해방시킨 국가들도 마찬가지였다 — 에서 수십 년간 축적된 편견이나 국내외 정책과 우리 생각만큼 그리 다르지 않았다. 물론 독일의 과학은 독자적으로 발전했다. 그러나 동시에 독일의 인종위생/인종청소Rassenhygiene는 사람들의 정서와 통계, 더 나아가 1930년대와 1940년대에 사용된 용어를 하나로 모으는 과정에서 영국과 특히 미국의 과학자, 의사, 선동가에게 크게 의지했다. 로스럽 스토더드의 '열등인under-man' 딱지는 자연스럽게 운터멘쉬Untermensch로 번역되어 우생학 선전 전단을 통해 독일 전역에 퍼져나갔다. 수십 년 뒤 미국의 생물학자 조지프 그레이브스는 "아우슈비츠-비르케나우로 향하는 길은 뉴욕 콜드스프링하버의 우생학기록사무소를 거쳐갔다"라는 말로 이러한 전개를 깔끔하게 요약했다.[2]

그뿐만이 아니다. 아마도 이것이 가장 나쁜 소식일 텐데, 나치가 강제수용소 병동에서 날카롭게 벼려온 신념들은 제3제국이 붕괴했다고 즉시 또는 영원히 사라진 것이 아니었다. 우리가 제3제국의 흥망성쇠와 결부해서 생각하는 유대인과 이민자, 장애인, 유색인에 대한 편견은 완전히 죽지 않고 비틀거리며 되살아나 오늘날의 정책, 더 나아가 일상생활에까지 파고들었다. 그 여파에 대해서는 뒤에서 더 자세히 다루겠다.

어쩌면 우리는 가장 불편한 질문에 영영 답할 수 없을지도 모른다. 다양한 인간 집단의 관련성 — 또는 차이 — 에 대한 생각은 어떤 과정을 거쳐 조직적 대량학살이라는 프랑켄슈타인의 괴물로 변하는가? 이 질문의 답을 찾을 수 없다 해도 여전히 우리는 그 실타래를 따라가야 한다. 결국 이루 말할 수 없이 끔찍한 형태로 엮이고 만 그 실타래를 말이다.

적과 손잡다

1920년대 초, 찰스 대븐포트는 영국 우생학의 대표 주자인 레너드 다윈 소령의 반대에도 불구하고 상설국제우생학위원회Permanent International Eugenics Commission를 설립했다. 벨기에 브뤼셀에서 열린 첫 회의에는 독일 우생학의 네 거두 알프레트 플뢰츠, 에르빈 바우어, 프리츠 렌츠, 오이겐 피셔가 참석했다. 1922년 초까지만 해도 전후에 '우생학'이라는 이름 아래 인간 번식 개선을 위한 운동을 재개할 수 있을 듯 보였다. 그런데 그때 대븐포트가 일궈온 모든 것이 불현듯 무너지기 시작

　　　3부 인종을 청소하다

했다.

제1차 세계대전이 끝나고 1919년에 베르사유 조약을 체결하면서 독일은 아프리카계 프랑스인 군대가 주둔하지 않는다는 조건으로 라인란트를 포기했다. 그러나 프랑스 정부는 연합군 편에서 목숨 걸고 싸운 세네갈 지도자들과의 약속을 지키기 위해 프랑스군과 더불어 소수의 세네갈 및 북아프리카 출신 군인들을 라인란트에 배치했다. 독일 우익 단체들은 '새까만 야만인들'이 머지않아 힘없는 독일 여성들을 덮칠 거라며 항의했다. 1920년과 1921년에 영국 언론인 에드먼드 D. 모렐과 미국 배우 레이 베버리지는 성욕이 과도한 아프리카인이 백인 여성을 강간할 것이고 프랑스 점령군은 패배한 적국인 독일에게 또 한 번 칼을 꽂기 위해 이를 모른 척할 것이라며 미국과 영국, 독일의 청중에게 공포를 주입했다. 사람들은 이 상황에 '검은 공포', '라인강의 검은 치욕'이라는 이름을 붙였다. 고비노가 한 세대 전에 주장한 것처럼 프랑스인의 인종 간 번식으로 발생한 퇴화의 특성이 아리아인의 독일로까지 퍼져나갈 터였다. 이들의 선전이 큰 효과를 발휘하면서 뉴욕이나 런던처럼 멀리 떨어진 곳의 거리에서도 프랑스에 세네갈인 병력을 철수하라고 요구하는 대규모 시위가 터져 나왔다.[3]

1922년에 독일은 베르사유 조약에 따라 배상금으로 지급해야 했던 석탄과 목재를 지급하지 못했다. 이에 따라 비백인 병사 수가 비교적 적었던 연합군은 1923년 1월에 동쪽으로 밀고 나가 광산 지대인 루르를 점령했다.[4] 예상대로 보훔과 도르트문트, 에센 같은 도시에서 인종이 뒤섞여선 안 된다는 항의가 빗발쳤다. "검은 역병Die schwarze Pest이다!" "검은 치욕Schwarze Schmach이다!" 유럽과 미국 전역에 배포된 책과 소책자, 신문 기사에서 우생학자들은 이 구절을 재차 외쳤다.[5] 분노한 독일 우생학자들은 영국과 프랑스, 미국 우생학자들과 협조하지 않기로 결정하고 이제 각자의 길을 가자며 대븐포트의 우생학 네트워크를 탈퇴했다. 그러나 대븐포트는 굴하지 않고 다시 한 명 한 명을 설득해 나갔다.

한편 우생학 트라이앵글의 회원들은 캐나다, 스칸디나비아 국가, 헝가리, 폴란드, 발트해 국가, 체코슬로바키아, 스위스 등을 설득해 우생학 운동에서 독일의 빈자리를 채웠다. 그러나 우생학이라는 용어를 처음 만든 골턴의 고향이자 유니버시티칼리지런던에 최초의 대학 부설 우생학 연구소를 설립한 국가인 영국은 정반대 방향으로 나아가며 망명법을 마지못해 통과시키고 불임화를 피하는 모습을 보였다. (1940년대에 영국에서 가장 유명한 유전학자들은 가장 완고한 우생학자이기도 했는데, 이들은 자국의 "미약하고 허술한" 우생학 정책을 개탄했다.[6]) 1920년대 초반부터 중반까지 독일인들은 이 우생학 집단과 단호히 거리를 두고 멀리 떨어져 있었다. 국제 우생학 운동이

　　　　3부 인종을 청소하다

진정으로 활발하게 벌어질 날은 한동안 아예 오지 않을 것 같았다.

그러나 1920년대 중반이 되자 대븐포트는 1924년의 존슨-리드 반이민법과 버지니아주의 인종 간 결혼 금지법, 그랜트의 『위대한 인종의 소멸』(1916), 스토더드의 『유색인의 물결』(1920)과 『문명에의 반란』(1922)을 미국이 인종에 기반한 진정한 우생학에 헌신한다는 사실을 보여주는 사례로 자랑스레 내세울 수 있었고, 이를 통해 마침내 독일을 국제 우생학 운동에 다시 끌어들일 수 있었다. 그전까지는 독일인의 눈에 우생학자들이 백인 우월주의를 분명하게 따르지 않는 것처럼 보였다면, 아마도 대븐포트가 내세운 지표들 — 그리고 그의 뚝심 — 이 유효하게 작용했을 것이다.

이런 국제적 혼란의 한가운데에서 독일 내 다른 세력들은 인종 문제를 더 중요한 정치 쟁점으로 만들려고 애쓰고 있었다. 스위스와 독일에서 우생학과 정신의학 도서를 출판하던 부유한 출판업자 율리우스 프리드리히 레만은 1920년대 초반에 우연히 그랜트의 『위대한 인종의 소멸』 영문판을 접했다. '유럽 역사의 인종적 기반'에 대한 그랜트의 설명과 그 내용을 국제정치로 확장한 스토더드의 설명을 읽은 레만의 머릿속에 반짝 불이 켜졌다. 레만은 아리아인이 위험에 처한 현 상황에서 범죄자와 결함 있는 자, '허약자'와 '가치 없는 인종 유형'을 불임화하지 않는다면 그 밖의 다른 어떤 조치로도 결국 문명의 종말을 막을 수 없다고 판단했다. 레만은 그랜트와 스토더드에게서 얻은 그럴듯한 과학적 언어로 마침내 그동안 자신이 찾아온 것, 바로 수술을 통해 백인 인종을 정화하기 위한 명분과 그 역사를 설명할 수 있게 된 것이었다.

레만은 이러한 생각을 독일어권 중부 유럽에 최대한 널리 퍼뜨리고자 비밀 결사인 '툴레협회Thule-Gesellschaft'를 적극 뒷받침하고 홍보했다. 이 협회는 일부 지역의 경우 고비노협회의 토대 위에 세워졌으며, 히틀러와 독일 노동자당이 점차 권력을 잡는 데 일조했다.[7] 레만은 인종 퇴화와 유대인의 음모, 부정한 마르크스주의의 확산 때문에 독일이 제1차 세계대전에서 패배했다는 주장을 쏟아냈다. 그리고 이러한 내용의 팸플릿을 귀환한 병사나 애도하는 군인 가족이 읽을 수 있도록 병원 진료실과 대기실의 눈에 잘 띄는 곳에 배치했다. 또한 레만은 자기 출판사를 통해 그랜트의 『위대한 인종의 소멸』 독역본을 부리나케 홍보했다. 《인종·사회생물학 아카이브Archiv für Rassen und Gesellschaftsbiologie》와 《인류와 인종Volk und Rasse》의 편집장이 되어 1920년대 독일 전역에서 갈수록 증가하던 백인 우월주의 문헌에 명망 있는 과학 저널을 추가하기도 했다.[8]

1927년, 레만의 선전물이 효과를 발휘하는 한편 벅 대 벨 재판이 국제적 뉴스가 되면서 대븐포트는 마침내 전 세계의

　　　3부 인종을 청소하다

세력을 한데 모아 영향력 있는 국제우생학기구연맹을 설립했다. 연맹은 독일을 공식 우생학계에 끌어들이고자 1934년에 제네바에서 첫 회의를 개최했다. 대븐포트는 또한 인종 혼합과 퇴화를 연구하는 연맹 내 특별위원회 의장으로 오이겐 피셔를 선임했다.

피셔는 1920년대 이전부터 독일 과학계와 우생학계의 전설적 인물이었기에 특별위원회를 이끌기 적합한 재목이었다. 그는 제1차 세계대전 이전과 전쟁 당시 독일군이 점령한 서남아프리카(나미비아)에서 인종 혼합을 감시하는 최고심문관으로 근무한 이력이 있었다. 이 지역 강제수용소에서 독일군은 나마인과 헤레로인 수만 명을 학살했는데, 이는 중부 유럽에서 강제수용소가 운영된 시점보다 한 세대나 더 앞서 발생한 일이었다.[9] 1923년부터 1927년까지 피셔는 새로 생긴 카이저빌헬름인류학·인간유전학·우생학연구소Kaiser-Wilhelm-Institut für Anthropologie, menschliche Erblehre und Eugenik의 소장직을 맡았다. 소장으로서 그는 서남아프리카에서 강탈한 표본이 다수 포함된 세계 최대 규모의 두개골 및 뇌 표본에 접근할 수 있었다. 이 두개골 표본들을 초석으로 삼아 독일에서 점점 성장 중이던 우생학 운동의 교재가 제작되었다. 에르빈 바우어와 오이겐 피셔, 프리츠 렌츠가 집필한 『인간 유전과 인종위생의 원리』는 1921년부터 1940년까지 다섯 차례 개정판이 출간되었다.

『인간 유전과 인종위생의 원리』는 결국 히틀러의 손에 들어갔다. 그랜트와 스토더드의 저작을 비롯해 레만의 출판사에서 퍼뜨린 인종 혼합과 퇴화, 우생학에 관한 선전물도 마찬가지였다.[10] 의미심장하게도 이 출판물들에서 발췌한 인용문이 『나의 투쟁』 여기저기에 등장한다. 히틀러는 피셔의 제자였던 한스 F. K. 귄터의 저서도 높게 평가했는데, 그중 하나인 『독일 민족의 인종학』(1922)은 레만 출판사에서 나온 또 하나의 베스트셀러가 되었다.

스스로를 '인종위생학자'라 칭하며 피셔와 귄터의 책을 광범위하게 인용하는 나치 우생학자 열 명이 독일 대표단 자격으로 대븐포트의 국제우생학기구연맹 첫 회의에 참석해 즉시 존재감을 드러냈다. 1년 뒤인 1935년, 이들 대부분이 베를린에서 열린 국제인구문제과학조사연합International Union for the Scientific Investigation of Population Problems의 세계인구회의에 참석했다. 1930년

인류학자이자 독일 우생학계의 중심인물이었던 오이겐 피셔가 1934년 나치 집회에 참석한 모습

　　　3부 인종을 청소하다

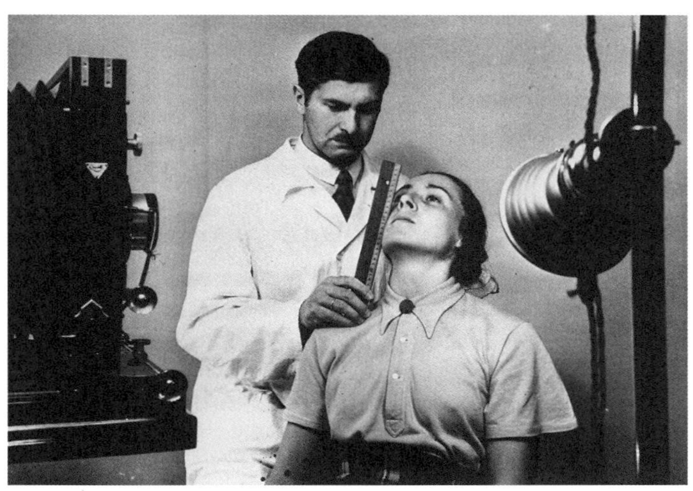

인종 검사를 받으며 얼굴 모양을 측정하는 젊은 독일 여성

대와 1940년대에 '인구통제'는 백인 우월주의적인 우생학 사상과 뒤얽혀 있었고, 앞으로 살펴보겠지만 제2차 세계대전이 끝난 뒤에도 그 연결 고리는 완전히 끊어지지 않았다.

1935년 회의에서 나치 과학자들은 미래가 어둡다는 사실을 인정하면서도 해결책이 바로 눈앞에 있다고 주장했다. 그 이름이 '우생학'이든 '인종위생'이든 새로 등장한 인기 용어인 '인구통제'든 간에, 독일 — 사실상 전 유럽 — 은 이미 일어나고 있는 문명의 퇴화 앞에서 그저 거드름 피우며 손만 비비고 있을 것이 아니라 미국 의사들이 개척한 길을 따라 바람직하지 않은 자들을 제거해야 했다. 미국에서 건너온 문헌에 푹

빠져 있던 독일의 한 우생학자는 과감한 조치를 취하지 않으면 "백인은 멸종할 것"이라고 경고했다.[11]

13장

600만 명을 살해하다

1936년에 프랭크 캐프라 감독의 고전 영화 〈어느 날 밤에 생긴 일〉이 처음 공개되었다. 배우 진저 로저스와 프레드 아스테어가 출연한 경쾌한 블록버스터 〈스윙타임〉도 같은 해 개봉했다. 그러나 그해 미국 전역의 학교와 교회에서 성인과 어린이 수천 명에게 틀어준 영화는 그와는 완전히 다른 종류의 것들이었다. 그 영화들은 소리가 없었고 유명 배우도 등장하지 않았다. 그저 일상을 살아가는 평범한 사람들과 건물을 찍은 장면이 저화질로 빠르게 전환될 뿐이었다.

그중에서도 가장 많이 상영된 영화는 〈유산Das Erbe〉(1935)과 〈유전적 결함Erbkrank〉(1936)으로, 두 영화 모두 나치 선전기관에서 제작했다.[1] 해리 로플린이 이 영화들을 미국에 들여왔고, 미국인 파시스트 위클리프 드레이퍼Wickliffe Draper(뒤에서 다시 만나게 될 것이다)를 비롯해 우생학 국제 대회들을 후원한 명문가 부자들에게 자금을 지원받아 순회 상영회를 개최했다.[2]

〈유전적 결함〉의 첫 장면에서는 대도시의 공동주택 앞에서 어린이들이 놀고 있다. 이 도시는 뉴욕일 수도, 런던이나 베를린일 수도 있다. "범죄자와 저능자 들이 주정뱅이의 후손들이 살아갈 궁전을 짓는 동안 노동자와 농민 들은 처량한 오두막에 만족해야 한다"라는 자막이 흘러나온다. 다른 장면에서는 공원에서 중년 여성 10여 명이 환하게 웃으며 대화를 나누고 있다. 그러나 몸을 움직이는 모양새들이 어딘가 이상하다. 자신들이 찍히고 있음을 깨달은 한 명이 화를 내며 카메라맨에게 다가간다. 영화는 이들의 모습을 비추며 "유대인은 똑똑한 괴짜의 비율이 유독 높다"라고 설명한다. 또 다른 장면에서는 일렬로 줄 선 채 웃고 있는 정신장애 아동들을 직원들이 병원 안으로 데려간다. 자막은 "정신병자 수는 지난 70년간 450퍼센트 증가했다. 약 50년 뒤에는 정신이상자의 비율이 건강한 사람 네 명당 한 명이 될 것이다"라고 경고한다. 더 많은 정보가 화면 위에서 번쩍이며 술주정뱅이와 퇴화자, 범죄자가 납세자의 세금을 얼마나 많이 낭비하는지 보여준다. 영화의 설명에 따르면 한때는 어디서나 생존 경쟁이 벌어지며 이들의 수가 제한되었다. 그러나 오늘날에는 그릇된 기독교 자선단체가 이들을 지원하고 심지어 증식을 용인한다! 이 "쓸모없는 식충이들"을 강제 불임화하면 자연의 균형을 되찾고 시민의 돈을 더 아낄 수 있다. 바람직하지 않은 자들을 향한 두려움과 이기심에 대한 호소는 영화 내내 과학에 대한 믿음과 애국심으로 포장되어 가려져 있다. 〈유전적 결함〉은 황금률을 재해석하며 "이웃을 향한 진짜 사랑은 유전 질환이 있는 후손의 탄생을 막는 것"이라고 설명한다.

로플린이 들여온 나치 선전영화를 본 미국의 어린이, 교사, 부모, 교장, 목사, 시민 지도자 들은 박람회나 박물관의 우생학 전시에서 이미 비슷한 메시지를 접한 적이 있었는지도 모른다. 그러나 괴벨스 같은 선전가들이 통제권을 잡은 독일에서 퇴화를 향한 오랜 공포와 우생학의 약속은 도덕 이야기로 포장된 새로운 문화적 서사가 되었다. 〈과거의 희생자:

정신질환자를 살려두는 비용이 너무 높다고 성토하는 나치의 선전 포스터. 포스터는 "동지들이여, 이게 다 여러분의 돈입니다"라고 대놓고 선언했다.(1937년경)

피와 인종에 대한 죄악Opfer der Vergangenheit: Die Sünde wider Blut und Rasse〉(1937)은 레니 리펜슈탈의 더 유명한 선전영화[〈신념의 승리〉(1933)와 〈의지의 승리〉(1935)를 가리킨다—옮긴이]에 견줄 만큼 수준이 높았고 히틀러에게 극찬을 받았다. 병을 앓는 아내가 안락사를 요청하고 독실한 남편이 그 요구를 거의 거절할 뻔하는 감동적인 내용의 할리우드급 영화 〈나는 고발한다Ich klage an〉(1941)는 베를린에서 스포트라이트를 받으며 개봉한 뒤 독일 전역의 영화관에서 상영되었다. (비평가들의 극찬을 받은 클린트 이스트우드의 2004년 영화 〈밀리언 달러 베이비〉는 〈나는 고발한다〉에서 큰 영감을 받은 작품으로, 역시 마지막에 감동적인 안락사 장면이 나온다.) 이 영화들은 묻는다. **왜 국가가 쓸모없는 자들을 돌봐야 하고 퇴화한 자들의 번식을 허용해야 하는가?** 본인이나 가족 또는 친절하고 유능한 의사가 모두에게 최선이라 판단할 경우, 불량한 자들의 증식을 막고 결함 있는 자들을 안락사하는 것이 문명에도 백인 인종에게도 또 납세자에게도 더 좋은 ─ 더 자비롭고 더 **기독교적인** ─ 선택 아닌가? 물론 이 메시지는 이미 수십 년 전부터 있던 것이었다. 다만 이 선전영화들은 단순히 유전과 퇴화에 관한 과학적 메시지를 소개한 것이 아니었다. 이 영화들은 다른 국가에서 빌려온 우생학 의료 기술을 가리는 은폐물 역할을 했다.

독일, 오스트리아, 체코슬로바키아 주데텐란트 지역, 폴란

       3부 인종을 청소하다

드의 인종위생학자와 그들의 의사 동료 들은 수십 년 전부터 홍보되었으나 미국의 일부 지역에서만 실행된 이러한 신념을 막후에서 이미 무서울 만큼 효율적으로 실천하고 있었다.

T4 작전

역사학자들은 홀로코스트 당시 독일 국가사회주의(나치주의)가 얼마나 비인간적이었는지를 주제로 수많은 책과 에세이를 썼다. 그러나 유럽에 죽음의 수용소가 등장하기 전에 독일에서 발생한 우생학 운동은 지금도 제대로 조명되지 않고 있다.

히틀러가 총리로 취임하고 몇 달 지나지 않은 1933년 여름, 독일은 유전병후손예방법을 도입했다. 대븐포트의 우생학 대회에 참가했던 에른스트 뤼딘이 주로 문안을 작성한 이 법은 해리 로플린의 표준 단종법과 상당히 유사했다. 사실 독일의 단종법은 미국의 표준법보다는 **덜** 엄격했다. 미국 우생학자들이 만든 법과 관행으로는 범죄자들, 그리고 술을 적당히 마시는 이들까지도 불임화의 대상이 될 수 있었다. 나치의 사법 체계는 1930년대 내내 미국의 반이민법과 인종분리법을 차용하고 수정했다.[3] 그러나 독일은 분권화된 미국에서는 절대 지속될 수 없는 효율적인 체계를 구축했다. 독일의 선전영화는 자국 우생학자들의 법적·의학적 노력을 정당화하고 동원하는 데 핵심 역할을 했다.

> 독일은 캘리포니아가 25년간 쌓아온 불임수술 세계 기록을 겨우 몇 달 만에 넘어섰습니다. …… 독일의 방식을 보고 배워야 합니다.
> — 찰스 M. 괴테(캘리포니아의 부동산 거물이자 캘리포니아주립대학교 새크라멘토 캠퍼스 설립자), 새크라멘토2030클럽 연설(1938)[4]

1934년에서 1944년 사이, 제3제국은 불임화 판결을 위해 거의 200곳에 달하는 유전건강법원을 세웠다. 우생학을 공부한 의사 두 명과 지방 치안법원에서 데려온 판사 한 명이 엄격하게 판결을 내렸다. 항소 절차는 간단했고 미국과 달리 불임수술을 명령받은 사람 다수가 실제로 항소했다.[5] 『유색인의 물결』로 이런 사태를 초래하는 데 일조한 스토더드가 한 유전건강법원의 판결을 참관하기도 했다.[6] 우생학 법안을 도입하고 첫 2년간 독일 의사들은 미국 우생학자들이 20년간 불임화한 수보다 더 많은 인원에게 불임수술을 실시했다. 1940년대 초가 되자 이 수치는 40만 명을 넘어섰다.[7]

대도시에 사는 인간쓰레기들[에 관해서라면], 100만 명 정도는 처리할 수 있을 것이다.

— 에른스트 베르크만(독일 철학자)[8]

그러나 권력자들의 눈에는 이 절차조차 비효율적으로 보였다. 어쨌거나 우생학자들이 수십 년간 주장해온 대로 퇴화자들은 지금 여기에 존재하고 있었다. 그리고 이들을 돌보는 데는 막대한 비용이 든다. 1938년에 히틀러와 그의 심복들이 전쟁을 준비하기 시작하면서 국가사회주의자들은 유능한 자본주의자처럼 비용을 줄이기로 했다. 이들의 전략은 약자를 대상으로 내전을 선포하는 것이었다. 1940년 독일 순방 때 '인간쓰레기'를 찾아 베를린의 그레나디어슈트라세(현재는 베를린 미테구區의 알름슈타트슈트라세)를 방문한 스토더드는 이 구역의 주민들 대부분이 동유럽 유대인 이민자임을 발견했다. 그는 나치 치하에서 주민들이 "공포에 떨며 우울해하는" 듯 보이는 이유를 이해할 수 있었지만 "이곳엔 온갖 쓰레기가 산다"라며 욕하는 우편배달부와 생각이 다르지는 않았다. 스토더드는 미국의 애독자들에게 우편배달부의 이 반응이 전적으로 타당하다고 전했다.

수년 전 히틀러가 인종주의와 우생학을 상대적으로 강조한 것은 오늘날 독일에서 이 두 주제에 대한 관심이 커지게 된 전조였다.

…… 독일 내에서는 유대인 문제를 일시적 현상으로 여긴다. 이 문제는 이론상으로는 이미 해결되었고, 유대인을 물리적으로 제거함으로써 현실에서도 곧 해결될 것이다. …… 여론은 독일 혈통의 회복을 가장 중요하게 생각하며 다양한 방식으로 추진하려 한다.[9]

스토더드가 이 글을 쓴 것은 '최종 해결책' — 체계적인 유대인 대량학살 계획을 가리키는 나치 지도부의 완곡한 표현 — 이 실행되기 2년 전인 1940년이었다. 그러나 당시 스토더드는 독일의 핵심 세력이 이미 국가 차원에서 할당량을 정해 특정 집단을 학살하자고 제안했고 히틀러가 이에 동의했다는 사실을 알지 못했다. 이들이 댄 근거는 단순했다. 전투로 잃은 우월한 목숨의 생물학적 비용을 상쇄하기 위해 사회적 비용이 드는 열등한 목숨을 희생해야 한다는 것이었다.

1930년대의 불임수술은 1940년에 이르러 '안락사 운동'이라고 할 수 있을 전면적인 대량학살로 대체되었다. 이 운동은 한 통의 편지에서 시작된 것으로 추정된다. 1939년 봄, 라이프치히 외곽의 농장에서 일하는 한 부부가 히틀러에게 편지를 보내 장애가 있는 어린 아들 게르하르트 크레치마르를 안락사 해달라고 요청했다. 변호사들은 그런 요청이 불법일 뿐만 아니라 명백히 비도덕적이라고 생각했다. 그러나 히틀러는 부부의 요청을 승인했고, 의사들은 히틀러의 명령을 따랐다. 아기

   3부 인종을 청소하다

게르하르트의 죽음은 우생학자들이 수십 년간 들인 노력의 최종 결과라고 할 수 있었다. 장애가 있는 아기와 그 혈통이 더 운 좋은 이들에게 짐이 되지 않도록 가난한 부모가 의사에게 아기를 죽여달라고 **간청한** 것이다! 플라톤과 고비노, 우드헐, 골턴, 매컬러 목사, 그랜트, 스토더드, 대븐포트, 심지어 로플린조차 이런 결과는 꿈꾸지 못했을 것이다.

미국과 마찬가지로 독일에서도 우생학의 태풍은 갈수록 빠르게 휘몰아쳤다. 크레치마르 사건으로 여론을 살핀 독일은 정신과 신체에 장애가 있는 사람들에게 '자비로운 죽음Gnadentod'을 안기는 대규모 계획에 착수했다. 총통 비서실장 필리프 보울러와 히틀러의 개인 주치의 카를 브란트는 — 정신과 의사 베르너 하이데와 파울 니체, 생물학자 쿠르트 폴리슈와 에른스트 뤼딘, 보건의료 종사자 30여 명의 지원을 받아 — 베를린 티어가르텐슈트라세 4번지('T4')에 있는 사령부에서 "살 가치가 없는 생명Lebensunwertes Leben"을 체계적으로 몰살하라고 지시했다.

처음에 의사, 간호사, 간병인 들은 독일 어린이 수천 명을 포함한 희생자들을 정신병원에 가두고 굶어 죽게 내버려두었다. 독극물 주사는 너무 비싸서 10만 명이라는 T4 작전(훗날 법원에서 붙인 이름이다)의 할당량을 채울 수 없었기 때문이다. 그러나 굶겨 죽이는 방식은 시간이 너무 오래 걸렸다. 이들은

배관을 이용해 자동차와 버스의 배기가스를 지하실에 주입했
다. 그러나 이 방식도 오래 걸리기는 마찬가지였고, 질식하는
사람들의 비명이 직원들은 물론 인근 주민들까지 너무 괴롭
게 했다. 결국 이들은 정신병원을 대량학살 센터로 개조했다.
독일의 베른부르크와 브란덴부르크, 그라페네크, 하다마르,
하르트하임, 조넨슈타인, 오스트리아의 암슈피겔그룬트와 구
깅에서 원래는 주로 아픈 환자들을 돌봤던 평범한 정신과 의
사, 일반의, 간호사 들이 매일 아침 일어나 옷을 입고 식사를
하고 직장으로 출근해 지하실 '샤워장'에 환자들을 몰아넣고

독일의 안락사 센터, 1940~1945년

독일과 점령지 전역의 T4 작전 센터에서는 홀로코스트 이전에도 환자들을 안락사했다.

   3부 인종을 청소하다

유독한 살충 가스를 주입했다. (프리츠 하버의 실험실에서 새로 개발된 치클론이 가장 효율이 좋았다. 저명한 유대인 화학자인 하버는 제1차 세계대전에서 독가스전을 발명한 인물이었다. 치클론 B는 몇 달 뒤 중부 유럽의 강제수용소에서 하버의 친척 여럿을 포함한 수백 명을 말살하는 데 사용되었다.) 전쟁이 끝날 무렵 독일 우생학자들은 독일 내 시설에서 수감자 총 10만 여명을 학살하고 점령지에서도 최소 10만 여명을 학살해 목표를 초과 달성했다.[10] '부적자' 제거에 이의를 제기한 시민은 거의 없었다.

처벌과 복권

1943년 10월에 열린 모스크바 회담이 끝날 때쯤 루스벨트와 스탈린은 처칠이 '잔혹 행위에 관한 성명'이라는 제목으로 나치의 전쟁 범죄를 비난한 문건에 서명하며 "냉혹한 대량 학살"과 "폴란드 장교들을 대상으로 한 무차별 총살"이라는 표현을 언급했다.[11] 1946년 가을에는 널리 알려진 뉘른베르크 재판이 마무리되며 제3제국의 전범 열두 명이 사형을 선고받았다. 그러나 과학과 의학의 이름으로 자행된 극악무도한 행위를 거론하는 사람은 어디에도 없었다.

1946년에서 1947년으로 이어진 겨울, 뉘른베르크 법정은

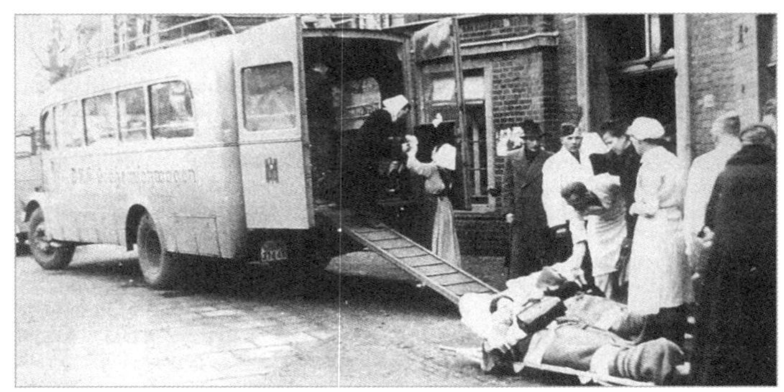

T4 작전의 일환으로 부적격한 정신질환자를 버스에 태워 시설로 이송하는 모습

'의사 재판' 또는 '의료 판결'이라고 불리기도 하는 미합중국 대 카를 브란트 등 판결United States of America v. Karl Brandt, et al.을 위해 두 번째로 개정했다. 이날을 시작으로 10여 차례 이어진 재판은 전원 미국인 판검사의 감독하에 1948년 말까지 계속되었고, 미국 법조인들은 최악의 홀로코스트 집행자와 후원자를 가려내 정의를 구현했다.[12] 마침내 나치 우생학이 마땅한 처벌을 받은 것이었다. 검사는 히틀러의 주치의 카를 브란트를 의사 재판을 둘러싼 정의 구현 담론의 핵심 인물로 보았다. 제3제국 붕괴 후 연합군에 체포된 피고인 스물두 명이 브란트와 함께 재판정에 섰다. 그러나 아우슈비츠-비르케나우에서 비인간적인 쌍둥이 실험을 실시한 것으로 악명 높은 요제프 멩겔레 박사는 체포를 면했고 재판에도 끝까지 회부되지 않았다. 재판부는 기압을 급속히 낮추고 급속히 네이팜으로 화

3부 인종을 청소하다

상을 유발하고 시약을 실험하고 고통을 유발하는 치명적인 질병을 일부러 감염시키는 등의 생체 실험을 한 혐의로 의사들을 기소했다.

물론 전부 끔찍한 짓이었다. 그러나 이번에도 '우생학'이라는 단어는 기소 혐의 목록에 결코 등장하지 않았다. 기소장에는 타국의 민간인에게 가한 행위만 언급되었을 뿐, 애초에 사람을 실험용 쥐처럼 취급하게 된 배경인 윤리의 재범주화와 비인간화는 전혀 논의되지 않았다.

독일의 피고인 중 한 명 이상이, 자신들이 행한 의료 개입이 현재 전쟁범죄로 규정되었기는 하나 연합국이 재소자와 시설 수감자에게 시행한 의료 실험과 완전히 똑같지는 않더라도 매우 유사하다는 사실을 씁쓸하게 지적했다. 판사들은 환자가 동의 여부를 선택할 수 없었기 때문에 독일에서 있었던 실험들은 불법이라고 주장했다. 나치 피고인들은 이렇게 맞받아쳤다. **아, 미국에서도 우생학 운동의 일환으로 완전히 똑같은 일이 벌어지지 않았던가요?** 지금 벌어지고 있는 의사 재판도 전 세계가 인정하는 도덕률에 의거하는 지당한 기소가 아니라 '힘이 곧 정의'임을 보여주는 사례가 아닌가? 독일 의사들이 재판을 받은 것은 독일군이 런던이나 워싱턴DC로 진군한 게 아니라 연합군이 베를린으로 진군했기 때문이었다. 미국 재판부 — 전부 미국인이었다 — 는 이러한 역설을 대체로 언급하지 않고 지나갔다.

　물론 독일에서 이뤄진 실험들은 마땅히 가장 크게 비난받아야 했다. 그러나 그 영향으로 다른 문제들이 미국 재판부의 관심 밖으로 밀려났다. 가령 전쟁의 참화 속에서 유럽 전역에 실험실과 병원이 빠르게 생겨났는데, 이때 각 시설이 소유한 두개골과 뇌 표본이 크게 증가했다. 이 새 표본들은 어디서 왔을까? 전쟁 이후 이른바 '본성 대 양육 논쟁'을 다루는 저명한 과학 논문들이 발표되었다. 쌍둥이를 대상으로 질병과 굶주림, 고통이 유발하는 극한의 상황에서 어떤 유전적 차이가 발생하는지를 연구한 내용이었다. 이런 쌍둥이 연구는 어떻게 실시되었을까?

　뉘른베르크 재판은 오랫동안 무익한 복수 없이 정의를 구현했다고 평가받아왔다. 그러나 역사가들은 이러한 평가를 약간 회의적으로 바라본다. 이는 대학살로 이득을 본 과학계 조력자들이 재판을 피했기 때문만은 아니다. 홀로코스트 때 모은 표본을 이용한 실험 연구가 **주류** 과학으로 자리 잡았고, T4 작전의 관련자를 비롯한 수많은 인물이 복권되어 다시 평범한 의사와 과학자로 돌아왔다.

　멩겔레 박사가 우생학에서 영감을 얻어 아우슈비츠-비르케나우에서 실시한 쌍둥이 연구가 그 사례다. 물론 **실험 자체** — 쌍둥이 중 한 명은 대조군이 되고 다른 한 명은 극악무도

한 의료 개입을 당했다 ─ 도 사람들의 분노를 일으켰다. 그러나 멩겔레의 비윤리적 연구에 참여한 다른 인물들은 버젓이 법망을 피했다. 멩겔레의 멘토였던 오트마어 페르슈어 남작이 그중 한 명이었다. 페르슈어는 1935년부터 1942년까지 유전생물학인종위생연구소Institut für Erbbiologie und Rassenhygiene를 운영했고 1942년부터 1948년까지는 카이저빌헬름인류학·인간유전학·우생학연구소를 이끌었다. 그는 1930년대와 1940년대 내내 국제우생학기구연맹의 우생학 회의와 국제인구문제과학조사연합의 인구통제 회의에 적극 참여했다. 페르슈어는 강제수용소가 운영되던 당시와 수용소가 해방된 뒤에 멩겔레의 표본을 다수 입수했고, 수십 년간 아무 제약 없이 인간 유전 연구를 이어가며 아우슈비츠 희생자의 장기를 계속 사용하기까지 했다.[13] 1950년대 초에 골턴의 영국인 후계자이자 현대(신다윈주의) 종합설의 창시자로서 극찬받는 로널드 A. 피셔를 비롯한 여러 저명한 유전학자가 성공적으로 로비를 펼쳐 결국 페르슈어는 명예를 회복했다.[14]

저의 조수인 멩겔레 박사(의학박사, 이학박사)가 저를 따라 이 연구 분야에 합류했습니다. 현재 그 친구는 …… 아우슈비츠에서 일하고 있습니다. 나치친위대 국가지도자[하인리히 힘러]의 허가를 받아 이 강제수용소에 수감된 다양한 인종 집단을 대상으로 인류

학 조사를 실시 중이고, 혈액 샘플은 제 실험실로 옮겨 분석하고
있습니다.

— 오토마어 페르슈어 남작(1943)[15]

10년이 지난 무렵에 페르슈어는 나치와의 연관성을 전
부 떨쳐내고 과거의 연결망을 재구축한 상태였다. 인구통제
에 대한 관심을 놓지 않았고, 전쟁 이전 미국 우생학의 중요
후원자 위클리프 드레이퍼에게 꾸준히 넉넉한 자금을 지원
받아온 국제민족학·우생학진흥협회International Association for the
Advancement of Ethnology and Eugenics 내에서 손쉽게 한자리를 차지
했다. 이로부터 겨우 몇 년이 지난 1961년에는 브라운 대 캔
자스주 토피카교육위원회 판결Brown v. Board of Education of Topeka,
Kansas(1954) — 이 대법원 판결로 수십 년간 지속된 공립학
교에서의 인종 분리가 폐지되기 시작했다 — 에 대한 반발
의 일환으로 다른 우생학 광신자 여섯 명과 함께 오늘날까지
명맥을 이어오고 있는 상호 심사 학술지 《계간 인류Mankind
Quarterly》를 창간했다. 이후 수십 년간 이들은 이 학술지에 수
백 편의 논문을 발표했다. 이들의 '과학적' 목표는 시민권과 인
종 통합 학교, 인종 간 결혼을 옹호하는 과학적 근거를 깡그리
반박하는 것이었다. 《계간 인류》에 실린 이들의 논문은 1960
년대와 1970년대 내내 시민권에 반하는 법 조항의 각주를 빼

    3부 인종을 청소하다

곡하게 채웠다.

이들은 《계간 인류》에서 인종 혼합과 퇴화의 유령이 어른 거리고 있으니 당장 과감한 조치를 취해야 한다고 역설했다. 문명의 미래가 여기에 달려 있었다.[16]

인구를 통제하다

(1945~1980년)

THE SHORTEST HISTORY OF EUGENICS

14장

푸에르토리코: 식민지의 과잉 인구

제2차 세계대전 발발 이전에 우생학자들은 이른바 우생학 회의와 인구통제 회의 사이를 번갈아 오갔다. 이러한 교류는 장기적인 영향을 미쳤다. 홀로코스트와 의사 재판으로 많은 전문가와 정치인 사이에서 우생학의 평판이 나빠졌고 미국 부유층의 공개적인 자금 지원이 서서히 줄어들었으며 인종적 '자살'이나 인종'위생'을 언급하는 사람이 이제 거의 사라졌음에도, 비백인이 백인보다 더 빠르게 번식한다는 오랜 두려움은 전쟁 이후에도 사라지지 않았다. 이러한 우생학적 두려움은 오히려 더 확산되었고, 인구통제의 기치 아래 그 해결책이 제시되었다.

전후에 인구통제를 주창한 단체들의 표면을 살살 긁어보

면 드레이퍼와 포드, 듀폰, 록펠러처럼 우리에게 매우 친숙한 이름들이 나온다. 제2차 세계대전 이전 수십 년에 비하면 지능검사를 실시하고 백인 퇴화자를 가려내는 사업에 자기 재산을 쏟아붓는 사람의 수가 줄긴 했지만 후원자 다수가 전쟁 이후에도 계속해서 인구통제 조치에 자금을 댔고, 그러한 조치는 전쟁 직전까지 사실상 유럽과 영미 제국의 식민지나 마찬가지였던 지역들에서 이루어졌다. 특히 수백 년간 영미의 영향권 안에 있던 카리브해 지역의 인구가 가장 손쉬운 표적이 되었다.

식민지 우생학

클래런스 갬블Clarence Gamble은 푸에르토리코에 우생학을 들여올 필요가 없었다. 우생학은 이미 그곳에 있었으니까. 푸에르토리코 현지의 보건의료 종사자들은 1930년대 거의 내내 우생학 언어를 사용해 어머니와 유아, 어린이의 건강 및 복지를 증진하려 했다. 푸에르토리코의 우생학은 나치 우생학도, 미국 우생학 트라이앵글의 관행도 따르지 않았다. 보건부 장관 페드로 오르티스가 말했듯 실제로 푸에르토리코 우생학자들의 목표는 푸에르토리코인을 "가난하고 무식하고 퇴화한

열등한 혈통"으로 보는 미국 본토 보건의료 종사자들의 편견을 **바로잡는** 것이었다.[1]

그러나 비누를 만드는 프록터앤드갬블사의 상속자 중 한 명인 클래런스 갬블이 1930년대 후반에 푸에르토리코에 도착해 우생학 언어를 자기 입맛에 맞게 바꾸었다. 갬블이 푸에르토리코에서 추구한 사명은 어머니의 건강이나 자녀의 복지를 증진하는 것이 아니라 자비로운 '열대의학'[말라리아와 뎅기열 등 열대 지방과 아열대 지방에서 주로 발생하는 질환을 연구하는 의학 분야―옮긴이]으로 '인구를 통제'해 위험한 퇴화의 추세를 멈추는 것이었다.

푸에르토리코인들은 미국 백인 의사들이 열대의학이라는 이름으로 제공하는 보건의료에 불순한 의도가 있으리라고 오랫동안 의심해왔다. 그 불순한 연결 고리는 갬블에게서 명백히 드러났다. 갬블은 산모아동보건협회를 인수해 개편하면서 본인이 빈곤의 원인으로 지목한 인구 과잉을 해결하는 수단으로 살정제[정자를 죽이는 약―옮긴이]를 강력하게 밀어붙였다. 당시 산모아동보건협회는 출산에서 여성의 선택권을 강조한 마거릿 생어의 미국산아제한연맹American Birth Control League과 점점 가까워지고 있었는데, 갬블은 이 관계를 끊고 푸에르토리코 여성의 출산 감소를 목표로 의사들이 록펠러재단의 후원을 받아 실시한 계획을 적극 추진했다. 다른 한편 갬블은 제약회사들을 열심히 꼬드겼다. G.D.설앤드컴퍼니와 호프만라

로슈 같은 제약회사들은 시간이 갈수록 카리브 지역을 자사 제품의 천연 실험실로 여기게 되었다. 갬블은 1940년대 내내 푸에르토리코와 아이티에서 진행된 현장 실험을 근거로 살정제를 극찬하는 의학 논문을 발표하며 자기 주장을 널리 홍보했다.

문제는 살정제의 효과가 그리 좋지 않다는 것이었다. 살정제 사용법을 제대로 배웠다는 수많은 푸에르토리코 여성이 결국 임신했다. 푸에르토리코의 출산율이 너무 높다고 판단한 미국 행정관들은 재빨리 불임수술을 차선책으로 택했다.

"불길한 그림자." 푸에르토리코인들은 블랜턴 윈십Blanton Winship 육군소장을 이렇게 불렀다. 스페인-미국 전쟁과 제1차 세계대전의 참전용사였던 윈십은 1934년에 프랭클린 D. 루스벨트 대통령에게 푸에르토리코 지사로 임명되었다.[2] 1898년에 미국이 스페인 식민지였던 푸에르토리코를 점령한 이후 미국의 설탕 기업과 담배 기업 들은 푸에르토리코의 경작지를 거의 다 사들이며 노동자들에게 쥐꼬리만 한 임금을 지불하고 농민들을 갈수록 극심한 빈곤으로 내몰았다. 게다가 1936년과 1937년 가을에 허리케인이 발생해 수만 명이 넘는 푸에르토리코인이 생계를 잃었다. 실업률이 급증했다. 노동자 파업이 터져 나왔다. 학생운동은 규모는 작지만 위협적이었고, 이탈리아 파시스트들의 검은 셔츠와 완장을 착용하며 폭력을 행사할 조짐을 보였다. 검은 셔츠를 입은 사람들은 블랜턴을 블란돈Blandón('만만'이라는 뜻) 장군이라 부르며 조롱했다. 그러나 지방정부 내부자들은 한 세대 만에 처음으로 나타난 군인 출신 지도자로서 블랜턴이 맡은 임무가 루스벨트 대통령의 뉴딜 정책을 미국에서 가장 가까운 식민지인 푸에르토리코로 들여오는 것이 아니라, 불과 얼마 전에 필리핀에서 그랬듯 점점 커져가는 독립운동을 폭력적으로 진압하는 것은 아닐는지 의심했다.[3]

1937년 2월, 윈십은 푸에르토리코 최초로 낙태법과 단종법을 추진했다. 이 법안들은 한편으로 푸에르토리코 여성들의 생식의 자유를 증대하는 것처럼 보였지만 윈십의 의도는 그게 아니었다. 윈십은 이 우생학 조치로 푸에르토리코의 인구수를 줄임으로써 "인간 종의 개선"을 도모하려 했다.[4]

1939년, 국가 주도의 국민 탄압과 부패에 대한 항의가 빗발치자 루스벨트 대통령은 윈십을 정책 자문단인 브레인 트러스트의 초기 구성원이었던 렉스퍼드 터그웰Rexford Tugwell로 교체했다. 터그웰은 푸에르토리코 상원의장 루이스 무뇨스 마린과 함께 푸에르토리코의 산업화와 실업률 감소를 목표로 뉴딜식 '부트스트랩 작전'을 개시했다. 1930년대부터 1960년대까지 푸에르토리코인들은 공장 일자리를 찾아 대규모 농장에서 도시로 꾸준히 이동했다. 이내 정부 관료들은 처음에는 갬블이, 그다음에는 윈십이 퍼뜨린 우생학적 메시지를 다시 한 번 반복했다. 푸에르토리코에는 푸에르토리코인이 너무 많다는 것이었다. 이 메시지는 1940년대 내내 이어졌다. 푸에르토리코인의 출산율이 이미 카리브해의 다른 섬들보다 낮았음에도 관료들은 이 주장을 거듭했다. 푸에르토리코의 빈곤이 미국 정부를 배후에 둔 기업들의 착취 때문이 아니라 인구 과잉 때문이라는, 확실한 근거도 없는 주장이 앵무새처럼 되풀이되었다. 이 주장 뒤에 수 세대에 걸친 노예제와 인종차별이 숨어 있음을 간파한 가톨릭교회 측에서 항의하고 나섰지만 정부 관료들은 '인구통제'가 해결책이라고 주장했다. 평소 대중의 눈치를 본다는 평판을 듣는 무뇨스 마린 상원의장까지도 이 메시지에 동의했다. 그는 푸에르토리코의 낮은 세금과 더더욱 낮은 임금에 이끌린 미국의 산업 투자를 놓칠까 봐 안절부절 못했다.

우리의 출산율 감소 문제를 이 사람들로 메꿔야 한다는 생각은 별로 하고 싶지 않습니다.

— 렉스퍼드 터그웰 지사[5]

의사들도 갬블과 윈십, 터그웰의 주장을 되풀이했다. 푸에르토리코의 '과잉 인구'를 관리하는 것이 건강과 경제적 유익을 불러오는 열쇠라는 것이었다.[6] (적어도 미국 식민주의 반대 시위의 참가자 수는 줄일 수 있을 터였다.) 조사에 따르면 현지인이 '그 수술la operación'이라고 부른 여성 대상 불임수술에 푸에르토리코 의사의 약 80퍼센트가 찬성했다.[7] 의사들의 지지는 제2차 세계대전이 끝난 뒤까지 이어졌다. 나치가 우생학을 전례 없는 수준으로 무기화했다는 소식이 전해진 뒤에도, 뉘른베르크 강령(1947)으로 환자가 수술 정보를 고지받고 동의해야 한다는 원칙이 세워진 후에도 마찬가지였다. 20세기 중반의 푸에르토리코 의사들과 정치인들 그리고 이들과 교류한 비영리단체들은 바람직하지 않은 자들의 번식이 사회 퇴화를 불러오는 가장 큰 요인이라고 생각했다. 의사들은 이들의 증식을 억누르기 위해 직접 발 벗고 나서기로 결심했다.[8]

제2차 세계대전 이후의 호황이 끝나자 푸에르토리코 경제는 다시 곤두박질쳤다. 푸에르토리코 가족들에겐 선택지가 거의 없었다. 마이애미와 뉴욕시로의 이민이 급속도로 증가했다. 윈십이 낙태법과 단종법을 도입한 이후 여성 대상 불임수술도 크게 늘었다.

의료진이 환자에게 불임수술을 허가받았다고는 하지만 사실 환자의 동의가 꼭 필요한 것은 아니었다. 나치 의사 재판 이후에 만들어진 뉘른베르크 강령은 미국에서 법적 구속력이 없었다. 미국에는 환자에게 동의를 구해야 한다는 엄격한 의료 규정이 1962년까지도 존재하지 않았고, 그건 백인 환자에게도 마찬가지였다. 그러나 역사가들은 푸에르토리코에서 우생학 불임수술 캠페인이 조직적으로 벌어졌다는 증거를 거의 찾지 못했다. 푸에르토리코 남성들과 달리 여성들은 실제로 자신의 생식 건강과 경제적 안녕을 위해 불임수술을 해달라고 요구했다.[9]

그러나 상황은 결코 단순하지 않았다. 훗날 여성들은 간호사와 의사에게 양쪽 난관을 절제하라는 압박을 받았다고 보고했다.[10] 난관절제술은 난관 한쪽 또는 양쪽을 절제하는 수술이며, 난관은 난자가 수정될 수 있도록 자궁으로 보내는 역할을 한다. 1980년대에 실시된 일련의 인터뷰에서 푸에르토리코 여성 거의 다섯 명 중 한 명이 자신은 수술에 명시적으로 동의한 적이 없다고 확실히 밝혔다.[11] 출산을 앞두고 병원에 입원한 여성들은 알지도 못하는 사이 '그 수술'의 대상이 되었다. 정확한 수치는 알 수 없지만 인터뷰를 볼 때 전체 푸에르토리코 여성의 3분의 1에 달하는 어마어마한 수가 수술을 받았을 것으로 추정된다.[12] 어쩌면 그 이상일 수도 있다. 1968년까지 푸에르토리코는 불임수술을 받은 가임 연령대 여성의 비율이 전 세계 그 어느 국가보다 높았다.[13]

불임수술 외에도, 푸에르토리코의 '과잉 인구' 개념은 제약회사들의 눈에 자사의 새 피임약과 낙태약을 실험해도 된다는 윤리 면허처럼 보였다. 제일 먼저 나선 것은 설앤드컴퍼니였다.

> 실험에 쓸 배란기 여성이 우리 하나를 가득 채울 만큼 필요합니다.
> — 피임약 실험 주요 후원자 캐서린 매코믹, 마거릿 생어에게 보낸 편지 (1955)[14]

1952년, 하버드대학의 산부인과 의사 존 록과 같은 대학 생화학자 그레고리 핀커스는 호르몬이 피임의 열쇠라고 확신하게 되었다. 존 록은 보스턴 브루클린 지역에 있는 여성무료병원Free Hospital for Women의 저소득층 환자들에게 프로게스테론을 고용량 투여해 불임을 치료하려고 시도한 적이 있었다. 환자의 약 15퍼센트가 '록 반동'이라는 현상을 경험하며 임신에 성공했다. 역설적이게도 핀커스는 토끼의 임신을 **막는 데** 프로게스테론을 사용했다. 어느 회의에서 만난 록과 핀커스는 프로게스테론이 월경 주기에 어떤 영향을 미치는지 알아보기 위해 여성무료병원 환자 60명을 대상으로 더 체계적인 실험을 실시하기로 했다. 여성 중 절반은 부작용 때문에 실험을 중단했다. 그러나 록과 핀커스는 멈추지 않았다. 두 사람은 이 실험에서 엄청난 가능성을 보았다. 그리고 그 가능성은 명성과 부에 관한 것만은 아니었다. 몇 년 후 록은 라디오 인터

     4부 인구를 통제하다

뷰에서 분명하게 말했다. "사람들은 아기를 낳고 싶어 하고, 원시적인 사람들은 이런 경향이 더더욱 강합니다."[15] 둘의 연구는 수많은 사람이 찾던 마법의 해결책, 즉 비백인의 증식을 통제할 합법적 수단이 될 수 있었다.

과거의 우생학이 더욱 생생하게 재현된 사례도 있었다. 핀커스는 1954년에 매사추세츠의 주립우스터병원Worcester State Hospital에서 정신질환이 있는 여성들을 대상으로 프로게스테론 알약을 실험한 뒤 배란을 확인하기 위해 그들의 배를 갈랐다. 1년 뒤 핀커스는 정신질환이 있는 남성들의 '거세 불안'을 검사하겠다며 그들의 생식기를 이용하는 일련의 실험을 고안했다. 핀커스의 연구를 호의적으로 평가했던 사람들조차 그가 환자들을 '기니피그' 취급하고 있다며 우려를 표했다. 핀커스가 1937년에 하버드대학에서 종신 재직권을 얻지 못한 것은 미심쩍은 실험을 진행했기 때문이라는 오래된 소문이 다시 불거졌다. 그러나 1955년에 핀커스는 이 모든 논란을 아무렇지 않게 털어냈다. 부유한 동료이자 주립우스터병원의 주요 후원자였던 마거릿 생어와 호르몬의 힘을 굳게 믿었던 캐서린 매코믹을 통해 그 어느 때보다 많은 자금을 확보한 것이었다. 매코믹은 록과 핀커스가 피임약을 실험하려면 "실험에 쓸 배란기 여성이 '우리' 하나를 가득 채울 만큼" 필요하다고 생각했다.[16] 그리고 그들은 푸에르토리코 산후안에 있는 리오피에

드라스에서 그 우리를 찾아냈다. 부트스트랩 작전으로 농장을 떠난 노동자들이 거주하는 주택단지가 있는 곳이었다.

그다음 벌어진 일은 다른 두 방식으로 설명할 수 있다. 그 이후 반세기간 미국 본토에서 거듭 회자된 이야기에 따르면 경구피임약은 매코믹의 자금, 생어의 독려, 록의 인맥, 핀커스의 끈기와 독창성이 합쳐진 결과였다. 칼 제라시가 멕시코에서 이끌던 생화학 연구팀이 흔한 뿌리채소인 마를 가지고 프로게스테론과 유사한 호르몬을 계속 만들어낼 수 있다는 사실을 우연히 발견한 것 역시 크나큰 역할을 했다. 1956년 이후 산후안에 거주하는 여성 수백 명이 입증했듯이 설앤드컴퍼니가 제조해 에노비드Enovid라는 이름으로 판매한 경구피임약은 임신을 확실하게 방지했다. 출산율이 낮아지면서 푸에르토리코의 생활수준이 높아졌다.[17] 미국 본토의 식품의약국은 1960년에 마침내 그 영향력을 이해하고 여성용 경구피임약을 승인했다. 인류 역사상 처음으로 수많은 여성이 원치 않는 임신의 억압에서 벗어날 수 있었다. 그리고 미국의 중상류층 여성 수백만 명이 실제로 그렇게 했다. 미 대법원은 그리즈월드 대 코네티컷주 판결Griswold v. Connecticut(1965)과 아이젠스탯 대 베어드 판결Eisenstadt v. Baird(1972)을 통해 여성의 피임을 가로막던 법적 장벽을 제거했다. 뒤이어 성 혁명이 발생했다. 제2차 페미니즘 물결이 이어졌다. 서구 문화의 변혁이 뒤따랐다.[18]

아이러니하게도 이처럼 혁명으로 알려진 사건들이 발생한 이후 제2물결 페미니즘 학자들이 제시한 또 다른 설명에 따르면, 핀커스와 록은 푸에르토리코 여성들을 실험용 쥐 취급하고 자신들이 만든 약물이 심각한 부작용을 초래한다는 경고 신호를 무시한 현대판 프랑켄슈타인 박사였다. 에노비드를 처방한 의사들은 이 약이 혈전을 일으키며 때로는 사망을 비롯한 심각한 합병증을 유발한다고 보고했다. 식품의약국이 승인을 망설이자 핀커스는 완벽한 '우리'를 찾아 푸에르토리코 우마카오와 아이티 포르토프랭스에 사는 시골 환자들로 실험 대상을 변경한 뒤 추가 결과를 내놓았다.[19] 가톨릭교회는 실험 단계마다 반발하고 나섰고, 약물과 수술을 통한 산아제한에 반대하는 것이 가톨릭교회의 가장 중요한 교리가 되었다. 교황 바오로 6세는 회칙 「인간 생명」(1968)을 발표해 국가가 주도하는 불임화 캠페인을 맹렬하게 비난했고 피임이 확산되면 남성이 여성을 한낱 성적 만족의 수단으로 여길 수 있다고 경고했다.[20] 그러나 부트스트랩 작전에 편승한 미국 산업계, 더 광범위하게는 미국 제국주의의 자본주의적 유인책이 결국 감상적인 종교의 장벽을 무너뜨렸다. 이렇게 푸에르토리코 여성들은 서구 제약 산업에 빨려들지 않을 수 없었다는 것이 두 번째 설명의 내용이다.

최근 학자들은 두 이야기 다 어느 정도 진실이라고 본다.

그러나 학자들은 결정적으로 두 설명 모두 푸에르토리코 여성들의 주체성을 부정한다는 점을 강조한다. 록과 핀커스를 비롯한 남성 의사들의 의도가 무엇이었든 노동계급 여성들은 피임의 자유를 누리겠다고 의식적으로 선택했다. 상황을 이해하는 여성 보건의료 종사자들이 이들에게 필요한 정보와 도움을 제공했다. 페미니스트들은 경구피임약의 확대를 끈질기게 추진했다. 이들 모두가 자기 운명의 주인이었고, 여성이 스스로 출산을 결정해선 안 된다는 편견과 실제 법률 — 수 세대 전 빅토리아 우드헐의 추종자들에게 처음 적용된 콤스톡법[앤서니 콤스톡의 주도로 1873년 제정된 법으로, 음란물은 물론 피임 기구와 낙태 정보의 우편 유통을 금지하여 성적 논의를 통제했다—옮긴이] — 그리고 특히 피임에 대한 편견을 깨부순 개척자였다.[21] 이 사실을 부정한다면 똑같은 식민주의적 사고에 빠지는 것이다. 그러한 주장은 의도가 아무리 선해도 결국 여성들을 미성숙한 존재로 취급하는 것이며 그러므로 여전히 성차별적이고 인종차별적이다.[22]

푸에르토리코의 공식 우생학 운동 기록에 따르면 30여 년간 불임화된 정신질환 환자 수는 100명 미만이다. 불임수술 건수가 이렇게 적고 푸에르토리코의 수많은 노동자계급 여성이 명백히 피임을 원했는데, 어떻게 푸에르토리코의 사례가 우생학 사례에 포함될 수 있단 말인가?

그 이유는 다음과 같다. 제2차 세계대전이 끝난 후 우생학을 둘러싼 담론이 변했다. '우생학'은 나치와 연관된 단어가 되었다. 그러나 돈과 지위를 가진 사람들은 여전히 돈과 지위가 없는 자들의 생식 능력을 없애고 싶어 했고, 그래야 퇴화나 인구 과잉, 또는 '빈곤의 고착화'를 저지할 수 있다고 주장했다. 유색인의 신체를 통제하고 싶어 했던 백인 의사, 과학자, 자선가 들은 비백인 '과잉' 인구를 통제해야 한다는 이유로 경구피임약 연구를 개시하고 자금을 마련하고 제품을 홍보했다. 푸에르토리코의 가톨릭 지도자들은 미국 제국주의를 비난했다. 아프리카계 미국인 지도자들은 백인 의사들이 경구피임약을 널리 보급하는 현 상황이 전면적인 비백인 대량학살을 암시할지도 모른다고 우려했다. 힘 있는 백인이 힘없는 비백인의 생식을 통제한 긴 역사를 떠올려보면 이러한 우려를 간단히 일축하는 것은 위험해 보인다.

최소한 우리는 경구피임약 실험이 종료된 1960년대 중반 이후에도 푸에르토리코 여성들이 의사들에게 꾸준히 불만을 표했다는 사실을 인정해야 한다. 의사들은 환자의 명백한 동의 없이 계속해서 '그 수술'을 실시했다. 백인 여성들이 경구피임약으로 성 혁명을 경험하는 와중에도 푸에르토리코의 불임 수술 비율은 계속 높은 수준을 유지했다.[23] 가난하고 과밀한 푸에르토리코의 인구를 통제하려는 움직임은 경제 상황이 나아지고 우생학 논의가 사라진 이후에도 여전히 이 섬에 남아 사람들을 괴롭혔다.

아이러니한 점은 피임약 에노비드가 너무 비싸서 정작 핀커스와 록의 실험 대상이었던 여성들은 사용할 수 없었다는 것이다. 이미 한참 전에 매사추세츠로 돌아간 두 의사는 여성에게 자유를 선사한 인물이자 원시적 전통과 바글바글한 자녀의 족쇄에서 어머니들을 해방시킨 구원자로 명성을 떨치고 있었는데 말이다.[24]

15장

인구통제 산업복합체

미국 정부는 냉전이 거의 시작되자마자 인구통제 계획을 공식 승인했다. 1950년대부터 1970년대까지 힘 있는 정부 기관 및 비정부기구, 기업이 추진한 국제적 인구통제 계획은 어떤 미사여구로 포장했든 간에 라틴아메리카와 카리브해 지역, 동남아시아의 가난한 인구가 자기 몸과 가족을 스스로 통제하도록 힘을 북돋는 것과는 아무 관련이 없었다. 인구통제의 주창자들은 제2차 세계대전 이전에 열린 국제회의에서 그랬듯 주로 비백인 여성의 생식을 통제해서 사회문제를 해결해야 한다고 주장했다. 때때로 이들은 반이민 정책을 공공연하게 옹호하기도 했다. 물론 소비자를 기분 좋게 만들어야 하는 기업 마케팅에선 다른 말을 하겠지만, 유럽과 미국의 인구통제 기관은 나치의 만행이 드러난 이후에도 우생학의 핵심 전제를 폐기하지 않았다. 그 전제란 바로 '바람직한' 임신과 그렇지 않은 임신을 그들이 제대로 가려낼 수 있다는 것이었다.[1]

1949년, 스탠더드오일의 재산을 물려받은 록펠러 3세는 록펠러재단의 동료 이사인 존 포스터 덜레스와 딘 러스크에게 소문을 하나 들었다. 두 사람은 여러 대통령 행정부에서 미국 외교정책에 막대한 영향력을 행사해온 정치계의 싸움꾼이었다. 트루먼 행정부는 중국이 공산주의로 변한 이유를 알아오라며 동아시아로 요원들을 파견했고, 요원들은 상세한 보고서를 들고 돌아왔다. 그러나 아시아를 두루 여행한 록펠러는 자신이 이미 그 이유를 안다고 생각했다. 농민이 너무 많은 것이 그 이유였다. 먹여야 할 입은 너무 많고 자산은 너무 적었던 그 농민들에게 프롤레타리아 혁명의 약속은 유혹적으로 느껴질 수밖에 없었을 것이다. 그 혁명의 지도자가 피에 굶주린 마오쩌둥이나 스탈린일지라도 말이다.

덜레스, 러스크와 대화를 나누다 고무된 록펠러는 재빨리 사회과학자, 정부 관료, 기업계 거물로 구성된 조직을 꾸렸다. 그리고 이 조직에 인구위원회라는 이름을 붙였다. 이 조직의 사명은 "세계의 물질적·문화적 자원과 인구의 관계는 오늘날 가장 중대하고 시급한 문제 중 하나"라고 전 세계 부자와 권력자를 설득하는 것이었다.[2] 록펠러는 자신과 같은 재계의 큰손들에게 **본인의** 권력과 부를 내놓으라고 요구하지 않았다. 그 대신, 만일 미국과 유럽의 자본가들이 공산주의를 저지하고 싶다면 애초에 아기를 너무 많이 낳는 가난한 비백인 인구를 대상으로 냉전적 봉쇄 정책을 펴는 것이 훨씬 낫다고 넌지시 암시했다.

1950년대 중반 무렵에 인구위원회는 장군들을 설득할 수 있을 만큼 군산복합체에 깊이 침투해 있었다. 위원회는 대통령이자 은퇴한 5성 장군이었던 드와이트 D. 아이젠하워를 부추겼고, 아이젠하워는 1958년에 드레이퍼 위원회라는 이름으로 더 잘 알려진 '미국 군사원조 프로그램 연구를 위한 대통령 위원회'를 출범하고 전 육군성 차관이었던 윌리엄 H. 드레이퍼 주니어William H. Draper Jr. 소장을 위원장으로 앉혔다. 드레이퍼 장군은 은행가와 군 장교, 제임스 에드윈 웹을 비롯한 CEO 등으로 열 명을 모았다(웹은 제임스 웹 우주망원경에 이름을 준 인물로, 석유산업을 떠나 드레이퍼 위원회에 합류한 뒤 훗날 케네디의 미 항공우주국 달 탐사 계획을 지휘하게 된다).

드레이퍼 위원회는 푸에르토리코를 비롯한 이른바 제3세계 국가들의 출산율 문제를 미국 외교정책의 중차대한 과제로 내세웠다.[3] 위원회는 보고서를 통해 아직 미국의 자본주의도 소련의 공산주의도 택하지 않은 전 세계 약 3분의 1 지역(즉 '제3세계')에 인구문제가 있다고 아이젠하워를 설득했다.

그리고 이 가난한 국가들은 인구 과잉 문제 때문에 결국 소련/중국이라는 위협적 존재의 품에 안기게 될 것이라고 경고했다. 로스럽 스토더드가 『문명에의 반란』(1922)에서 예고한 바로 그 현상이었다.

드레이퍼 위원회는 미국 정부가 저개발 국가들과 협력해 출산율을 낮춤으로써 공산주의를 억제해야 한다고 주장했다. 아이젠하워는 자기 행정부가 절대 '산아 제한'을 옹호하지 않을 것이라고 맹세했지만 1959년 12월에 있었던 결정적 기자회견에서 '인구통제'가 미국 국제 원조의 조건이 될 것이라고 공식 선언했다. 그런 다음 아이젠하워는 "평화와 친선의 사명"을 위해 인구통제가 실시될 국가를 포함한 열한 개 국가로 순방을 떠났다.[4]

처음에 아이젠하워는 이 조건부 조항의 수단에는 별 관심이 없었다. **다른 국가의 출산율을 감시하는 것은 미국이 할 일이 아니라고** 생각한 것이다. 그러나 1961년에 대통령직에서 물러난 뒤 생각이 점차 바뀌었다. 존슨 행정부의 정책이 그의 마음을 돌렸다. 존슨의 측근들이 국내외에서 원조 및 빈곤 퇴치 사업을 확대하라고 의회를 거듭 압박한 것이 가장 큰 이유였다. 아이젠하워를 비롯한 공화당원들은 이 사업에 반대했다. 인구통제라는 조건 없이 미국의 부가 다른 비백인 국가들로 흘러가서는 안 됐다. 남부의 민주당원들도 이 생각에 동의했다.

아이러니하게도 인구를 통제해야 한다는 공화당원 아이젠하워의 주장은 남부 민주당원들이 이끄는 상원 정부운영 소위원회에서 가장 큰 지지를 얻었다.[5]

아이젠하워와 드레이퍼 위원회의 후신 격인 1960년대 조직(뒤에서 더 자세히 다루겠다)은 표면상으로는 외국 인구의 생식만 통제하는 듯 이야기했지만 사실은 국내에서의 인구통제도 중요하게 여겼다. 미국 우생학 운동의 역사를 아는 사람에게는 너무나 익숙한 이야기였다. 그건 아마도 배후에서 **또 다른** 드레이퍼가 활약하고 있었기 때문일 것이다.

위클리프 프레스턴 드레이퍼(윌리엄 H. 드레이퍼 주니어 장군과는 직접적인 관계가 없다)는 섬유 산업으로 벌어들인 가문의 재산으로 오래전부터 우생학 운동을 지원하고 있었다. 인종 혼합으로 사회가 퇴화하고 있다고 확신한 위클리프 드레이퍼는 소위 19세기에 발견되었다는 오랜 생물학적 위계질서를 강조하는 연구에 개인 자금을 상당량 쏟아부었다. 그의 후원을 받은 사회과학자들은 두개골 크기가 아닌 지능지수가 인종 간 차이를 나타내는 진정한 척도라는 주장을 뒷받침했다.

드레이퍼는 로플린이 나치 영화 〈유산〉(1935)과 〈유전적 결함〉(1936)의 미국 순회 상영회를 열 수 있도록 후원했다. 제2차 세계대전이 끝나고 민권운동이 점점 가속화되자 드레이퍼가 운영하는 재단 개척자펀드Pioneer Fund는 수 세대에 걸쳐 수

도꼭지를 틀듯 인종 분리주의자들에게 넉넉히 자금을 지원했다. 드레이퍼는 연방대법원의 브라운 대 캔자스주 토피카교육위원회 판결(1954) — 이 판결로 미국 학교에서 인종이 통합되었다 — 에 맞서 싸운 생물학자 웨슬리 그리츠 조지와 심리학자 오드리 슈이를 후원했다. 《하버드 교육학 리뷰》에 인종 간 지능 차이를 보여주는 확고한 증거를 발견했다는 내용의 연구 결과를 발표한 심리학자 아서 젠슨도 드레이퍼의 후원을 받았다.[6] 1960년대에 비백인의 우생학 불임수술을 허용하는 법을 재도입해야 한다고 주장한 윌리엄 쇼클리의 뒤에도 드레이퍼가 있었다. 드레이퍼의 돈은 컬럼비아대학 심리학과 학과장이었던 전 파시스트 헨리 개릿에게도 흘러들었다. 개릿은 드레이퍼의 자금으로 상호 심사 학술지인 《계간 인류》(앞 장에서 언급되었다)를 창간해 인종 혼합과 비백인의 인구 과잉 때문에 사회가 퇴화한다는 오랜 허위 주장에 새로운 연구를 보탰다.[7] 물론 이 학술지는 매 호에서 인종 분리와 불임화가 유일한 해결책이라고 주장했다. 국내에서든 국외에서든 부적자들이 아기를 너무 많이 낳고 있었다. 오트마어 페르슈어 남작처럼 과거에 나치였던 의사들은 《계간 인류》에 자기 논문을 발표할 수 있었다.

대놓고 편견을 드러낸 위클리프 드레이퍼와 더 실용적이었던 윌리엄 H. 드레이퍼 장군의 개별 활동이 맞물리자 아이젠하워 대통령 같은 헌신적인 박애주의자조차 두려움에 휩싸였다. 1965년 6월, 아이젠하워는 《뉴욕타임스》에 급히 서한을 보냈다.

> 보고받은 사례를 언급해야 할 것 같습니다만 …… 결혼하지 않은 여성들이 계속해서 자녀를 낳는다는데, 복지 기금으로 소득이 증가한 것이 원인으로 보입니다. …… 이러한 행동이 반복되어 습관으로 자리 잡는다면, 우리 사회는 한편으로는 책임감 있는 가정의 인구 증가를 늦추기 위해 돈을 쓰면서 다른 한편으로는 무지하고 정신이 박약하고 게으른 자들이 출산을 더 많이 하도록 경제적 유인책을 제공하는 이상한 상황에 처하게 될 겁니다. …… 연구를 통해 합법적 불임화 외에 다른 효과적인 방법을 찾지 못한다면, 그래서 최후의 수단으로 불임화에 의지해야 한다면 분명 수많은 시민이 큰 충격에 빠질 것입니다.[8]

아이젠하워는 미국 내에서 비자발적 불임화의 재도입을 완전히 배제할 수 없다고 암시했다. 다른 국가들에선 더더욱 그러했다. 이미 '연구'를 통해 효과 좋은 경구용 피임약이 개발되었다는 사실을 아이젠하워가 단순히 몰랐던 것인지, 아니면 클래런스 갬블이 푸에르토리코에서 그랬듯 가난한 여성들은 피임약을 제대로 사용하지 못하리라 생각했기 때문에 '합

법적 불임화'를 배제해선 안 된다고 진심으로 믿었던 것인지는 확실하지 않다.[9]

1960년대 중반 무렵 윌리엄 H. 드레이퍼 장군(**주의**: 위클리프 드레이퍼가 아니다)은 폐쇄적인 정부위원회에서 공론장으로 자리를 옮겼다. 그는 산업계 유력자 두 명과 함께 인구위기위원회를 설립했는데, 그 두 명은 바로 화학기업 듀폰을 물려받은 라모트 듀폰 코플랜드(1920년대에 우생학 대회를 후원한 바로 그 듀폰 코플랜드 가문 출신이다)와 종이컵 제조사 딕시컵의 창립자이자 회장인 휴 에버렛 무어였다. 무어는 1954년에 이미 「인구 폭탄은 모두의 책임이다」라는 소책자를 출간한 적이 있었다. 이 소책자는 10년 뒤 더 널리 읽힌 폴 에얼릭의 저서 『인구 폭탄』의 바탕이 되었는데, 이 책에 대해서는 곧 다시 살펴볼 것이다.[10]

위원회는 드레이퍼와 듀폰 코플랜드, 무어의 막강한 로비 활동을 통해 미국국제개발처를 압박하며 아이젠하워가 1959년의 친선 순방 때 방문했던 국가들에서 인구통제를 실시하라고 촉구했다. 그리고 국제개발처를 통해 유엔마저 인구통제 계획을 지지하기 시작했다. 이를테면 국제개발처와 인구위기위원회는 베트남에서 공산주의를 막겠다며 지역 주민들에게 피임약 사용을 강요했다. 동남아시아가 빈곤한 것은 프랑스의 식민지 정책, 서구를 등에 업은 부패한 베트남 지도자,

농경지에 투하된 미국의 네이팜탄 때문이 아니라 무지한 산모들 탓이라는 것이었다.[11]

미군과 CIA의 주도로 미국이 동아시아와 중동, 카리브해 지역, 라틴아메리카 국가들에 강력하게 개입하던 20세기 중반, 미 정부 관계자들과 여러 비정부기구가 인구통제 산업복합체를 형성했다. 북아프리카에서 타이완에 이르기까지 보건의료 종사자들은 여성에게 자궁 내 장치를 많이 삽입할수록 급여가 늘었고 이 결정은 여성의 동의와 무관하게 이루어졌다. 전해지는 이야기에 따르면 필리핀에서는 미국 구호원들이 헬리콥터에서 피임약을 뿌렸다고 한다. '제3세계' 전역에서 의사들은 수천 명을 불임화했다. 수술은 대부분 강압적이었고 때로는 불법이었으며 종종 안전하지 않은 환경에서 이루어졌다. 해당 국가의 사회적·경제적 엘리트들은 장학금과 대회 지원금, 상금, 호의적인 언론 보도에 이끌려 미국와 영국, 유럽이 주도하는 인구통제 사업 및 기관에 가담했다. 미국국제개발처 외에 세계은행과 유엔인구활동기금도 인구통제 정책을 자체 고안하고 실행하라고 각국 정부를 압박했다.[12]

인구통제 계획을 추진한 사람들이 대놓고 악의를 드러낸 것은 아니라는 점을 짚고 넘어갈 필요가 있다. 이런 설명을 읽으면 영화 〈닥터 스트레인지러브〉에서처럼 연기 자욱한 지하 작전실에 사내들이 은밀히 모여 특정 집단을 처단할 계획을 꾸미는 장면을 떠올리게 되기 때문이다. 우생학은 그런 식으로 작동하지 않았다. 정책 입안자들(이미 권력을 지닌 사람들)은 잘못된 부류의 사람들이 세상에 너무 많이 들끓지 않도록 정치권력이 거의 전무한 빈자들의 생식 능력을 제거하는 것이 자신에게 가장 유리한 선택이라고 생각했다.

> 지난 세대, 정부 각처의 예측이 가장 크게 빗나간 사안은 인구 증가와 관련된 사안이었습니다. 정부와 입법부는 계속되는 인구 증가가 공공 부문에 얼마나 큰 부담을 안길지를 좀처럼 제대로 파악하지 못했습니다.
> — 리처드 닉슨 대통령(1969년 7월 18일)[13]

우리는 20세기 중반의 우생학이 3면으로 이루어진 끊임없는 긴장 관계 속에 있었음을 이해해야 한다. 한쪽 면에서는 힘 있는 서구 — 특히 미국 — 세력이 (적어도 겉으로는) 냉전 시대의 지정학적 목표를 달성하기 위해 주로 산모인 비백인 인구를 대상으로 정책을 실시했다. 또 다른 면에서는 여성들이 자율성을 더 많이 확보해 출산과 가정을 스스로 통제하고 싶어 했다. 이 여성들은 인구통제 이념이 피임과 낙태, 불임화 조치를 뒷받침하고 있음을 똑똑히 인지하면서 자신에게 주어진 자유를 활용하고 자신을 제한하는 수단에 저항했다. 대체로 이 두 요소 사이에 끼어 있던 세 번째 측면에는 선의를 지닌 보건의료 종사자들이 있었다. 이들은 환자를 지지하는 동시에 나름의 방식으로 환자를 돌볼 권리를 주장했다. 그리고 네 번째 요인이 점차 이 상황에 끼어들면서 정부와 산모, 보건의료 종사자 모두를 압박했다. 그 네 번째 요인은 바로 피임약을 판매하는 제약회사들이었다.

비백인 인구의 생식 통제를 공공연한 목표로 선언한 의료 현장에서조차, 현지인 또는 서구인인 의사와 간호사 들은 가난한 환자들이 평소에 받지 못했던 치료를 제공했다. 푸에르토리코와 라틴아메리카, 동남아시아의 보건 공무원들은 거짓말에 속아 넘어간 바보들이 아니었다.[14] 그러나 이 세상에 태어날 비백인 아기의 수를 줄이라는 외부의 압력에서 스스로를, 또 자신의 환자들을 완전히 구해내지는 못했다.

16장

인구 폭탄이라는 폭탄

1960년대에, 상당히 최근까지도 유럽의 식민지로 간주된 국가(가령 푸에르토리코, 아프리카 대다수 국가, 동남아시아 국가, 남아메리카 다수 국가)의 어머니들이 호의적인 보건의료 종사자들의 도움을 받으면서도 인구통제 개념에 맞서지 못했던 이유는 쉽게 이해할 수 있다. 피임약과 피임 효과가 있는 여타 제약 기술들이 도입되면서 전 세계 비백인 인구를 통제하려는 시도가 정부 차원과 동시에 민간 및 비정부 차원에서도 더더욱 심해졌다. 학자들도 가세했다. 과거 우생학자들이 느낀 공포는 프레더릭 오즈번의 『약탈당한 우리 지구』(1948)처럼 환경보호를 주장하는 듯 보이는 책들에서 다시 모습을 드러냈다. 프레더릭 오즈번의 유명한 삼촌 헨리 페어필드 오즈번을 기억하실는지. 매디슨 그랜트의 친구이자 미국자연사박물관에서 절대적 권력을 휘두른 관장이었으며 국제우생학대회를 두 차례 주최한 그 오즈번 말이다. 전후 환경운동은 1930년대 이전의 우생학 운동과 깊게 연결되어 있었다.[1]

우생학적 사고는 터프츠대학교 의과대학의 생리학자 멜빈 케첼과 캘리포니아대학 샌타바버라 캠퍼스의 생물학자 개릿 하딘, 스탠퍼드대학의 나비 전문가 폴 에얼릭Paul Ehrlich의 1960년대 저작에서 잡초처럼 되살아났다. 악명 높게도 이들은 인구 과잉을 너무 두려워한 나머지 아시아와 아프리카의 식수에 피임약을 뿌리자고 제안하기까지 했다.[2] 에얼릭이 1968년에 개시한 인구증가제로Zero Population Growth 운동 ─ 2002년에 인구연결Population Connection로 이름을 바꾸었다 ─ 이 아니면 그 무엇으로도 지구 전체의 멸망을 피할 수 없었다.[3]

에얼릭은 베스트셀러

인구를 폭탄에 비유한 개념은 1950년대에 처음 등장해서 20세기가 끝날 때까지 계속 이어졌다. 일부 과학자는 인구증가제로가 최선의 해결책이라고 생각했다.

『인구 폭탄*The Population Bomb*』(1968)의 제목을 10년 전 윌리엄 드레이퍼 장군의 인구위기위원회 내에서 돌아다니던 자료에서 가져왔다.[4] 에얼릭이 제시한 주제들은 스토더드의 『유색인의 물결』(1920)을 비롯한 과거의 수많은 우생학 출판물에서도 찾아볼 수 있다. 그러나 에얼릭은 이전의 과학적 인종주의와 명백히 거리를 두었다. 에얼릭의 『인구 폭탄』이 그 어떤 우생학 출판물보다 미국과 유럽의 독자들에게 깊은 인상을 남긴 것은 종말론적 수사법 때문이었다. 그의 수사법은 고비노에 필적할 만했다. 에얼릭은 "인류 전체를 먹이기 위한 투쟁은 이미 실패했다"라고 선언했다.

> 1970년대에 전 세계는 기근을 겪을 것이다. 지금부터 아무리 긴급하게 정책을 펼쳐도 수억 명의 인구가 굶어죽을 것이다. 이제 와서는 그 무엇으로도 전 세계의 사망률 급증을 막을 수 없다.
> — 폴 에얼릭[5]

19세기의 가장 큰 두려움 중 하나는 자원이 한정된 세상에서 우월한 사람들이 아무리 자녀를 적게 낳는다 해도 가족 규모를 관리할 능력도 의지도 없는 방탕한 퇴화자들 때문에 결국 지구가 인구 '함정'에 빠지리라는 것이었다. 이러한 우려는 에얼릭의 『인구 폭탄』에서 지구 친화적인 환경보호주의의

탈을 쓰고 다시 수면 위로 떠올랐다. 같은 시기에 개릿 하딘의 유사역사학 논문 「공유지의 비극」이 《사이언스》에 실리며 이러한 공포에 타당한 근거가 있음을 시사했다. 인류는 과거에도 아무 생각 없이 맬서스의 함정에 제 발로 걸어 들어갔으며 서구 국가가 제3세계에 개입하지 않는다면 머지않아 또다시 대재앙이 닥치리라는 것이었다.

폭탄 해체하기

에얼릭은 석유산업을 강력 비난했고 서구 소비자도 그의 비난을 피하지 못했다. 백인은 정당한 몫의 몇 배에 달하는 자원을 소비했다. 기업들은 이미 풍족한 삶을 누리는 서구인을 위해 싸구려 물건들을 만들어내느라 지구 자원을 박박 긁어썼다. 선진국에서는 신제품을 생산하는 각종 산업이 오염물질을 배출한 탓에 온실 효과가 일어나 기온이 점점 높아질 위험에 처했고(그렇다, 1968년에 이미 예견된 일이었다), 환경이 너무 유독해져서 앞으로 늘어날 수십억 인구를 먹여 살릴 수 없게 되었다. 에얼릭은 전 세계 인구가 37억 명이었던 1970년에 "2000년에 인구가 70억 명까지 늘어나는 일은 절대 없을 것"이라고 예측했다.

그러나 이건 기업과 소비자에 대한 일반적 비판이었다. 에얼릭은 자신이 진짜로 추천하는 **정책**을 “인구 증가라는 암”을 위해 따로 아껴두었다.[6] ‘저개발’ 국가들이 이 암을 키우고 있었다. 에얼릭은 케냐와 나이지리아, 튀르키예, 인도네시아, 필리핀, 브라질, 코스타리카, 엘살바도르의 인구가 1980년대나 1990년대 무렵이면 두 배로 증가할 것이라고 말했다. 에얼릭 본인이 1966년에 방문했던 인도를 보라. 남아시아와 중앙아시아는 이미 먹여야 할 입을 지나치게 많이 쏟아내고 있었다. 에얼릭은 전 세계 인구가 70억 명 미만에서 멈출 것이라고 생각했다. 유일한 의문점은 그 이유가 맬서스가 말한 “기근과 전염병, 전쟁” 같은 비극적 사건 때문일지, 아니면 정부가 이 비극을 피하기 위해 현명하게 인구통제 정책을 고안해서 집행했기 때문일지였다.[7] (스포일러: 현재 세계는 에얼릭이 예측한 수보다 더 많은 인구를 먹여 살리고 있다.)

에얼릭과 그의 숙적 배리 카머너가 스톡홀름에서 인구 과잉 문제의 해결책을 두고 논쟁을 벌였다. 배리 카머너는 인기 저서 『원은 닫혀야 한다』(1971)에서 에얼릭의 인구 폭탄 이론을 대놓고 비판했다. …… 카머너는 이른바 ‘인구 변화’로 모든 문제가 해결될 것이므로 인구정책이 따로 필요하지 않다고 주장했다. 사람들이 가난에서 벗어날 수 있도록 돕기만 하면 자녀 수가 자연스럽게 줄어

들리라는 것이었다. 에얼릭은 그런 접근 방식을 취하기엔 현 상황이 너무 심각하며 어차피 그런 방식은 효과가 없을 것이라고 주장했다. 정부 정책을 엄격하게 실시해서 출산율을 낮춰야 했다.

— 환경운동가 스튜어트 브랜드(2009)[8]

에얼릭은 악몽 같은 시나리오를 몇 가지 제시한 뒤 자기가 생각하는 **최선의** 시나리오를 내놓았다. 1970년대 중반에 미국이 식량 원조를 완전히 철회하면 아시아와 아프리카, 남아메리카, 중동의 대다수 국가에서 폭동과 내전이 발생해 수백만 명이 사망할 것이다. 친소련 정부들은 무너질 것이다. 교황이 깨우침을 얻어 스페인어권 신도들에게 낙태와 피임을 장려할 것이다. 결국 친미 국가들과 유엔 안전보장이사회(소련과 중국은 제외인데, 이 무렵이면 더 이상 존재하지 않을 것이기 때문이다)는 대다수 저개발국에서 결혼과 출산을 제한하며 조직적으로 '지역 재건'을 추진할 것이다. 에얼릭은 지구가 검은 피부와 갈색 피부를 가진 인구들로 가득 찰 것이라는 두려움이 1985년 무렵에는 완전히 사라지기를 바랐다.

에얼릭에게는 비백인 인구를 통제할 방안이 있었다. 그러나 푸에르토리코에서 클래런스 갬블이 그랬듯 그는 자율적인 '가족계획'으로 인구를 통제할 수 있다는 생각을 비웃었다. 록펠러 3세의 옛 인구위원회는 주로 가난한 국가의 인구를 교육하고 자궁 내 장치를 보급하는 가족계획 방식을 추구했다. 그러나 가난한 어머니들이 정말로 자녀를 **적당히** 낳으리라고 믿을 수 있는가? 에얼릭과 하딘 같은 부류의 사람들은 '인구정책'을 더 선호했다. '유연한' 인구정책은 서구 국가가 사회에 실제로 **필요한** 자녀 수가 얼마인지를 교육하고 세금과 학교 제도, 사회규범을 바꿔서 출산 '억제책'을 마련하는 것을 의미했다. 그러나 사회에 필요한 것은 '강경한' 인구정책이었다. 즉 자녀 수를 두 명 이하로 제한하는 법을 엄격하게 시행해야 했다.[9]

서구의 언론인, 학자, 연예인, 정책 입안자 들은 『인구 폭탄』과 이 책에서 제시한 인구증가제로 운동을 생태학적 명령으로 치켜세웠다. 《라이프》지는 미국인들이 "1970년대에 겨우 비집고 들어가고 있다"라고 선언했다. 디즈니마저 가세했다. 도널드 덕이 가족계획의 내용을 설명하는 한 공익 애니메이션에서는 세 아이를 둔 멕시코인 아버지가 주인공으로 등장해 내레이터의 바람대로 피임약과 피임 장치를 이용해 탄생과 사망 사이에서 새로운 '균형'을 찾기로 결정한다.[10] 에얼릭 본인도 NBC 방송국의 토크쇼인 〈조니 카슨의 투나이트 쇼〉의 고정 게스트가 되었다. 에얼릭의 첫 출연 이후 카슨은 시청자 참여도가 그 어떤 게스트보다 높았다고 말했다. 에얼릭이 『인구 폭탄』에서 예측한 내용은 전혀 실현되지 않았지만 그는 과학자치고 무대 장악력이 대단했고 재앙을 코앞에 둔 사회의 깊은 두려움을 대변했다. 에얼릭은 1980년대까지 계속 카슨의 토크쇼에 출연해 미국인 수백만 명에게 환경 악화와 핵전쟁의 위협, 멕시코인 불법 이민 앞에서 당신들의 "삶의 질이 하락하고 있다"라고 경고했다.[11]

스모그가 지구를 뒤덮는다. 산소가 고갈된다. 사랑은 권할 만한 것이다. 그러나 출산의 대가는 죽음이다. **위기는 당장 내일이라도 닥칠 수 있으며 이제는 정말로 시간이 없다.**

— 에얼릭의 『인구 폭탄』을 바탕으로 제작한 영화 〈인구증가제로Z.P.G.〉(1972)의 홍보 포스터 문구

그러나 미국 밖에서 비백인 인구를 통제하려는 시도는 격렬한 반대에 부딪혔다. 이러한 반대는 1974년에 루마니아 부쿠레슈티에서 열린 세계인구회의에서 절정에 달했다. 원래 주최 측은 이 회의에서 서구의 인구통제 시도를 추켜세우며 자궁 내 장치와 피임약을 비롯한 여러 피임 방식을 강조하려 했다. 회의 기획자들은 이 자리에서 '세계인구행동계획'을 비준할 수 있으리라 기대했다. 그러나 전 세계 국가들은 이러한 방침을 거부하며 미국과 영국, 그 밖의 유럽 국가들이 지원하는 인구통제 계획이 피상적인 인도주의에 불과하다고 맹비난했

다.[12] 바티칸은 미국이 약자를 학대한 자국의 역사를 완전히 망각했으며 그러한 역사적 무지 때문에 인구를 통제하려는 시도가 왜곡되었다고 비판했다. 게다가 인구증가제로 운동에서 제시한 통계자료 역시 틀린 것으로 드러났다.

그럼에도 최소 20세기의 마지막 25년간 이른바 제1세계에서는 『인구 폭탄』에서 영감을 얻은 인구통제 운동이 정반대로 보이는 집단들을 하나로 결속했다. 소외된 여성들도 교육과 생식권을 누리기를 진심으로 바랐던 페미니스트들, 지구의 자연자원과 생명체를 있는 그대로 보존하기를 진심으로 바랐던 환경운동가들, 그리고 지구의 미래를 자격 없는 자들에게 맡겨선 안 된다고 진심으로 믿었던 권력자들이 바로 그 집단들이었다.[13] 어느 정책 분석가의 말처럼 "오늘날 인구통제 — 자신의 몸과 삶을 스스로 통제하려는 사람들의 욕구를 미심쩍은 경제적·정치적 명령 아래에 복속시키는 철학 체계 — 는 국경을 모른다".[14]

17장

비상사태

늦은 밤이었지만 37도가 넘는 델리는 여전히 공기가 텁텁했다. 폴 에얼릭과 그의 지친 가족을 태운 낡아빠진 택시는 호텔을 향해 냄새 나고 시끄럽고 번잡한 도로 위를 엉금엉금 기어갔다. 에얼릭의 회상에서 당시 그가 느낀 혐오감이 드러난다. "길에서 사람들이 먹고 씻고 잠을 잔다. 어딘가를 찾아가고 다투고 악을 쓴다. 택시 창문 안으로 손을 들이밀고 구걸을 한다. 대변과 소변을 본다. 버스에 매달린다. 가축을 몬다."[1] 캘리포니아에서의 중산층 생활과는 다른 도저히 이해할 수 없는 세계였다.

1965년에 린든 B. 존슨 대통령은 전 세계의 인구 증가를 당대의 주요 문제 중 하나로 꼽았다. 그리고 유엔에서 "인구통제에 5달러도 안 되는 돈을 투자하는 것이 경제성장에 100달러를 투자하는 것만큼의 가치가 있다는 사실을 인지하고 행동에 나섭시다"라고 말했다.[2] 대통령의 이 메시지와 1966년에 델리에서 한 경험이 맞물려, 에얼릭은 드레이퍼의 인구위기위원회가 추진한 인구통제로 마음이 쏠렸다. 또한 그는 종말론적 도서 『1975년 기근! 미국의 결정: 누가 살아남을 것인가?』(1967)도 읽었는데, 이 책은 10년 안에 인도에 대기근이 발생할 것으로 예측하며 그에게 또 하나의 근거를 제공했다. 이 모든 경험이 합쳐지며 에얼릭을 인구 폭탄이라는 계획으로 이끌었다. 그는 자신이 그토록 좋아한 프랑스 파리의 인구가 본인이 방문한 당시의 델리 인구보다 거의 세 배 많았다는 사실은 편리하게 무시해버렸다.[3]

에얼릭 본인도 모르는 사이 비정부기구와 미국 정부 및 유엔의 유력 인사들이 그에게 주목하고 있었다. 인종 자멸과 우생학 불임수술 같은 담론은 이제 사라지고 없었다. 가난한 국가들이 공산주의로 우르르 넘어가는 '도미노 효과'를 저지하기 위해 인구를 통제해야 한다는 냉전 시대의 정치군사적 동기 역시 서서히 사라졌다. 그러나 백인이 대다수인 미국이 비백인이 대다수인 인구 집단의 생식을 좌우하는 경향은 인도주의와 환경보호를 내세우는 사업을 통해 계속해서 강화되었다. 우생학에서 태어난 인구통제 전략의 파장은 오늘날까지 이어지고 있다.

세계에서 가장 부유한 자선단체인 포드재단은 1950년대부터 인도에서 인구통제를 강력 추진했다. 세상을 떠난 마하트마 간디의 주치의로서 영향력이 컸던 수실라 나야르 박사는 서구 기업들이 홍보하는 인공 피임법에 반대했고 인도 정부의 대다수 구성원도 박사의 의견에 동의했다.

그러나 포드재단 직원들은 자궁 내 장치인 이중 S자형 리페스 루프를 크리스마스트리 장식품으로 위장해 인도에 밀반입하는 데 성공했다. 의사들은 1966년까지 100만 명이 넘는 인도 여성에게 자궁 내 장치를 삽입했다.[4] 인도 보건 담당 장관들과 의사들은 이런 책략의 검은 의도를 서서히 의심하면서 타국의 후원을 받는 비정부기구들의 '가족계획'을 거부하기 시작했다. 그러나 미국 정부는 개입을 더욱 강화하려 하고 있었다.

1966년 3월, 인도의 총리 인디라 간디Indira Gandhi가 식량 원조 확대를 요청하고자 워싱턴을 방문했다. 국무장관 딘 러스크(10여 년 전에 록펠러 3세에게 인구위원회를 설립하라고 부추긴 인물이다)와 존슨 대통령은 총리의 요청에 응했다. 그리고 그 대가로 인구통제에 "대대적 노력"을 기울이라고 요구했다. 약속대로 간디 정부는 자궁 내 장치 삽입과 불임수술의 할당량을 정하고 장치를 하나 삽입할 때마다 하루에서 사흘

치의 임금을, 불임수술을 한 건 실시할 때마다 2주치의 임금을 지방정부와 의사에게 지급했다.[5] 그러나 에얼릭과 인구증가제로 운동이 몹시 암울한 예측을 내놓고 있었기에 서구의 눈에는 이런 유인책조차 너무 더뎌 보였다.

1970년 3월 16일, 닉슨 대통령은 '인구 증가와 미국의 미래 위원회'를 설립했다. 에얼릭의 예측, 그리고 인도에서 인구통제 사업을 추진하는 미국 비정부기구들의 활동을 주시해온 헨리 키신저 국무장관의 권고에 따른 것이었다. 대통령은 30년간 인구통제를 옹호해온 록펠러 3세를 스물네 명으로 구성된 이 위원회의 위원장으로 앉혔다. 위원회는 인도를 필두로 13개 대상 국가를 선정했다.[6]

> 우리 나라의 짧은 역사에서 우리는 언제나 진보와 '좋은 삶'이 인구 증가와 결부되어 있다고 생각했다. …… 지금까지는 이것이 사실이었다 해도, 더 이상은 아니다. …… 우리는 나라의 인구가 계속 증가한다고 해서 유의미한 이득이 발생하지는 않는다는 결론을 내렸다.
> — 인구 증가와 미국의 미래 위원회(1972)[7]

4년 후인 1974년 12월, 키신저 보고서라는 이름으로 더 잘 알려진 국가안보연구각서 200호가 새로 취임한 제럴드 포드 대통령의 책상 위에 올라왔다. 아이젠하워 행정부 이후로 보수주의자와 진보주의자 모두 저개발국에 원조를 제공할 때는 반드시 인구통제 조치를 조건으로 달아야 한다고 한목소리로 주장해왔다. 1970년대 중반까지 이 말은 피임약과 자궁 내 장치, 콘돔을 널리 배포하는 것을 의미했다. 그러나 닉슨이 남긴 또 하나의 잔재인 미국국제개발처의 라이머트 레이브홀트 박사는 전 세계의 퇴화를 막기 위해 여성의 4분의 1을 불임화해야 할지도 모른다고 강조했다. 물론 불임수술은 자발적이어야 했다.[8] 키신저에게 지휘권을 맡기고 각서 200호를 지침으로 삼은 포드 행정부는 이미 '강경한' 인구통제 정책을 진지하게 고민할 태세를 갖춘 듯 보였다.[9]

그때, '비상사태'가 발생했다.

내부 갈등과 외부 압박에 시달리던 간디 총리는 1975년에 시민의 자유 보장을 중단하고 독재 권력을 이용해 빈곤을 근절하겠다고 선언했다. 이 목표는 가난한 사람들을 뿌리 뽑는 방식으로 이루어졌다. 인도 정부는 총리의 아들 산제이 간디 Sanjay Gandhi의 지휘 아래 불임수술 대상자들이 수술을 거부하면 식량과 의료 지원을 중단하고 급여 지급마저 보류하는 정책을 시행했다. 또한 학교를 압박해 불임수술을 거부하는 부모의 자식들을 퇴학시켰다. 경찰과 관료 들은 작은 시골 마을이든 대도시든 가리지 않고 남자들을 강제로 한곳에 몰아넣은 뒤 정관을 절제했고, 집에서 도망친 남자들을 찾아내려고 기동부대를 동원해 한밤에 들판을 샅샅이 뒤지는 날도 많았다. 강제로 불임화당한 환경미화원 칸두 게누 캄블은 훗날 "그들은 오직 남자만 원했어요. 어떤 남자든요"라고 회상했다. "우리는 저항하지 않았습니다. 저항하면 일자리를 빼앗겠다고 경고했거든요."[10]

1976년 하반기에만 남녀 60~80만 명이 불임수술을 받았다. 미국에서 실시된 불임수술은 물론 1930년대의 나치 캠페인마저도 훌쩍 뛰어넘는 수치였다.[11] 강제로 연행된 남자들이 학교와 회관, 관공서를 가득 채웠다. 의사들은 조립 라인 방식으로 줄줄이 정관을 절제했다. 비상사태 당시 불임수술에 동원되었던 아르빈드 보팔카르는 "어떤 의사들은 몇 분 만에 수술을 마쳤습니다"라고 말했다. "어떤 의사들은 어쩔 줄 모르고 몇 시간을 허둥댔고요. 비윤리적인 의료 행위였어요."[12] 불임수술을 받은 수천 명이 감염으로 숨졌다. 이 정책에 저항하며 벌어진 폭동을 무력으로 진압하는 과정에서 수천 명이 추가로 숨졌다.

미국은 조심스럽게 낙관하는 반응을 보였다. 포드 행정부는 관료들에게 간디 정부가 "강제로 추진한 조치에 관해 공개 논평을 삼갈 것"을 당부했다.[13] 세계은행의 총재이자 과거에 베트남 전쟁을 기획한 로버트 맥너마라는 비상사태 소식을 크게 반겼다. "마침내 인도가 인구문제를 효과적으로 해결하려 하고 있다."[14]

간디의 '비상사태'는 2년간 이어졌고 간디 정부는 1977년 총선에서 압도적인 표차로 패배했다. 그사이 1,000만 명이 넘는 사람이 불임수술을 받았다. 가난한 사람들을 대상으로 한 강제 불임수술의 유산은 인도에서 현재까지도 산발적으로 이어지고 있으며, 그 과정에서 의사가 실수를 저질러 환자가 사망하는 경우도 종종 발생한다. 이에 대한 반작용으로 오늘날 남성들은 피임 자체를 기피하고 있다.[15] 수십 년간 불임수술은 대개 여성을 대상으로 실시되었고, 인도 고등법원이 불임수술 관행을 금지한 2016년 이전까지 수술은 오로지 이 목적으로 마련된 임시 의료 시설에서 주로 이루어졌다.[16]

중국

1979년 중국 청두에서 열린 인구 관련 회의에서 **인구 폭탄**이라는 폭탄이 다시 한번 터졌다. 1972년에 비관적 미래를 예언한 『성장의 한계』를 토대로 컴퓨터 모델을 만든 중국 엔지니어들은 중국 인구를 절반으로 줄이지 않으면 대재앙이 닥칠 것이라 추측했다. (『성장의 한계』는 이탈리아의 두 산업가와 존 3세의 동생인 데이비드 록펠러가 공동 설립한 엘리트적 경제예측 집단 로마클럽이 내놓은 보고서다. 이 록펠러 형제의 아버지가 20세기 전반 우생학 운동의 주요 후원자 중 한 명이었음을 기억하자.)

일부 사회과학자들은 이 모델이 너무 엉성하다며 "맬서스에게 컴퓨터가 생긴 것뿐"이라고 비판하기도 했다.[17] 게다가 내부자들이 일깨운 대로 "늦게 결혼해 늦게 기르고 적게 낳아 잘 키우자"라는 1970년대의 가족계획 운동으로 중국 인구 증가율은 10년도 채 지나지 않아 절반으로 줄어 있었다. 그러나 엔지니어들은 덩샤오핑 주석과 중앙위원회를 설득하는 데 성공했다. 중국은 1980년부터 '한 자녀 정책'을 실시했다.[18]

중국 국가위생가족계획위원회는 30년 넘는 기간 동안 자

중국 랴오닝성 선양의 한 자녀 정책 포스터. 1984년경.

녀를 한 명 넘게 낳는 부모에게 벌금을 매겼다. 교사나 공무원이 남몰래 둘째를 낳은 사실이 발각되면 일자리를 잃을 수 있었다. 정부 각료들은 이 정책으로 중국 인구가 예상치보다 4억 명 줄어든 덕분에 기근을 막을 수 있었다고 주장했다.[19] 그러나 거의 즉시 강제 피임과 비자발적 낙태, 불임수술, 영아 살해에 관한 신빙성 있는 이야기들이 흘러나오기 시작했다. 당국이 부모들을 단속하려고 다시 고문을 시작했다는 소문이 돌았다.[20] 한 자녀 정책의 직접적인 결과로 부모들이 여자아이보다 남자아이를 살려두기로 선택하면서 수년간 성비가 심각하게 왜곡되었고, 그 장기적 여파가 이제야 만천하에 드러나고 있다.[21]

1980년대 중반이 되자 이 정책들의 효과가 **지나치게** 뛰어나다는 사실이 명백해졌다. 그런데도 1993년에 중국 위생부 장관은 정신질환이나 성병의 병력이 있는 부부에게 강제 낙태와 불임수술을 포함한 '장기적 피임 조치'를 명령하는 '우생보건법'을 제안했다. 국제사회가 이 제안에 격하게 반발하고 나서자 중국 정부는 법안의 이름을 '모자보건법'으로 바꾸었다. 위생부는 단어를 신중하게 골라 작성한 보도자료에서 서구 국가들이 이 새 법률에 나치의 의도를 뒤집어씌우고 있으며 이 법은 그저 의료에 관한 것일 뿐이라고 항변했다.[22] 단속은 2000년대까지 이어졌다. 결국 인구통계학자들은 아이러니하게도 중국이 곧 정반대의 위기에 봉착할 것이라고 경고했다. 그 위기는 노동인구가 노령화되고 젊은 가구 수가 너무 적어지리라는 것이었다.

전국인민대표대회는 2016년부터 두 자녀 정책을 실시했고 농촌에서는 셋째를 허용했다. 그러나 유구한 우생학 풍조는 계속 이어졌다. 중국 정부는 서부에 있는 신장에서 한족에게는 한 자녀 정책을 완화하는 동시에 소수민족인 위구르족이 자녀를 너무 많이 낳는다며 낙태와 자궁 내 장치 삽입을 강제하고 벌금을 물리거나 구금시키기 시작했다. 신장에서 위구르족에게 시행된 불임수술 건수는 2014년에 10만 명당 14건에서 2018년에 10만 명당 250건이라는 충격적인 수치로 급증했다. 중국 전체에서는 불임수술 건수가 감소했는데도 말이다.[23] 이 대대적 사업으로 위구르족의 출산율은 당연히 급락했다. 국제기구들은 중국의 이 사업이 조직적인 대량학살이라고 천명했다.[24]

페루

1995년 9월, 알베르토 후지모리 페루 대통령이 베이징에서 열린 유엔 제4차 세계여성대회에 참석했다. 후지모리는 연사 중 유일한 남성 국가 원수였고 — 당시에는 기념할 만한 사건이었다 — 연설에서 여성은 자기 생식을 직접 결정할 권리가 있다고 다시 한번 역설했다. 그러나 바로 그때 후지모리 정부는 원주민 여성을 대상으로 인구통제 정책을 시행하고 있었다.[25]

인권변호사 줄리아 타마요와 라틴아메리카·카리브해여성인권보호위원회는 1996년에서 1998년 사이에 강제 피임 및 불임수술 240건과 그중 최소 한 명의 패혈증 사망 사실을 확인했다. 불임화된 여성은 거의 모두 소수민족(가령 케추아족) 여성이었다. 그러나 위원회는 이 진술들이 빙산의 일각일 뿐이라고 추측했다. 후지모리의 독재하에 활동하는 독립 조사원들에게 언어 장벽, 문화에 따른 수치심, 고립된 위치는 조사를 방해하는 크나큰 장애물이었다.[26]

변호사와 인권활동가, 언론인으로 구성된 조사팀은 전화로 증거를 수집하기 시작한 뒤 여성 27만 2000여 명과 남성 2만 2,000여 명이 불임수술을 받았음을 확인했다.[27] 일부 피해자는 보건의료 종사자들이 자신을 결박하고 눈을 가렸다고 보고했다. 또 다른 피해자들은 수술에 동의하지 않으면 가족을 감옥에 가두겠다는 협박을 받았다. 말라리아 치료인 줄 알았는데 알고 보니 마취되어 의식이 없는 사이 불임화된 피해자들도 있었다.[28]

후지모리는 2000년에 강제 불임 정책과 무관한 부패 혐의로 대통령직에서 물러났다. 2009년에 페루 대법원은 인권 침해 혐의로 후지모리에게 유죄 판결을 내리고(역시 불임수술과는 무관했다) 25년의 징역형을 선고했다. 후지모리의 딸이자 페루 민중의힘 당대표이며 본인 역시 유권자를 매수해 복역한 전적이 있는 게이코는 2015년에 하버드대학과 유타밸리대학 등 미국 전역에 있는 다양한 대학에서 강연을 하면서 자기 아버지를 변호했다. 그는 불임수술이 원래 환자의 동의를 받았어야 했으나 보건의료 종사자들이 과도하게 열의를 보였던 것이라고 주장했다.[29]

이 모든 사례에서 관료들은 과거 우생학이 남긴 인종차별의 유산과 거리를 두려 했다. (관련 사례는 이 밖에도 많다. 미국은 베트남전쟁 당시 남아시아와 필리핀뿐만 아니라 중남미에서도 인구통제에 각별한 관심을 보였다.) 그러나 이들이 보내는 메시지는 여전히 너무나도 익숙했다. 잘못된 부류가 자녀를 너무 많이 낳고 있다. 정치·경제 분야의 권력자들이 무슨 조치 — 이왕이면 영구적인 조치 — 를 취하지 않으면 인구통계학적 추세로 볼 때 조만간 전 세계의 기존 질서가 흔들릴 것이고 가장 보잘것없는 자들이 세계를 접수할 것이다. 문명이 위험에 처했다.

그러나 적어도 유럽과 미국에서는 공식적인 우생학 정책

이 마침내 종식되었다. 오늘날 이 국가들에서는 그 어떤 인구 통제 정책도 시행되지 않을 것이다. 당연하지 않겠는가?

우생학은 죽었다, 하지만 영원하리라!

(1980년부터 현재까지)

THE SHORTEST HISTORY OF EUGENICS

18장

크고 작은 저항

고의처럼 보이지만 사실은 우연인, 무어라 설명하기 힘든 역사적 사건이 벌어졌다. 1965년 3월 7일 일요일 저녁, ABC 방송국은 영화 〈뉘른베르크 재판〉 방영을 중단하고 앨라배마 경찰이 셀마시의 에드먼드페터스 다리를 건너는 민권운동 시위대를 두들겨 패는 장면을 보도했다. 이 사건이 더 놀라웠던 것은 영화가 끝날 때쯤 나오는 중요 장면 때문이었다. 검찰은 정신박약이라는 이유로 나치 의사에게 불임수술을 당한 한 남자를 증인석에 세운다. 그러나 독일 측 변호사는 미국인으로 구성된 재판부 앞에서(스펜서 트레이시가 재판장을 연기했다) 미국 역시 똑같은 이유로 수천 명을 불임화했다는 사실을 지적한다. 〈뉘른베르크 재판〉은 나치 범죄에 관한 영화다.

그러나 이 영화는 제2차 세계대전이 파시스트 악당에 맞선 정당한 전쟁에서 승리를 거둔 이야기라는 지나치게 단순한 서사를 날카롭게 깨부순다. 게다가 범죄라고 할 만한 것은 흑인으로서 행진한 것뿐인 남녀 — 훗날 상원의원이 되는 존 루이스도 그중 한 명이었다 — 가 찬송가를 부르다가 미국 경찰에게 구타당하는 장면이 나란히 방송되자 사람들은 20년 전 미국이 독일에 승리한 이후 과연 무엇이 나아졌는가를 의심할 수밖에 없었다.[1] 그날 밤 약 4,800만 명의 시청자는 두 장면 사이의 연관성을 또렷하게 이해했다. "방금 저는 텔레비전에서 아돌프 히틀러의 갈색 셔츠단에 뒤이은 새 후속편을 목격했습니다." 한 시청자는 《버밍햄뉴스》에 이렇게 써 보냈다. "그건 바로 앨라배마 주지사 조지 월리스의 파란 셔츠단이었습니다 [갈색 셔츠단은 나치 돌격대를, 파란 셔츠단은 미국 경찰을 의미한다—옮긴이]. 앨라배마에서 찍은 그 장면은 1930년대 독일에서 찍은 옛 뉴스 장면과 똑같았습니다."[2]

몇몇 역사가들은 뉘른베르크 재판과 셀마에서의 피의 일요일 같은 사건들 덕분에 과학적 인종주의와 우생학이 영영 신빙성을 잃었다고 설명한다.[3] 이 못지않게 중요한 점은, 19세기에 고비노가 강조하고 골턴이 옹호한 강경 생물학적 결정론이 마침내 응당한 대가를 치렀다는 것이다. 미국의 주 법원 판사, 변호사, 입법가 들은 수십 년간 시행되어온 우생학 법안을 폐지했다. 어차피 1960년대 들어서는 거의 사용되지 않던 법안들이었다. 의학 관련 위원회들과 병원들은 치료 기준을 확립했고, 자경단식 수술은 더 이상 이루어지지 않았다. 『뻐꾸기 둥지 위로 날아간 새』(1962년에 발표된 소설이자 1975년에 개봉한 영화) 등 여러 대중 작품이 의료 권력을 비윤리적으로 휘두르는 행태에 반감을 표하자 정신병원 제도 전체가 비판의 대상이 되었다. 오늘날 의학 연구에 참여하는 환자(또는 환자를 대신하는 보호자)는 반드시 연구에 동의해야 한다. 이 밖에도 각종 심사위원회와 규정, 문서 처리 절차, 보조금 지급 조건이 마련되었다.

어쨌거나 바로 이것이 우리가 선호하는 이야기의 내용이다. 현실에서 이른바 우생학의 죽음은 훨씬 일찍 시작되었다. 그러나 한편으로 그 죽음은 훨씬 오래 걸리기도 했다. 일각에서는 우생학이 정말로 죽었음을 여전히 믿지 못하고 있다.

유전학자들의 갈등

싱클레어 루이스 같은 문인들과 클래런스 대로 같은 법조계 전사들은 1920년대에 우생학을 맹비난했지만, 과학계는 1960년대가 될 때까지도 결코 완강하거나 끈질기게 우생학에

저항하지 않았다.[4]

그러나 몇 가지 주목할 만한 예외가 있었다. 1920년대에 존스홉킨스대학의 저명한 미생물학자 허버트 스펜서 제닝스는 백인 우월주의자 앨버트 존슨이 의장을 맡고 있던 의회 이민귀화위원회 앞에서 증인석에 올랐다. 그는 이민 때문에 미국 내 범죄자와 간질 환자, 정신박약자 비율이 현저히 증가할 것이라는 로플린 등의 주장에 반대했다.[5] 제닝스는 과거에 가입했던 우생학협회에서 탈퇴했지만 자기 의견을 그리 적극적으로 표명하지 않았고, 의회는 결국 그의 주장을 무시했다.[6]

존스홉킨스대학의 생물학자 레이먼드 펄은 자신의 멘토 제닝스의 뒤를 이어 우생학을 훨씬 강하게 비난했다. 그러나 펄은 그 대가를 치렀다. 과거에 그는 초기 우생학을 열렬히 **옹호했고** 1908년에는 널리 읽힌 잡지 《월드워크》에 "사람들이 오늘날 근친상간에 반감을 느끼는 만큼 신체와 정신에 결함이 있는 자들의 증식에 강한 반감을 느낀다면 우생학의 중요한 목표 중 하나가 달성된 것이다"라고 기고하기도 했다.[7] 그러나 몇 년 뒤 펄은 친구 헨리 루이 멩켄의 설득으로 《아메리칸 머큐리》에 우생학에 **반대하는** 글을 실었다. 그는 그 글에 '오만한 생물학'이라는 제목을 붙였다.

이 글에서 펄은 오로지 변절한 내부자만이 가능한 방식으로 우생학 운동의 토대를 뒤흔들었다. 그는 거의 모든 우생학 문헌이 헛소리라고 주장했다. 그리고 위대한 학자와 예술가, 시인, 과학자 588명을 조사해 자신의 주장을 입증했다. 이 '위인'들은 당연히 위대한 부모에게서 태어났을 것이다! 그러나 펄이 찾아낸 부모들은 지극히 **평범했고** 뛰어난 점이라고는 찾아볼 수 없었다. 게다가 부모가 지독하게 형편없는 경우도 많았다. 현대 우생학자들이 봤다면 분명 불임수술을 진지하게 고려했을 정도였다. 그리고 또 하나 재미있는 점이 있었으니, '위인'들의 자식 역시 그리 비범하지는 않다는 것이었다. 그러므로 우생학의 신조와 달리 탁월한 재능이 꼭 부모에게서 자식으로 전달되는 것은 **아니었다.** 골턴이 수십 년 전에 더 작은 규모로 조사하고 내놓은 주장에 반하는 결과였다.[8] 유전형(몸속의 게놈)과 표현형(겉으로 나타난 특징) 사이의 경로는 너무 복잡해서 예측할 수 없다. 따라서 펄은 유전자가 특성을 결정한다는 우생학자들의 선전이 기껏해야 지나친 단순화에 불과하다고 경고했다.

펄이 이렇게 비판하자 저명한 유전학자이자 우생학 옹호자 에드워드 머레이 이스트와 에드먼드 비처 윌슨은 펄을 블랙리스트에 올렸다.[9] 그 후로 펄은 미국 생물학계에서 영향력을 상실했다.

결국 오로지 인류학자들 — 더 구체적으로 말하면 컬럼비아대학의 존경받는 학자 프란츠 보아스의 뒤를 이은 **문화**인류학자들 — 만이 과학적 인종주의를 해체하는 데 전력을 쏟았고, 부차적으로 우생학 해체에도 일조했다.[10] 루스 풀턴 베네딕트, 조라 닐 허스턴, 마거릿 미드, 멜빌 헤르스코비츠, 애슐리 몬터규를 비롯한 보아스의 제자들은 현수교를 지탱하는 케이블선을 싹둑 잘라버리듯 우생학을 뒷받침하는 생물학적 인종 개념의 과학적 근거를 깨부쉈다. 마침내 이들은 성공을 거두었다. 적어도 부분적으로는. 제2차 세계대전 이후 과학계에서 반유대주의를 지지하는 목소리가 급격히 줄었고 지능지수 검사와 수학능력시험, 우생학 강화를 목표로 하는 각종 심리학 장치도 한동안 힘을 잃었지만, 우생학 불임수술은 여전히 사라지지 않았다.[11]

'미시시피 맹장수술'

셀마에서 앨라배마주 경찰에게 구타당하기 약 1년 전인 1964년, 존 루이스는 얼마 전 미시시피에서 발의된 우생학 법안에 대한 인식을 고취하고자 신문에 사설을 기고했다. 학생 비폭력조정위원회Student Nonviolent Coordinating Committee의 애틀랜타 지부장이었던 루이스는 미시시피 하원법안 180호를 '대량학살 법안'이라고 불렀다.[12] 그는 미시시피주에서 제정하려 하는 이 법안의 실체를 폭로한 위원회의 팸플릿 「미시시피에서의 대량학살」을 집중 조명했다. 1964년 초에 월터 뷰캐넌 미크 등의 하원의원이 발의하고 과격한 인종분리자인 제임스 이스틀랜드 상원의원이 배후에서 지지한 이 법안은 혼외자를 두 명 이상 낳은 사람을 모두 중범죄자로 간주했다. 유죄로 판결되면 1년 이상의 징역형에 처해졌다. 해당 '범죄'를 재차 저지르면 형량이 3년에서 5년까지 추가되었다. 격렬한 논쟁이 벌어졌지만 법안 180호는 침례교 집사이자 면화 무역상이었던 테드 매컬러프 하원의원의 제안에 따라 징역형을 면할 수 있는 방법을 추가한 뒤 2대 1의 비율로 통과되었다. 그 방법은 바로 피고인이 불임수술을 받는 것이었다.

루이스가 경종을 울린 이유는 미시시피 의원들이 토론 중에 무심코 흘린 의미심장한 발언 때문이었다. 일부 의원은 미시시피주에 "복지 문제"가 있으며 상류층 백인들이 더 이상 "그 비용을 대려" 하지 않을 것이라고 우려했다. 또 다른 의원들은 법안 180호로 특히 아프리카계 미국인이 주 바깥으로 내몰리리라는 점을 인정했다. 해티즈버그의 스톤 베어필드 의원은 "수술이 시작되면 [아프리카계 미국인들은] 시카고로 향할 것"이라고 대놓고 말했다.[13] 주 정부가 흑인의 결혼을 늘 승인한 것은 아니었기에 한 번의 펜 놀림으로 수천 명의 아이들이 '사생아'가 될 수 있었고 이 아이들의 부모는 중범죄자가 되어 강제로 투옥이나 불임수술의 대상이 되었다. 이것만으로는 충분치 않았는지, 같은 해인 1964년의 미시시피주 입법 회기에서 전 미시시피주립교도소장이었던 프레드 존스 의원이 '상습범의 불임화를 위한 법률'인 법안 788호를 발의했다.[14] 전국이 뒤늦게 각성해 한창 시민권 문제를 논하고 있었음에도, 나치의 잔혹 행위가 인정되었음에도, 전국 미디어에서 흑인 대상 폭력과 백인의 자경단 활동을 보도하고 있었음에도, 민권운동에 동조하는 일부 의원들이 짐크로법Jim Crow Laws[공공장소에서의 인종 분리를 합법화한 법안—옮긴이]을 철폐하려고 애쓰고 있었음에도, 아프리카계 미국인에게만 일방적으로 적용된 불임수술 조치는 1960년대 내내 줄기차게 이어졌다.

그리고 법안의 유무와 상관없이 병원의 닫힌 문 뒤에서는 더 많은 일들이 벌어지고 있었다.

민권운동가 패니 루 해머Fannie Lou Hamer는 1964년에 여성국제평화자유연맹Women's International League of Peace and Freedom에서 연설하며 자신이 '미시시피 맹장수술'의 피해자라고 고백했다. 두 차례 유산한 뒤인 1961년, 한 백인 의사가 해머의 자궁에서 '작은 종양'을 제거했다. 그러나 경미했어야 할 그 수술은 해머에게 알리지도 않고 동의도 받지 않은 채 해머가 의식을 잃은 사이 자궁 전체를 적출하는 대수술로 바뀌어 있었다. 해머는 의사를 고소할까도 생각해봤지만 미시시피에서 백인

의사를 상대로 소송을 제기하는 것은 "내 관에 내 손으로 못을 박는 꼴"이나 다름없다고 판단했다.[15]

그러나 해머는 자신과 똑같은 경험을 한 사람이 더 있다는 것, 우생학 사례에서는 종종 법이 기존 관행 뒤를 은근슬쩍 따라온다는 것 또한 잘 알았다. 1965년 한 해에만 미시시피의 북부 선플라워카운티병원North Sunflower County Hospital에서 출산한 50~60명가량의 여성이 자신이 불임화되었음을 뒤늦게 깨달았다. 이들의 자녀가 '합법'이었는가 아닌가의 여부는 의사들의 수술 결정과 뚜렷한 관련이 없었다.[16]

북부 선플라워카운티병원에서 발생한 또 다른 문제는 …… 이 병원을 찾은 흑인 여성 열 명 중 여섯 명이 난관을 묶는 불임수술을 받는다는 것입니다. 주 정부는 두 번째로 혼외자를 낳은 여성에게 6개월의 징역형이나 500달러의 벌금을 물리는 법을 준비하고 있습니다[하원 법안 180호]. 그들이 숨기고 있는 사실은, 결혼하지 않은 여성뿐만 아니라 결혼한 여성에게도 이미 이런 짓을 자행하고 있다는 것입니다.

― 패니 루 해머, '미시시피 맹장수술' 경험을 밝힌 연설[17]

스키너 대 오클라호마주 판결로 우생학이
종식된 것은 아니다

법학자들은 스키너 대 오클라호마주 판결Skinner v. Oklahoma
(1942)과 당시 윌리엄 더글러스 대법관의 의견을 높이 평가한
다.[18] 제2차 세계대전 중에 더글러스 대법관은 이렇게 경고했
다. "불임수술을 결정할 권한이 행사되면 교묘하고 광범위하
며 파괴적인 영향을 끼칠 수 있다. 그러한 권한이 사악하거나
무모한 자의 손에 들어가면 지배 집단과 불화하는 인종이나
유형은 위축되다 결국 사라질 수 있다." 더글러스 대법관은 아
마 몰랐겠지만, 그가 오클라호마 수감자 불임화 사업의 종말
을 알리기 겨우 몇 달 전에 열린 반제 회의Wannsee Conference에
서 제3제국 지도자들은 '최종 해결책'을 본격 추진하기 시작
했다. 1935년부터 7년 후 스키너 판결이 나오기까지 오클라호
마는 1년에 범죄자 약 65명을 불임화했다. 스키너 판결 이후
수감자를 대상으로 한 처벌적 불임수술은 거의 중단되었다.
적어도 한동안은 말이다.[19]

그러나 감옥 바깥에서 스키너 대 오클라호마주 판결은 거
의 주목받지 못했다. 앞으로 살펴보겠지만 전국에서는커녕
오클라호마 내에서도 그러했다.[20] 스키너 판결이 높게 평가받
긴 하지만 — 이 역사적 판결은 이후 로 대 웨이드 판결Roe v.

Wade(1973)에서 재등장한다 — 미국 대법원은 오클라호마 감
옥에서 **범죄에 대한 처벌로써** 강제 불임수술을 시행하는 법만
을 폐지했을 뿐 우생학 불임수술 자체에 대해서는 아무 판결
을 내리지 않았다.

19장

인구통제에서 빈곤통제로

　빈곤과의 전쟁의 핵심 요소였던 린든 B. 존슨 대통령의 경제기회법(1964)으로 더 많은 사람이 지역행동위원회를 통해 자발적으로 피임에 접근할 수 있게 되었다. 1970년에 닉슨이 공중보건법에 서명한 이후에는 앨라배마의 몽고메리카운티처럼 전국에서 가장 가난하고 가장 인종이 분리된 지역으로까지 피임 접근권이 확대되었다.[1] (아이러니하게도 닉슨은 빈곤 인구를 돕고자 했던 존슨의 '위대한 사회' 정책을 대부분 축소했다.) 세간의 이목을 끈 일련의 사건들은 '우생학'이라는 용어와 사회 퇴화 개념이 오래전에 사라진 이후에도 빈자와 자격 없는 자의 생식을 통제함으로써 사회문제를 해결하려는 의학계의 유구한 욕구가 미국 내에서 계속되고 있음을 보여주었다.

1970년대에 언론과 시민단체의 노력으로 이런 사건들이 만천하에 드러나자 주 정부와 병원 들은 강제 불임수술에서 손을 떼고 우생학과 공식적으로 거리를 두기 시작했다.

유전론을 향한 금세기 초반의 그 극단적 열정은 사라졌지만, 공공부조와 아동부조 수급자, 일반 빈곤층을 향한 공격 속에서 비슷한 열정과 대체로 동일한 논리가 다시 수면 위로 떠오르고 있다. 외국인이나 이방인, 미국 사회에서 세력을 확장하려는 집단을 향한 전국적 공포나 혐오가 되풀이해 나타나면서 우리 '최악'의 면을 드러내듯이, 약자와 탄압받는 자들을 향한 경멸도 미국의 사회적·정치적·지적 역사에서 다양한 주제로 되풀이해 나타난다.
— 우생학의 역사를 파헤친 초기 연구자 줄리어스 폴(1965)[2]

렐프 대 와인버거 판결(1973)

몽고메리 지역행동위원회는 연방기금을 받자마자 로니 렐프와 미네 렐프 부부와 그들의 여섯 자녀를 지원 대상자로 선정했다. 위원회는 렐프 가족이 앨라배마주 몽고메리 남서부 외곽의 스마일리코트 신축 공공주택으로 이사할 수 있게 도왔고, 사회복지사와 간호사의 정기 방문을 포함해 매달 150달러 상당의 연방 지원 혜택을 받을 수 있도록 이들 가족을 수급자로 등록했다. 보건의료 종사자들은 1971년부터 3개월마다 케이티(1971년에 13세였던 렐프 가족의 장녀)를 시내의 가족계획 클리닉에 데려갔다. 그곳에서 케이티는 건강검진을 받고 프로게스테론으로 만든 피임 주사제인 데포-프로베라Depo-Provera를 맞았다. 케이티의 동생인 메리 앨리스(1971년에 11세)와 미니 리(1971년에 9세)는 더 나중에 데포-프로베라 주사제를 맞기 시작했다.

데포-프로베라의 제조사인 업존컴퍼니는 부정출혈과 자궁내막증, (놀랍게도) 몇몇 암을 치료하는 목적으로 미 식품의약국의 승인을 받았으며 개와 원숭이를 이용해 한창 데포-프로베라의 안전성과 유효성을 연구하던 중이었다. 그러나 장기적인 임상 실험은 실시되지 않았다. 아마 그럴 필요가 없다고 느꼈을 것이다. 식품의약국이 이미 업존컴퍼니에 데포-프로베라를 여성 피임약으로 판매하는 것을 허용하겠다는 신호를 보냈고, 실제로 1973년 10월에 그러한 의향을 공식 확인했기 때문이다. 그러나 승인이 진행되는 동안 이 약이 치료 효과가 있기는커녕 오히려 자궁경부암을 **유발한다는** 사실을 암시하는 의사들의 진술이 나왔다.[3] 식품의약국은 암 유발 가능성을 우려해 1992년이 되어서야 데포-프로베라를 전면 승인했지만 렐프 자매들은 이미 20여 년간 정기적으로 데포-프로베라를 맞아온 상태였다. 전 세계 수백 명의 여성들도 마찬가지였다.

데포-프로베라가 암을 유발한다는 소문은 결국 보건교육복지부와 앨라배마에 위치한 몽고메리 지역행동위원회 클리닉 원장 조지프 콩클린 시니어 박사에게까지 흘러들었다. 그래서 1974년 3월, 위원회 소속 간호사는 이제 열여섯 살이 된 케이티를 병원에 데려와 또 한 번 데포-프로베라를 주사하는 대신 자궁 내 장치를 삽입하게 했다. 3개월 뒤에는 또 다른 직원이 케이티의 두 여동생 메리 앨리스(당시 14세)와 미니 리(당시 12세)를 데리러 왔다. 스마일리코트 공공주택에 "여자애들 주변을 얼쩡거리는" 남자애들이 너무 많아서 메리 앨리스와 미니 리 역시 피임을 계속해야 한다는 것이었다. 그러나 아마도 위원회는 특히 미니 리에게 신체적·정신적 장애가 있었기 때문에 미니 리가 아이를 낳지 않기를 바랐을 것이다. 사회복지사들이 또다시 렐프 부인에게 접근해 자신들과 함께 두 딸을 몽고메리 병원으로 데려가자고 설득했다. 콩클린에 따르면 병원 측은 세 모녀에게 "수술이 어떤 영향을 미치는지 간략하게 설명했다". 렐프 부인은 글을 읽지 못했지만 병원 직원이 건넨 문서에 'X'라고 서명했다. 공증인이 렐프 부인을 "심문"해 본인이 해당 문서에 서명했음을 인지하고 있는지 확인했고 아무런 이의도 제기하지 않았다. 그 뒤에 직원이 렐프 부인을 다시 집에 데려다주었다.[4] 다음 날 아침 의사들은 난관결찰술로 메리 앨리스와 미니 리를 불임화했다. 메리 앨리스와 미니 리가 회복하자 직원들은 둘을 다시 집에 데려다주고 케이티를 붙잡으려 했다. 그러나 케이티는 저항하다가 방 안에 숨어 문을 걸어 잠갔다. 두 동생한테 일어난 일을 보고 겁을 먹은 것이 분명했다.

이로부터 약 2주가 지났을 무렵 렐프 가족은 위원회의 아프리카계 미국인 사회복지사들의 도움을 받아 몽고메리에 있는 남부빈곤법률센터Southern Poverty Law Center와 접촉했다. 모리스 디스와 함께 센터를 공동 설립한 조지프 러빈 주니어는 연방정부를 상대로 100만 달러의 소송을 제기해 세간의 이목을 끌었다. 러빈은 렐프 자매들이 그동안 인간 기니피그가 되어 아직 식품의약국 승인도 받지 않은 데포-프로베라를 맞았으며 모녀가 사전에 설명을 충분히 듣고 수술에 동의하는 과정 없이 딸들이 불임수술을 당했다고 주장했다. 러빈은 손해배상 청구액을 500만 달러로 높였고, 수술 지침과 관련해 정부 내에서 기이한 갈등이 벌어졌음을 알게 된 이후 보건교육복지부 장관 캐스퍼 와인버거를 피고에 추가했다. 정부가 새로운 수술 지침을 발표했더라면 렐프 자매가 받은 불임수술을 더 엄격하게 규제하거나 어쩌면 아예 막을 수 있었을지도 몰랐다. 보건교육복지부는 실제로 1972년에 지적장애인에 대한 새 의료 지침을 작성하고 승인까지 했으나 해당 문서 25만 부를 배포하는 대신 창고에 숨겨두었고 계속해서 아무 규제 없이 불임수술이 시행되도록 내버려두었다.[5]

로스앤젤레스(1968)와 보스턴(1972), 사우스캐롤라이나(1972)에서 아프리카계 미국인 여성에게 강제 '맹장수술'을 시행했다는 보도가 점점 늘었고 버지니아와 노스캐롤라이나에서도 1960년대부터 1970년대 초까지 같은 보도가 꾸준히 이어졌다.[6] 터스키기 매독 실험이 폭로되고 동남아시아에서 잔혹 행위가 벌어지고 있다는 소문이 계속되고 워터게이트 스캔들과 관련해 비판이 이어지는 상황에서, 몽고메리에서 발생한 정부의 불법행위 사례는 이미 닉슨 행정부를 의심하던 전국 언론에 큰 반향을 불러일으켰다.[7] 테드 케네디 상원의원(매사추세츠, 민주당)은 이 사건 소식을 듣고 렐프 가족에게 상원 소위원회 증인으로 서달라고 요청했다. 케네디는 이 증언을 통해 상황을 온전히 인지하지 못하는 개인을 대상으로 의료 실험을 실시하는 것을 금지하는 자신의 법안을 더욱 강력히 밀어붙일 수 있기를 바랐다. 비록 이 청문회에서 우생학이나 부적자의 불임화를 직접 언급한 사람은 없었지만 말이다.[8] 그러나 정치적으로는 효과가 있었다. 케네디의 국가연구법이 1974년에 제정되었고, 이에 따라 생물의학 및 행동 연구의 인간 피험자 보호를 위한 국가위원회National Commission for the Protection of Human Subjects of Biomedical and Behavioral Research가 설립되었다.[9] 곧 이 위원회는 생물의학 윤리를 제시한 「벨몬트 보고서」를 발간했다. 렐프 대 와인버거 판결(1973)은 스키너 대 오클라호마주 판결(1942), 러빙 대 버지니아주 판결Loving v. Virginia(1967) 등과 함께 힘 있는 자들이 소외된 사람들의 생식을 통제하는 오랜 관행에 맞선 주요 판례로 자리 잡았다.

마드리갈 대 퀼리건 판결(1975)

콘수엘로 에르모시요는 로스앤젤레스카운티 USC병원에서 강압에 못 이겨 난관을 묶는 데 동의했다. 앨라배마 의료 당국이 렐프 자매에게 같은 짓을 저지른 바로 그 무렵이었다. 간호사는 진통 중인 에르모시요에게 출산 이후 불임수술을 받지 않을 거면 아기의 생명을 살리기 위해 필요한 제왕절개수술을 해줄 수 없다고 말했다. 에르모시요는 동쪽으로 수천 마일 떨어진 앨라배마에서 렐프 부인이 그랬던 것처럼 문서에 서명했다. 내부고발자가 곧 폭로했듯이 출산을 앞둔 히스패닉 여성에게 이처럼 최후통첩을 날리는 것이 이 병원 — 우연히도 인기 드라마 〈종합병원General Hospital〉의 촬영지였다 — 의 관행이었다. 실제로 1960년대에서 1970년대까지 캘리포니아의 의료 종사자들은 제왕절개 수술을 받고 몇 시간, 심지어 겨우 몇 분이 지난 멕시코계 미국인 노동자계급 여성들에게 무시로 난관결찰술을 강요했다.[10] 이런 관행을 우려한 한 의사는 훗날 이렇게 보고했다. "의사들은 진통 중인 여성들 앞에서 주사기를 들고 진통제를 맞고 싶냐고 물어보곤 했다. 극심한 고통에 시달리는 여성들에게 이렇게 말했다. '진통제 맞고 싶어요? 그러면 서류에 서명하세요.'"[11] USC병원에서 근무하는 또 다른 레지던트 버나드 로즌펠드 박사는 해당 병원에서 수백 건의 강제 불임수술이 이루어졌다는 사실에 괴로워하기 시작했다. 의료 기록을 복사하던 그는 1968년부터 1970년대 초반 사이에 난관결찰술과 자궁절제술이 400퍼센트 증가했으며 수술 대상은 주로 멕시코계 미국인 여성이었음을 발견했다.[12] 로즌펠드는 1973년 보고서를 통해 이 사실을 공개한 뒤 인근에 있는 로스앤젤레스법률정의센터Los Angeles Center for Law & Justice의 안토니아 에르난데스에게 기록을 넘겼다.[13] 이와 비슷한 사건들이 로스앤젤레스 동부의 멕시코계 미국인 사회에 연이어 파문을 일으키자 에르난데스는 에르모시요를 비롯한 아홉 명의 여성을 설득해 돌로레스 마드리갈과 함께 USC 수석 레지던트 등을 상대로 집단 소송을 제기했고(이 여성들은 '마드리갈 10인'이라는 이름으로 불렸다) 렐프 사건 때와 마찬가지로 보건교육복지부 장관인 와인버거도 피고로 지명했다. 마드리갈 대 퀼리건 판결Madrigal v. Quilligan(1975)은 1970년대에 미국 우생학의 종식을 불러온 또 하나의 주요 판례가 되었다.[14]

의사들은 반발하고 나섰다. 닉슨이 임명한 제시 커티스 판사는 매일 자기 요트에서 법원으로 출근해 재판을 진행한 뒤 마드리갈 외 9인의 피해는 본인들의 무지에서 비롯되었다고 판결했다. 의사들은 자신이 받은 훈련과 경험을 바탕으로 환자에게 가장 필요한 치료를 제공했다는 것이었다. 경악스럽게도 커티스는 의사들이 환자를 "무력으로 제압"하지 않는 한 "인구 과잉 문제"를 해결하기 위해 불임수술을 실시하는 것은 지극히 합법이라고 암시하는 듯했다.[15] 비록 원고가 패소했지만 마드리갈 대 퀼리건 판결은 실제로 여러 변화를 불러왔다. 캘리포니아주는 두 개 언어로 작성된 불임수술 동의서를 채택하고 환자의 동의와 수술 사이에 72시간의 간격을 두기로 했다. 가장 중요한 점은 캘리포니아 보건부가 환자 동의서에 수술에 동의하지 않더라도 복지 혜택은 계속해서 제공된다는 내용을 포함하기로 했다는 것이다.[16]

원주민의료개선법(1976)

펜실베이니아의 암스트롱카운티에 사는 노마 진 세리나

는 자녀를 다섯 명 낳았다. 1970년에 태어난 다섯째 숀의 출산은 이전 네 번보다 더 힘들었다. 다음 날, 여전히 녹초인 데다 약 기운에 정신이 몽롱한 상태로 병원 침대에 누워 있던 세리나에게 간호사가 서명을 요청했다. 불임수술 동의서였다. 세리나의 건강을 위해, 그리고 또다시 임신하면 "정신지체아나 기형아를 낳을 수도 있다"라는 점을 고려해서, 피츠버그의 의사들은 숀을 분만한 직후 세리나를 불임화했다.[17] 중요한 점을 짚고 넘어가자면, 수술을 받은 **후에** 동의를 받았다는 것이다. 아동복지국은 곧 세리나에게서 숀을 데려갔다. 1973년, 세리나는 스리리버스아메리카원주민센터Three Rivers American Indian Center의 도움을 받아 소송을 제기하고 양육권을 되찾았다. 그러나 불임수술은 다른 문제였다.

"세리나 같은 사례가 결코 드물지 않으리라 확신합니다." 세리나의 변호사 리처드 러빈은 한숨을 쉬며 이렇게 말했다. 노마 진 세리나는 원래 오클라호마 출신의 크릭-쇼니족이었다. 1970년대 중반, 아메리카원주민업무협회Association of American Indian Affairs는 원주민 여성 일곱 명 중 한 명이 불임화되었고 많은 경우 환자가 수술에 동의하지 않았거나 심지어 수술이 있었다는 사실조차 인지하지 못했다고 밝히며 미국 사회에 경종을 울렸다.[18] 의도적인 편견은 없었을지 몰라도 바깥에서 보기엔 마치 미국이 가난하고 문화적으로 소외되었다는 이유로 원주민 여성들을 벌하고 있는 것 같았다.

1973년에서 1975년 사이에 시민건강연구모임Public Citizen's Health Research Group의 회원들은 의사들이 불임수술을 어떻게 생각하는지 알아보기 위해 보스턴과 볼티모어, 남부 캘리포니아에 있는 병원들을 조사했다. 조사 결과 백인 의사들은 존슨 대통령의 빈곤과의 전쟁 정책이 도입되면서 자신들이 메디케이드Medicaid[미국 연방정부와 주 정부가 운영하는 저소득층 대상 의료보험 제도—옮긴이]와 저소득층 비백인을 위한 다른 복지 혜택의 비용을 대느라 부당하게 무거운 세금 부담을 지고 있다고 생각했다. 의사들은 환자들의 당면한 건강 문제뿐만 아니라 사회의 장기적 안녕까지 돌볼 책임이 자신에게 있다고 믿었다. 이러한 의무를 다했을 때 우연히 세금까지 낮아진다면 더할 나위가 없었다. 이런 믿음은 시민건강연구모임의 표현대로 비백인 여성에게 불임수술을 "강매"하는 행동으로 이어졌다. 불임수술이 "자발적"으로 "합의하에" 이루어졌다는 거짓말 뒤에서 해당 병원들의 인턴과 레지던트 들은 환자의 기본권을 조직적으로 위반했다.[19] 예를 들어 볼티모어의 한 병원에서는 아프리카계 미국인 여성 10여 명이 제왕절개 수술을 받기 겨우 몇 분 전에 수 쪽에 달하는 불임수술 동의서를 건네받았다. 캘리포니아의 어느 병원 레지던트들은 마찬가지로 산통을 겪고 있는 여성들에게 "이런 고통을 또 한 번 겪고 싶나요"라고 물었다.[20] 시민건강연구모임은 1970년대까지 보스턴과 볼티모어, 로스앤젤레스에서 불임수술을 받은 흑인 여성의 수가 같은 수술을 받은 백인 여성 수의 세 배에 달한다는 사실을 밝혀냈다. 일부 여성은 보건의료 종사자가 갓 태어난 아기를 험악하게 붙든 채 아기를 넘겨받기 전에 먼저 불임수술 동의서에 서명하라고 요구했다고 말했다.[21]

역시나 의사들은 이런 관행을 전혀 조종이나 차별로 인식하지 않았다. 그들은 난관결찰술과 난관절제술, 자궁절제술을 통해 자신들이 직업적 의무를 다하고 있다고 믿었다. 먹여야 할 입을 줄임으로써 소수민족 여성들을 도울 수 있었고, 메디케이드 수요가 줄면 자신들의 세금까지 줄어드는 만족스러운 결과가 발생했다. 또한 많은 의사가 소수민족 여성에게 이런 수술을 실시함으로써 곧장 개인 소득을 불렸다. 수술을 하면 피임약을 처방할 때보다 돈을 더 많이 벌 수 있었고 의사들은 가난한 비백인 환자들이 피임약을 꼬박꼬박 챙겨 먹을 거라고 믿지도 않았다(푸에르토리코가 떠오른다).[22] 젊은 의사 다수가 귀한 산부인과 수술 경험을 쌓으려고 불임수술을 실시했다는 사실을 털어놓았다. 그 수술비가 연방정부 예산에서 나온다는 사실은 전혀 신경 쓰지 않았다. 어느 의사의 말마따나 "레지던트를 훈련한다는 명목으로 기회만 있으면 질식 자궁절제술과 제왕절개 자궁절제술을 시행하는 것은 일부

대학병원에서 흔히 발생하는 현상이다".[23]

그러나 미국에서 역사상 가장 취약한 인구 집단 중 하나였던 원주민 어머니들 사이에서 일종의 우생학이 지속되어 왔음을 부정할 수 있는 사람은 거의 없었다. 버펄로대학 교수이자 토착민 문화 존속 활동가인 존 모호크는 "원주민을 집단적으로 파괴하는 행태는 미국이 추진하는 훨씬 거대한 사업의 일부다"라고 말했다. 이때 그는 단순히 17세기의 원주민 식민화나 19세기의 '원주민 전쟁'을 의미한 것이 아니었다.[24] 1970년대 당시에도 여전히 그런 일이 벌어지고 있다는 뜻이었다. 미국 정부와 전국의 백인 의사들은 여전히 아메리카 원주민을 제거하려 하고 있었다. 여성을 불임화하고 아이들을 빼앗는 방식으로 말이다.

1970년대 초에 캘리포니아의 마취과 의사이자 원주민보건국Indian Health Service의 옹호자였던 코니 레드버드 핑커먼유리 박사는 오클라호마주 클레어모어에 있는 한 병원에서 강제로 자궁절제술을 실시하고 있다는 소문을 들었다. 이 병원은 털사에서 약 50킬로미터 떨어진, 오클라호마 북동부에 거주하는 10여 개 원주민 부족의 여성들을 진료하는 몇 없는 병원 중 하나였다.[25] 1974년 8월에 연이어 인터뷰를 진행한 핑커먼유리 박사는 "원주민 아기 네 명이 태어날 때마다 원주민 여성 한 명이 불임화된다"라는 사실을 발견했다.[26] 이 병원의 의사들은 1973년 한 해에만 100명이 넘는 원주민 여성을 불임화했다.[27] 백인이 아직까지도 원주민을 추방하며 파괴하고 있는 듯 보였다.[28] 그러나 핑커먼유리 박사는 수술 기록 대장을 확인한 후에야 이런 강제 불임수술에 더 거대한 패턴이 있음을 알아차렸다. 처음 기록 대장을 요청했을 때 박사는 대장이 "사라졌다"라는 말을 들었다. 수술 기록 대장은 병원 책임자인 윌리엄 기디언 박사의 수중에 있다가 핑커먼유리 박사가 워싱턴에 도움을 요청한 후에야 모습을 드러냈다.[29]

핑커먼유리 박사 등등이 계속해서 압박을 가하자 원주민 문제 상원 소위원회 책임자인 제임스 아부레즈크 상원의원(사우스다코타, 민주당)과 회계감사원이 이 문제에 관심을 보이기 시작했다. 1976년, 회계감사원은 오클라호마시티와 피닉스, 앨버커키, 애버딘에 있는 원주민보건국 관할 지역에서 의사들이 지난 단 3년간 원주민 여성을 무려 3,406명이나 불임화했고 그중 3,001명이 가임기 여성이었다고 발표했다.[30] 총 수술 건수 중 1,024건(30퍼센트가량)이 원주민보건국 연계 병원에서 근무하는 의사들의 손에 이루어졌다. 원주민 남성도 거의 150명 가까이 불임수술을 받았고, 어느 모로 보나 실제 수치는 기록된 수보다 훨씬 높았다. 렐프 대 와인버거 판결(1973) 이후 시행된 보건교육복지부 규정을 따르지 않은 사례도 몇 건 있었으나 의사들이 규정의 존재를 몰랐을 가능성도 있다.[31] 게다가 렐프 판결 이후 마련된 환자 동의서도 4쪽 분량에 어려운 전문 용어로 가득했다. 핑커먼유리 박사는 불임수술 압박을 받는 평범한 여성이 그 정보를 다 이해하기란 어려우리라 생각했다. 수많은 여성들이 밝힌바 병원들은 동의서를 제공했을 때조차 환자의 얼굴에 강압적으로 동의서를 들이밀었다. 그렇게 받아낸 동의가 신중하게 내린 결정이었을 리없다.[32]

핑커먼유리 박사와 시민건강연구모임이 정의 실현을 촉구하고 1976년에 회계감사원이 보고서를 발표하자 연방정부도 움직이기 시작했다. 1976년에 미 의회는 원주민의료개선법Indian Health Care Improvement Act을 통과시켰다. 의료개선법 5장에 따라 도시원주민기구Urban Indian Organization가 설립되어 보호구역 외 도시에서 원주민에게 문화적으로 적절한 의료 시설을 제공할 책임을 맡았다. 원주민보건국과 그 산하에 있는 여러 도시원주민기구는 오늘날까지 원주민에게 내과·치과·안과 진료, 알코올중독과 약물중독 예방, 에이즈 및 성병의 교육과 예방, 정신건강 서비스, 영양 교육 및 상담 서비스, 약제 서비스, 가정 진료를 제공하고 있다.[33] 공화당이 의회를 이끌던 10여 년 동안 원주민의료개선법은 자금 확보에 어려움을 겪었지만 버락 오바마 대통령 취임 이후 민주당은 2010년부터 시행된 건강보험개혁법('오바마케어Obamacare')의 일환으로 해당

기금 지원을 영구 재승인했다.[34]

1970년대까지 이어진 전국적 논쟁

그러나 불임수술을 둘러싼 논쟁은 1970년대 내내 이어졌다. 뉴욕의 불임수술남용종식위원회Committee to End Sterilization Abuse 같은 인권 단체들은 나이 제한과 동의 서류, 여러 개 언어로 작성된 설명서, 대기 시간에 관한 국가 차원의 법을 마련하라고 거세게 압박했다. 이런 단체들은 법원 판결로 마련된 규정들이 준수되지 않을 때마다 정부와 병원, 주 보건 당국에 거듭 책임을 물었다.[35] 동시에 도널드 피킨스, 케네스 러드머러, 마크 애덤스, 갈랜드 앨런 같은 역사학자들이 미국 의료계의 닫힌 벽장을 열어젖혀 오래된 우생학의 잔해를 드러내 보였다.[36] 마침내 권력자들이 이 문제에 주목하기 시작했다.

20세기 중반까지 여러 주에서 우생학 법률이 산발적으로 폐지되었으나 1970년대에 민권 소송이 이어지면서 우생학 법률을 폐지하라는 여론의 압박이 본격화되었다. 벅 대 벨 판결을 낳은 버지니아주와 1907년에 미국 최초로 단종법을 통과시킨 인디애나주 의회 모두 1974년에 우생학 법안을 폐지했다. 캘리포니아주 의회는 1909년 이래 동의 없는 불임수술을

2만 건 이상 합법화한 우생학 법안을 1979년에 만장일치로 폐지했다. 그 이후로 20년간 노스캐롤라이나와 사우스캐롤라이나, 캔자스, 네브래스카, 노스다코타와 사우스다코타, 뉴저지, 오리건에서 우생학 법안이 사라졌으며, 망설이던 웨스트버지니아도 결국 2013년에 우생학 법안을 폐지했다.[37] 코네티컷과 미주리, 메인, 앨라배마, 델라웨어, 메릴랜드 등에서는 주법을 개정해 장애인의 불임수술을 훨씬 어렵게 만들었다. 그리고 1978년 11월, 수년간의 소송 끝에 보건교육복지부가 정책을 바꾸었다. 메디케어Medicare[미국 연방정부가 운영하는 65세 이상/장애인 대상 의료보험 제도—옮긴이]나 닉슨 대통령 시절 공중보건국이 운영하던 사회복지 프로그램처럼 연방 기금을 가지고서는 더 이상 21세 미만인 자, 법적인 의사 결정 능력이 없는 자, 혹은 연령과 관계없이 시설에 거주하는 자 등을 불임화할 수 없게 되었다. 불임수술남용종식위원회가 촉구한 대로 이제 환자들은 본인이 사용하는 언어로 쓰인 특별 동의서에 서명해야 했고 수술이 있기 전까지 30일간 대기 시간을 가졌다.[38] 압력단체의 압박으로 노스캐롤라이나와 버지니아 같은 주들은 공식 사과문을 내고 강제로 불임화된 사람들에게 보상금까지 지급했다.

유럽에서 나치 우생학이 폭로되고 한 세대 이상이 지나, "저능자는 3대면 충분하다"라는 발언이 있고 반세기가 지나,

해리 샤프가 인디애나주 제퍼슨빌의 소년원 원생인 '클로슨'에게 칼날을 들이대고 80년이 지나, 마침내 우생학이 죽음을 맞이했다.

적어도 우리가 믿는 이야기에 따르면 그렇다.

누구의 선택인가?

레이건 행정부가 들어서고 겨우 몇 주가 지난 1981년 3월, 텍사스는 이미 빈곤층 지원이 급감했음을 체감하고 있었다. 린든 존슨의 고향인 텍사스주는 그의 '위대한 사회' 정책을 거부하며 빈곤층 지원금을 20퍼센트 이상 삭감했고, 이로써 빈곤층 지원금은 이전 10년간 필수로 간주된 수준 아래로 떨어졌다.[39] 감세 옹호자인 휴스턴주 상원의원 월터 멩덴은 여기서 기회를 감지했다. 그는 자기 선거구 주민에게 긴 설문지를 돌려 "노인과 말기 환자의 안락사"와 "주립 시설에 수용된 영구적 정신질환자를 고통 없이 죽이는 방안"에 대해 의견을 물었고, 악명을 떨친 40번 문항에서는 자식이 두 명 있고 복지 수당을 받는 여성을 **자동으로** 불임화해야 하는지 물었다.[40] 유권자, 언론, 다른 의원 들이 항의하자 멩덴은 "일각에서 사회의 부담스러운 짐으로 간주되는 삶"에 관해 텍사스 주민의 의견

　5부 우생학은 죽었다, 하지만 영원하리라!

을 모은 것뿐이라고 변명했다.[41] 그는 이 질문과 나치의 연관성을 전혀 이해하지 못했다. 오히려 멩덴은 자신이 아는 텍사스의 많은 유력자가 실제로 이런 생각을 하고 있기 때문에 "복지 수급자인 유자녀 여성들의 불임화에 관한 질문"은 절대 논란이 될 수 없다고 고집스레 주장했다.

20세기의 마지막 사반세기 동안 정신 및 신체 장애가 있는 개인이 우생학 수술의 주요 표적에서 벗어난 것은 사실이다. 그러나 사회 유력가들은 여전히 자신이 소외된 자들의 생식을 통제해야 한다고 굳게 믿었다. 그렇게 하는 것이 사회에도 이익이라는 논리였다. 전국 여론조사에서 결혼하지 않고 복지 수당을 받으며 아이들을 키우는 여성들을 어떻게 해야

"Sometimes unwed mothers on relief continue to have illegitimate children and get relief money for each new child born. What do you think should be done in the case of these women? How about the children?"

The suggestions offered most frequently by about half of the persons interviewed in this survey was to "stop giving them relief money."
Next most often mentioned, by roughly one person in five, was "sterilize the women."

"생활보호 대상인 미혼 여성들이 계속 사생아를 낳으며 아이를 낳을 때마다 지원금을 받는 경우가 있습니다. 이런 여성들을 어떻게 해야 한다고 생각하십니까? 아이들은 어떻게 해야 할까요?"
응답자 절반이 제시한 가장 많이 나온 답변은 "생활보호를 중단한다"였다. 응답자 다섯 명 중 한 명이 제시한 두 번째로 많이 나온 답변은 "그 여성들을 불임화한다"였다.

복지 수당을 받는 유자녀 여성의 불임수술을 옹호하는 갤럽 여론조사(《워싱턴포스트》, 1965년 1월)

한다고 생각하는지 묻자 갤럽 조사에 참여한 미국인의 50퍼센트가 수당 지급을 중단해야 한다고 답했다. 두 번째로 많이 나온 답변 — 응답자의 5분의 1 — 은 "그 여성들을 불임화해야 한다"였다.[42]

20장

다시 시작된 범죄자의 불임화

"어떤 범죄자는 애초부터 그렇게 타고날까?" 펜실베이니아에 위치한 엘윈연구소Elwyn Institute(우생학 불임수술이 250건 이상 실시된 펜실베이니아 정신박약아훈련학교의 후신)에서 연구 중이던 생화학자 메리 텔퍼 박사는 이렇게 물었다. 텔퍼는 얼마 전 한 흑인 환자에게서 이상한 특징을 발견했다. 이에 대한 후속 연구로 텔퍼와 동료 세 명은 수감 중인 범죄자 129명에게 검사를 실시했고, 검사 대상자의 거의 10퍼센트가 그 이상한 특징을 드러냈다. 정신박약이 범죄성과 연결되어 있었다.[1] 얽은 여드름 흉터와 지나치게 긴 팔다리 등 그들의 신체에서 생리학적 낙인을 발견할 수 있었다. 텔퍼는 이들이 전형적인 범죄자 유형이라고 주장했다. 성적 동기에 따라 움직이고 신체 능력이 압도적으로 뛰어나며 정신이 불안정한 퇴화자라는 것이었다. 그러므로 텔퍼는 타고난 범죄자가 **실제로 존재한다고** 말했다.

이 연구는 롬브로소가 범죄인류학을 주창한 19세기에 나온 것이 아니었다. 텔퍼가 이 연구를 진행한 때는 1960년대였다. 엘윈연구소에서 그는 이 장신의 범죄자들이 여분의 Y염색체라는 뚜렷한 범죄적 **본질**을 지니고 있음을 발견했다.[2] 이 결과는 권위 있는 학술지 《네이처》에 발표된 이전 연구 결과와도 일치했는데, 이 연구에 따르면 "위험하거나 폭력적이거나 범죄적인 성향"을 드러내 스코틀랜드의 매우 엄격한 보안 정신병원에 수용된 남성 아홉 명 역시 Y염색체가 하나 더 있는 염색체 이상을 드러냈다.[3]

물론 범죄인류학은 사라졌다. 그러나 범죄자가 범죄 성향을 타고난다는 개념, 19세기 말에 의사들과 교도관들을 사로잡고 20세기 미국에 우생학의 씨를 뿌린 그 생각은 결코 완전히 사라지지 않았다. 스키너 대 오클라호마주 판결(1942)로 오클라호마에서 처벌 목적의 불임화가 금지된 것은 사실이다. 오늘날 처벌적 불임화가 20세기 중반에 비해 훨씬 줄어든 것도 사실이다. 그러나 처벌적 불임화로 사회문제를 해결하는 방식은 해리 샤프가 인디애나에서 활동하던 시절만큼이나 오늘날에도 그대로 존재한다.

텔퍼 박사의 'XYY 증후군'은 1960년대 말부터 1970년대 초까지 심리학자와 유전학자 사이에서 폭발적인 인기를 끌었고, 기존 수감 환자를 대상으로 실시된 여러 연구에서 이들에게 일정 비율로 여분의 Y염색체가 있음이 밝혀졌다. 1966년에 시카고에서 간호사 여덟 명을 살해한 연쇄살인범 리처드 스펙 역시 전형적인 XYY 증후군의 사례로 알려졌다(실제로는 아니었다).[4] 《타임》, 《뉴스위크》, 《뉴욕타임스》 등의 언론사들이 관련 내용을 숨 가쁘게 보도했고, 그중에는 변호사들이 XYY 증후군을 근거로 자기 의뢰인을 변호했다는 기사도 있었다.[5] 과거에 지킬 박사와 하이드 씨, 드라큘라가 유전적 범죄자 개념을 널리 퍼뜨렸듯, 〈로앤오더〉와 〈CSI: 마이애미〉 같은 20세기 후반의 범죄 드라마들이 똑같은 공포를 부채질했다.[6] 가장 인상적인 작품은 아마 영화 〈에일리언 3〉(1992)일 것이다. 이 작품에서 시고니 위버가 연기한 엘런 리플리는 마땅히 수감할 곳이 없을 만큼 폭력적인 XYY 범죄자들이 가득한 우주 식민지에 불시착한다.[7]

XYY 증후군이 범죄를 유발한다는 주장이 수차례 반박되자 이번에는 '슈퍼포식자superpredator'라는 똑같이 수상쩍은 개념이 등장했다. 이는 도덕의식이 없는 일탈 청소년을 가리키는 용어였다. 1990년대에 프린스턴대학의 정치학자 존 디울리오(현재는 펜실베이니아대학에 있다)와 노스이스턴대학 범죄학과 교수 제임스 앨런 폭스는 슈퍼포식자들이 곧 "폭력의 피바다"를 일으킬 것이라고 예측했다.[8] 이 무시무시한 경고가 어찌나 설득력 있었는지 영부인 힐러리가 1994년의 범죄법[경찰 인력과 교도소를 확충하고 형량을 늘리는 등 강력범죄 대응을 강화한 법안—옮긴이]을 옹호하며 방송에서 이 개념을 재차 언급하기도 했다.[9] 그러나 '슈퍼포식자' 개념은 향후 여러 연구를 통해 반박되었다.

그럼에도 엘리트들은 유전적 범죄자 개념이 사실이기를 간절히 바랐고, 21세기의 범죄학자와 정치인, 대중은 결국 범죄의 또 다른 본질에 매달리기 시작했다. 이번에는 모노아민 산화효소 A monoamine oxidase A, MAOA의 유전적 돌연변이였다. MAOA는 신경전달물질을 조절한다. MAOA 돌연변이를 지닌 남자들은 신화 속 XYY 증후군을 지닌 남자들과 의심스러울 만큼 비슷한 행동 패턴을 보였다. 즉 이들은 공격적이고 심지어 폭력적이었으며 정신에 약간 문제가 있었다.[10] 그 후 수년간 과학자들은 이 주제를 연구하고 동료 평가까지 거친 논문을 수십 개 발표했다. 생물인류학자들은 이 MAOA 돌연변이에 아무 생각 없이 "전사戰士 유전자"라는 이름을 붙였고, 이 돌연변이가 일부 유인원 계통에서 나타나고 뉴질랜드 마오리족 남성들 사이에서 높은 비율로 발견된다는 점을 볼 때 공격성이 오랜 시간에 걸쳐 어떤 선택적 이점을 제공했으리라 추측했다.[11] '슈퍼포식자'와 'XYY 슈퍼남성' 개념이 등장했을 때와 마찬가지로 뉴스와 오락매체는 '전사 유전자' 개념을 게걸스레 소비했고, 이러한 행태는 여러 연구를 통해 이 개념의 신빙성이 반박된 후에도 오래도록 이어졌다.[12]

미국에서 XYY 남성은 연쇄살인범을 제외하면 거의 언제나 감옥에 수감된 장신의 흑인 남성으로 묘사되었다. 언론은 슈퍼포식자를 시카고의 흑인 청소년으로 그려냈다. 전사 유전자 역시 비백인 인구에게서 나타나는 것이었다. 그 결과 정부 당국은 경찰력을 확대하고 형량을 늘렸으며 전보다 더 어린 연령대의 소수인종을 전보다 더 많이 수감했다.[13] XYY 범죄자의 이미지가 미국인의 상상력을 사로잡기 전이었던 1970년에 주립 교도소나 연방 교도소에 수감된 미국인은 대략 10만 명당 96명이었다. 대침체가 시작된 2008년에 그 수치는 10만 명당 506명으로 뛰었다. 세계 역사상 유례없는 수치이자 증가 속도였다. 일부 법학자는 범죄를 생물학적 결과로 해석하고 가혹한 구금 탓에 사실상 특정 개인을 유전자 풀에서 제거하는 효과를 발휘하기 때문에 우생학과 밀접하게 닮아 있다고 본다.[14]

생물학적 범죄자를 향한 두려움이 퍼짐과 동시에, 그리고 한편으로는 그러한 두려움에 대한 반응으로, 거세가 실행 가능한 처벌 수단으로 다시 주목받기 시작했다. 대부분 약물을 통해 이루어지고 되돌릴 가능성도 있지만 말이다. 1970년대 중반에 존스홉킨스대학 연구진은 공격적이거나 "반사회적이거나 성범죄를 저지를 법한" 이들로 간주되는 젊은 흑인 남성 열세 명에게 데포-프로베라를 주사했다. 앨라배마의 렐프 자매에게 투여해 논란이 된 바로 그 약물이었다.[15] 해당 치료법은 성 충동 억제 효과가 미미했고, 아마도 대상자 중 한 명이 자살한 것이 이유가 되어 결국 중단되었다.[16] 그럼에도 약물을 통한 화학적 거세를 허용하는 법안이 여러 주에서 통과되었다.

처음에 법원은 화학적 거세에 필요한 약물 사용에 반대했다. 그러나 워싱턴주 대 하퍼 판결Washington v. Harper(1990)에서 미 대법원이 수감자에게 항정신성 약물을 강제 투여할 수 있다고 판단하자 점점 더 많은 주에서 다시 범죄자의 생식 능력을 통제하려는 움직임이 나타나기 시작했다. 1996년에 캘리포니아주가 수감자의 불임화를 합법화했고, 범죄 소식으로 대중의 동요가 계속되자 텍사스와 하와이, 아이다호, 뉴멕시코, 워싱턴, 위스콘신, 플로리다, 미시시피, 테네시, 애리조나, 콜로라도, 미시건의 의회와 주지사 들도 캘리포니아의 선례를 따르는 방안을 즉시 검토했다.[17]

법적 이의 제기가 뒤따랐다. 물론 변호사들은 "잔인하거나 이례적인 처벌 금지" 조항을 언급했다.[18] 비평가들 또한 화학적 거세가 남성과 여성에게 각기 다른 영향을 미치기 때문에 평등보호조항을 위반한다는 점에 즉시 주목했다.[19] 그 밖에 스키너 대 오클라호마주 판결(1942)을 통해 이미 오래전에 제기된 사생활 보호권과 신체 통합권 등의 통상적 문제들이 있었다.[20] 더 나아가 정신의학계는 우리가 '성범죄와 성범죄자'를 아직 충분히 이해하지 못하기 때문에 그러한 치료에 과연 범죄 억제 효과가 있을지 알 수 없다고 시인했다.[21] 그럼에도 법안은 꾸준히 추진되었다. 미국 법무부 사법프로그램실이 지원하고 효과적공공정책센터Center for Effective Public Policy가 운영하는 신설 성범죄자관리센터Center for Sex Offender Management 측의 주장처럼 성범죄는 계속 증가하고 있었고 교도소는 성범죄자로 초만원이었다.[22] 센터는 또한 아동 성추행범 세 명 중 한 명 이상이 범행을 반복하며 전국에서 강간범의 재범률이 놀랍게도 46.2퍼센트를 넘는다고 주장했다.[23] 21세기의 첫 10년간 미국에서 성범죄가 유행병처럼 퍼지는 듯 보였다. 과감한 조치를 취할 필요가 있었다.

2013년에 탐사보도센터Center for Investigative Reporting는 캘리포니아에 위치한 두 시설의 의사들이 2006년부터 2010년 사이에 여성 수감자 거의 150명에게 불임수술을 실시했고 이 수술은 환자의 동의를 받지 않았거나 강요하에 이루어졌다고 폭로했다.[24] 전 수감자와 교도관 들은 강제로 불임화된 수감자 수가 실제로는 훨씬 많다고 주장했다. 많은 이들이 차우칠라에 위치한 주립밸리교도소의 부인과 의사 제임스 하인리히에게 압박을 받아 어쩔 수 없이 수술에 동의했다고 밝혔다. 하인리히는 자기 입장을 밝히다 무심결에 옛 우생학 주장을 그대로 반복했다. "10년에 걸쳐 보면 수술비는 그리 큰돈이 아닙니다. 이런 사람들은 자식을 많이 낳는데 원치 않는 아이들에게 들어가는 복지비를 아낄 수 있으니까요."[25] 2010년에 캘리포니아교도소 의료심사위원회가 캘리포니아는 "의료상 불필요한" 수술 비용을 부담하지 않겠다고 통보하자 의료진은 분노했다. 의사들은 자신이 수감자에게 불임수술을 실시하는 데 허가가 필요하다고 생각하지 않았다. 의료심사위원회 책임자는 "불임수술을 실시한 의사들은 하나같이 이 수술이 전적으로 타당하다고 믿었다"라고 말했다.[26] 그러나 이 상황이 과거의 우생학 불임수술과 지나치게 유사하다는 점을 우려한 캘리포니아주는 2014년에 주법 1135호로 수감자에게 불임수술을 실시하는 것을 금지했다.[27]

캘리포니아 외에 미국의 여러 다른 주에서는 최근 화학적 거세 법안을 그대로 유지하거나 새롭게 채택했다. 또한 판사들은 범죄자의 불임화를 멋대로 양형 선택지에 넣어버렸다. 2017년에 테네시주 화이트카운티의 한 판사는 남성이 정관 절제 수술에 동의하거나 여성이 피임 장치 삽입에 동의하는 조건으로 형량을 30일 줄이는 방안을 제시했다.[28] (판사는 이 제안이 전국 언론에 보도되자 즉시 명령을 철회했다.)[29] 1년 뒤, 연방지방법원 판사 스티븐 프리오트는 이런저런 경범죄를 저지르고 습관적으로 약물을 사용한 전력이 있으며 자녀가 일곱 명 있는 오클라호마 여성의 형량을 낮춰주었다. 그는 선고 전에 "크릴 부인은 오로지 본인의 선택에 따라 자신의 생식 능력이 사라졌음을 입증하는 의학적 증거를 법원에 제출할 수 있다"라고 말했다. 검찰 측이 불임수술은 크릴 부인의 범죄 이력과 아무런 상관이 없다고 이의를 제기하자 프리오트는 "대법원은 코카인이나 메스암페타민에 중독된 아기를 이 세상에 태어나게 할 헌법적 권리를 아직 인정하지 않았다"라고 반박했다.[30] 2010년대에 웨스트버지니아와 버지니아, 테네시에서 비슷한 사례가 발생했다.[31] 루이지애나는 2008년에 화학적 거세법을 새로 통과시켰는데, 증거에 따르면 이 법안은 치료 효과나 수감자 수 감소를 거의 고려하지 않고 다분히 처벌적 의도로 도입된 것이었다.[32] 게다가 루이지애나주는 인구 대비 수감률이 전 세계에서 가장 높은 곳이었다.[33] 앨라배마는 루이지애나를 비롯한 공화당 지지 주들을 따라 2019년에 뒤늦게 화학적 거세법(하원법안 379호)을 도입했다. 이 법안에 따르면 가석방된 성범죄자들은 공화당이 장악한 법원에서 중단을 허가할 때까지 — 외과 의사나 정신과 의사가 허가하는 게 아니다 — 자비를 들여 주기적으로 데포-프로베라를 맞아야 한다.[34]

이러한 법안 중 일부는 지금까지도 적극 시행되고 있다. 2021년에 루이지애나 제3항소법원은 화학적 거세 법안에 대한 이의 제기를 심리했다. 2015년에 5세 미만 아동 성추행 다섯 건으로 유죄를 선고받은 랜스 바턴은 또 다시 아동 성추행으로 유죄 판결을 받았다. 지방법원 판사 크리스티안 얼스는 바턴에게 가석방 없는 50년 징역형과 함께 평생의 화학적 거세 치료를 선고했다. 2020년에 바턴의 항소를 검토한 항소법원은 이 선고가 지나치지 않다고 판단했다.[35]

이 결정에서 규모는 작지만 지속적인 추세가 드러났다. 성범죄자에게 호르몬 주사를 명령하는 것까지는 아니더라도 가석방 또는 형량 감경의 조건으로 제안할 수 있는 법 조항이 2023년 기준으로 앨라배마, 플로리다, 아이오와, 루이지애나, 몬태나, 텍사스, 위스콘신, 그리고 괌 준주에 여전히 존재한다. 웨스트버지니아는 마약 사범이 자발적으로 불임화를 선택하면 형량을 감경해주는 법안을 검토 중이다.[36] 러시아와 한국, 페루, 태국, 몰도바, 폴란드, 인도네시아에도 이와 유사한 법안이 있다.

물론 불임수술이나 데포-프로베라 주사가 이따금, 때로는 꽤 자주 시행된다고 해서 본격적인 우생학이 다시 코앞에 다가온 것은 아니다. 21세기인 지금, 당연히 우리는 더 현명해지지 않았겠는가?

21장

신新우생학?

전형적인 요약에 따르면 20세기 우생학은 곧 정신장애인을 향한 공격을 의미했다. 21세기 '신우생학new-genics'에 대한 우려도 대개 이 지점에서 나온다. 신체나 정신에 장애가 있는 배아를 제거하거나 힘 있는 소수의 유전체를 더욱 강화해 생물학적 격차를 벌림으로써 이미 존재하는 사회경제적 격차가 더욱 공고해지리라는 것이다. 이렇게 새로 태어난 우생학은 정부의 강압보다는 소비자의 선택을 가능케 한다는 점에서 '벨벳 우생학'이라고 불린다.

그러나 이것만이 이야기의 전부는 아니다. 벨벳 우생학은 흥미진진하긴 하지만 미래의 과학 문제에 안달복달하느라 정작 우리 눈앞에서 벌어지고 있는 문제를 외면한다. 널리 보도

된 대로 대중이 유전과학을 깊이 우려한다는 점을 고려하면 아마도 벨벳 우생학은 눈속임일 가능성이 크다.[1] 가벼운 SF 호러물인 것이다. 훨씬 가깝고 평범한 곳에서 무언가가 벌어지고 있다.[2]

2020년의 우생학 보고서

"수술받은 여자들을 처음 봤을 때 무슨 실험용 강제수용소에 온 줄 알았어요"라고, 조지아주 오실라에 있는 어윈카운티수용소의 준간호사이자 내부고발자인 돈 우튼은 말했다.[3] 이 수용소는 라샐 교정LaSalle Corrections에서 운영하는 영리 목적 수용소로, 서쪽으로 수천 마일 떨어진 주들에서 체포된 이민자 여성 수백 명을 수용하고 있었다. 우튼은 수용소가 모든 면에서 비인간적이었다고 말했다.[4] 그러나 2020년에 발생한 여러 국가적 참사 사이에서 이 사건이 미디어의 관심을 낚아챌 수 있었던 이유는 무방비인 이 이민자 여성들에게 강제로 불임수술이 이루어졌다는 상세한 증언이 나왔기 때문이었다. 이 구치소에 억류되었던 한 여성은 지금도 믿을 수 없다는 듯 "우리 몸으로 실험을 하는 것 같았어요"라고 말했다.[5] 이곳에 수감된 여성들은 수용소 의사에게 '자궁 수집가'라는 험악한

별명을 붙였다.[6]

우튼 간호사는 2020년 여름에 프로젝트사우스의 변호사들에게 연락했을 때 자신이 목격한 장면이 수 세기 동안 이어져온 우생학의 역사와 정확히 어떻게 연결되는지 잘 몰랐을지 모른다. 그러나 우튼은 무언가 나쁜 일이 벌어지고 있으며 그 일이 어두운 역사와 이어져 있음을 직감했다. 빈곤과 대량학살 근절을 주창하는 단체 프로젝트사우스가 조지아구금감시네트워크Georgia Detention Watch, 조지아라티노인권연합Georgia Latino Alliance for Human Rights, 남부조지아이민자지원네트워크South Georgia Immigrant Support Network와 공동으로 진행한 후속 조사 결과 충격적**이면서도** 지극히 전형적인 사실, 전 세계 우생학의 오랜 역사와 일맥상통하는 사실이 드러났다.[7] 볼리비아와 쿠바, 과테말라, 온두라스, 인도, 러시아, 세네갈, 소말리아를 비롯한 25개국에서 온 40명 넘는 여성들의 법정 증언에 따르면 이민세관단속국의 시설로 이용되고 있는 이 수용소에 고용된 의사는 아무 동의도 받지 않고 이 여성들의 생식기관에 무수히 많은 수술을 실시했다. 우생학의 '죽음' 이후에도 그리 많은 것이 달라지지 않은 듯 보였다. 해당 의사는 동의나 설명 없이 데포-프로베라도 주사한 것으로 추정된다. 또한 보고서에 따르면 단속국 측은 이 사실에 항의한 여성들을 독방에 가두었다. 여성들은 신체적 위협과 정당한 이유 없는 폭행이 있었다고 보고했다. 강제로 추방된 여성들도 많았다.[8] 어떤 여성들은 이미 전국에서 가장 위험한 시설 중 하나로 비난받고 있는 조지아주 럼프킨의 스튜어트수용소로 보내졌다.[9]

2021년 5월, 바이든 새 행정부는 어윈카운티수용소를 소유한 라샐과 계약을 해지했다. 2022년 1월에 미국 국토안보부 감찰관실이 발표한 후속 보고서에 따르면 수용소는 실제로 코로나19 기간 동안 명시된 보건 지침을 대부분 준수했다. 그러나 감찰관실은 자체 조사가 충분치 않았다는 점 또한 인정했다. 연방정부가 라샐과 계약을 종료한 뒤 수용소와 단속국은 억류되어 있던 여성들을 비롯해 조사받았어야 할 개인 다수를 다른 시설로 이송했다. 국토안보부 감찰관실은 "수감자들에게 부인과 수술을 실시했다는 구체적 혐의"를 끝까지 제대로 조사하지 못했다. 바로 이 점이 당초의 문제 제기에서 가장 심각한 지점이자 과거 우생학과 가장 유사한 지점이었는데도 말이다.[10] 안타깝게도 우리는 여전히 해당 시설에서 정확히 무슨 일이 벌어졌는지 알지 못한다.

한편 사람들은 억류자들이 정의를 되찾을 수 있도록 시설 안팎에서 열심히 애쓰고 있었다. 2021년에 공개된 세스 프리드 웨슬러의 단편 다큐멘터리 〈더 퍼실리티〉는 2020년 어윈카운티수용소의 열악한 환경과 이민세관단속국의 구금 시설에 수용된 사람들의 전반적인 생활환경을 수감자들의 시선으로 상세히 담아냈다.[11] 그러나 이 다큐멘터리는 우생학의 유령이 등장한 후에야 전국 언론의 관심을 받을 수 있었다. 그리고 단속국과 라샐은 이러한 압박이 있은 후에야 조치에 나섰다. 미국인들이 투표로 트럼프 행정부를 끌어내린 지 얼마 지나지 않은 2020년 11월 10일, 단속국은 변호사나 웨슬러와 인터뷰했던 수용자 몇 명을 아무런 발표도 설명도 없이 석방했다. 영화 속 인터뷰에 참여한 여성 수감자 중 한 명이었던 안드레아는 이 신속한 조치를 "재앙 같은 일이 벌어지니 그제야 사람들이 우리 존재를 알아보네요"라고 해석했다.

맞춤형 아기는 없다, 힘없는 이민자 여성들만 있을 뿐

신우생학이 코앞으로 다가왔다는 경고가 수십 년간 들려왔다. '맞춤형 아기', '신 행세', 곧 개발될 생명공학 기술로 유전체를 조작해 후손의 잠재력을 수정하는 행위. 이 모든 것은 소설과 SF 영화에 등장하는 논쟁적 미래이자 동시에 생명공학 기술 개발자들이 현재 우려하는 문제이기도 하다. 실제로 언젠가는 세상에 존재하는 유전병을 전부 제거한 깨끗한 유전체를 가진 복제아들이 생겨날지도 모른다. 더 높은 지능과 더 강한 힘, 더 큰 키, 어쩌면 예전에는 만화책에서만 볼 수 있었던 체격을 선택할 수 있게 될지도 모른다. 가능한 일이다. 이런 생명공학 기술이 실제로 등장했을 때 어떻게 사용할 것인지에 대한 윤리 원칙을 반드시 마련해야 한다.

그러나 **역사에 실제로 등장한** 우생학의 위협은 슈퍼아동이나 질병 치료에 관한 것이 전혀 아니었다. 물론 1870년대에 오네이다 공동체는 혈통이 더 우수한 아이들을 낳아 더욱 인도적인 가족을 꾸리려고 시도했고 자신들의 기준에서 실제로 어느 정도 성공을 거두었다. 또한 우리는 양차 세계대전 사이에 발생한 우생학 운동을 논하면서 이따금 '우량아' 대회와 '건강 가족' 대회를 언급하기도 했다. 실제로 싱클레어 루이스는 자신의 소설 『애로스미스』에서 이런 것들을 조롱했다. 그러나 혈통을 **개선**하려는 이런 방법들은 결코 오래가지 못했다.

우생학은 주로 고비노와 그랜트, 대븐포트, 로플린, 스토더드의 뒤를 따랐다. 퇴화를 두려워한 유럽과 미국의 우생학자들은 대개 약자와 소외 계층을 통제하고 처벌했으며 이를 위해 네 이웃을 사랑하라는 원칙을 깡그리 무시했다. 미국 의사들은 나치 우생학의 만행이 널리 알려진 **후에도** 계속해서 우생학 불임수술을 실시했다.[12]

우리는 백인이 '갈색 위협'에 '대체'되리라는 피해망상이 또다시 커져가는 시대를 살고 있다.[13] 다시 돌아온 우생학은 결코 벨벳처럼 부드럽지 않을 것이다. 우생학 예방 차원에서 1970년대에 세워진 가드레일을 우회하기 위해 어느 외딴 곳에서, 연방정부의 관할권 바깥에 있는 구금 시설에서, 아마도 멕시코 국경 근처에서, 비백인의 신체에 칼날이 겨눠질 것이다. 어쩌면 우생학은 인류가 지구 환경에 미치는 영향을 줄여야 한다는 명분 뒤에 숨어서 나타날지도 모른다.

아무도 미래를 예측할 수 없지만 슬프게도 나는 우생학이 다시 등장하리라 확신한다. 당신이 지독하게 가난하다면, 힘 있고 부유한 백인이 원치 않는 어떤 집단에 속한다면, 미국은 늘 방어 태세로 한 손에 칼을 쥔 채 언제든 당신에게 칼날을 겨누려 할 것이기에.

백인이 대체될지도 모른다는 두려움이 2010년대에 되살아났다.

<h1 style="text-align:center">감사의 말</h1>

책 한 권을 내는 데는 마을 전체가 필요하다. 다음은 나의 책 마을에 사는 주민들이다. 지식과 지혜, 수고, 배려를 베풀어주신 모든 분께 감사드린다.

영감을 준 사람: 2010년에 크리스 햄린의 집 현관에 앉아 있을 때 크리스가 내게 이 책을 써보라고 권했다. 나는 우생학의 역사는 이미 알려져 있고 모두가 그 내용을 알고 있다고, 게다가 내가 뭔데 그런 책을 쓸 수 있겠느냐고 답했다. 그러나 10년 뒤 코로나19로 전 세계가 봉쇄되기 직전에 리처드 도킨스가 우생학을 지지하는 터무니없는 트윗을 올렸을 때 나는 크리스가 옳았다는 사실을 깨달았다. 물론 크리스는 언제나 옳지만.

이미지, 사실 정보, 논거, 연관성, 아이디어를 제공해준 사람: 짐 빈턴, 수바드라 다스, 해리 핀리(월경박물관), 마이클 A. 플래너리, 스콧 길버트, 토머스 A. 길러(오네이다), 베아트릭스 하우스만(독일연방문서보관소), 루츠 켈버, 루시 코프먼, 매슈 록우드, 스테퍼니 매클루어, 폴 울프 미첼, 제시카 머피, 마거릿 피콕, 조시 피더슨, 후안호 폰세 바스케스, 필립 R. 슬론, 제러미 스미스, 소냐 슈필만, 엘런 웨일랜드-스미스, L. 조 위버, 벤저민 윌리엄스, 롭 윌슨, 그리고 미국 홀로코스트 기념관, 케임브리지대학교 도서관, 옥스퍼드대학교 웨스턴도서관, 유니버시티칼리지런던, 대영도서관, 미국 의회도서관, 미국과 영국의 국립기록보관소들, 캐나다 우생학기록보관소의 기록 보관 담당자들.

인내심 넘치고 노련한 익스페러먼트 출판사의 팀원들: 닉 치제크, 베스 버글러, 마지 게라, 제니퍼 허겐로더, 앤 키르슈너, 매슈 로어, 재커리 페이스, 패멀라 셰흐터, 소피 톰프슨.

제인 디스텔을 비롯해서 디스텔고드리치앤드부레Dystel, Goderich & Bourret LLC의 전 직원.

나를 정신적으로 지지해준 사람/동물: 지미 믹슨과 603밴드, 밥과 셸리와 매리앤을 비롯한 동료 앨코비언들, 앤디, 브랜트, 브라이언, 존, 브래드, 바버라, 브룩, 그레타, 윌, 듀이, 프랜시스 베이컨, 그리고 징크스.

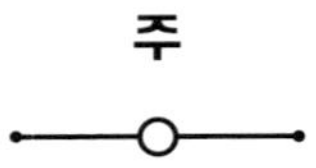

주

서문

1 Nancy Ordover, *American Eugenics: Race, Queer Anatomy, and the Science of Nationalism* (Minneapolis: University of Minnesota Press, 2003).

1장 운명을 이끌다

1 Douglas E. Gerber (ed. and trans.), *Greek Elegiac Poetry* (Cambridge: Harvard University Press, 1999).

2 Charles Darwin, *The Descent of Man*, 2nd edition (London: John Murray, 1874).

3 M. F. Ashley Montagu, "Theognis, Darwin, and Social Selection," *Isis* 37, no.1/2 (1947), pp.24-26.

4 Friedrich Nietzsche, *De Theognide Megarensi* ("On Theognis of Megara"), trans. R. M. Kerr, The Nietzsche Channel (2015).

5 Plato, *Republic*, 5.459a-c. *Plato in Twelve Volumes*, vol.5, trans. Paul Shorey

(Cambridge: Harvard University Press, 1969).

6 Ibid.

7 Seneca, "On Anger," Book 1, 15.2. *Anger, Mercy, Revenge*, trans. Robert A. Kaster and Martha C. Nussbaum (Chicago: University of Chicago Press, 2010).

8 Hilda Herrick Noyes and George Wallingford Noyes, "The Oneida Community Experiment in Stirpiculture," *Eugenics, Genetics and the Family: Scientific Papers of the Second International Congress of Eugenics Held at the American Museum of Natural History, New York, September 22–28, 1921* (Baltimore: Williams & Wilkins Co., 1923).

9 Victoria Woodhull, "Stirpiculture; or, the Scientific Propagation of the Human Race," Cari M. Carpenter (ed.), *Selected Writings of Victoria Woodhull: Suffrage, Free Love, and Eugenics* (Lincoln: University of Nebraska Press, 2010).

2장 퇴화자들

1 J. Arthur de Gobineau, *The Inequality of Human Races*, trans. Adrian Collins (London: William Heinemann, 1915).

2 Arthur Herman, *The Idea of Decline in Western History* (New York: Free Press, 1997).

3 Gerald Spring, *The Vitalism of Count de Gobineau* (New York: Institute of French Studies Press, 1932).

4 J. Arthur de Gobineau, *The Inequality of Human Races*, op. cit.

5 Nicole Hahn Rafter, "White Trash: Eugenics as Social Ideology," *Society* 26, no.1 (November 1988), pp.43-49.

6 Frédéric Carbonel, "L'asile pour aliénés de Rouen," *Histoire & Mesure* 20, nos.1-2 (October 2005).

7 Bénédict Augustin Morel, *Mélanges d'anthropologie pathologique et de médecine mentale* (Rouen: Imprimerie de Alfred Péron, 1859).

8 Bénédict Augustin Morel, *Traité des dégénérescences physiques,*

intellectuelles, et morales de l'espèce humaine: et des causes qui produisent ces variétés maladives (Paris: J. B. Baillière, 1857).

9 T. M. Porter, "Statistical and Social Facts from Quetelet to Durkheim," *Sociological Perspectives* 38, no.1 (1995), pp.15-26.

10 Lambert Adolphe Jacques Quetelet, *Du système social et des lois qui le régissent* (Paris: Guillaumin et Cie Libraire, 1848).

11 Lambert Adolphe Jacques Quetelet, *Sur l'homme et le développement de ses facultés, ou essai de physique sociale* (Paris: Bachelier, Imprimeur-Libraire, 1835).

12 Ibid.

13 Ibid.

14 Ibid.

15 Bénédict Augustin Morel, *Traité des maladies mentales* (Paris: Masson, 1860).

16 François Deherly, "Bénédict-Auguste Morel, théoricien de la dégénérescence," *Le Blog Gallica* (January 17, 2023), https://gallica.bnf.fr/blog/17012023/benedict-auguste-morel-theoricien-de-la-degenerescence.

17 Hippolyte Taine, *Les origines de la France contemporaine; La Révolution: II — La conquête jacobine* (Paris: Hachette et Cie, 1881).

18 Guillaume Ferrero, "Sommes-nous malades?," *La Revue des revues* (September 1893), p.41.

3장 타고난 범죄자

1 Pierre Louis Moreau de Maupertuis, *The Earthly Venus*, trans. Simone Brangier Boas (New York: Johnson Reprint Corp., 1966).

2 "Edward Fowler, Cotton Pioneer, Dies in Pasadena," *Pasadena Independent* (February 4, 1959), https://findagrave.com/memorial/163401062/edward-mumford-fowler.

3 L. N. Fowler, "The Responsibility of Criminals," *Phrenological Journal &*

Life Illustrated 61, no.3 (September 1875), pp.184-185.

4 E. P. Fowler, "Are the Brains of Criminals Anatomical Perversions?," *Medico-Chirurgical Quarterly* 1 (October 1880), pp.1-32.

5 Moritz Benedikt, *Anatomical Studies upon Brains of Criminals: A Contribution to Anthropology, Medicine, Jurisprudence, and Psychology*, trans. E. P. Fowler (New York: W. Wood, 1881).

6 Ibid.

7 *45th Annual Report of the Inspectors of the State Penitentiary for the Eastern District of Pennsylvania for the Year 1873 & 1874* (Philadelphia: Sherman & Co., 1875).

8 *49th Annual Report of the Inspectors of the State Penitentiary for the Eastern District of Pennsylvania for the Year 1878* (Philadelphia: McLaughlin Brothers, 1879).

9 H. G. Hayes and C. J. Hayes, *A Complete History of the Life and Trial of Charles Julius Guiteau, Assassin of President Garfield* (Philadelphia: Hubbard Bros., 1882).

10 J. G. Kiernan, "Review of *Transactions of the Pennsylvania State Medical Society*, vol.14 (1883)," *Journal of Nervous and Mental Disease* 11, no.2 (1884), pp.272-274.

11 J. J. Elwell et al., "The Moral Responsibility of the Insane," *North American Review* 134 (January 1882), pp.1-39.

12 Nicole Rafter et al., *The Criminal Brain: Understanding Biological Theories of Crime*, 2nd edition. (New York: New York University Press, 2016), p.73.

13 Cesare Lombroso, *L'uomo bianco e l'uomo di colore, letture sull'origine e le varietà delle razze umane* (Padova, Italy: F. Sacchetto, 1871), p.9. 흥미롭게 도 내가 구해 읽은 책은 다름 아닌 영국의 의사이자 두개골 수집가, 골상학 자인 조지프 바너드 데이비스가 선물로 받은 것이었다.

14 Cesare Lombroso and Gina Lombroso, *Criminal Man, According to the Classification of Cesare Lombroso* (New York: Putnam, 1911).

15 Charles K. Mills, "Presidential Address, Including Arrested and Aberrant Development of Fissures and Gyres in the Brains of Paranoiacs, Criminals, Idiots, and Negroes and Description of a Chinese Brain,"

Journal of Nervous and Mental Disease 13, nos.9-10 (1886), pp.517-553.

16 Ilaria Natali, "Permeable Borders: Bram Stoker's Dracula and Its Sources," I. Natali and A. Volpone (eds.), *"The Common Darkness where the Dreams Abide": Perspectives on Irish Gothic and Beyond* (Perugia, Italy: Aguaplano Libri, 2018), pp.137-158.

17 Stephen Arata, "The Sedulous Ape: Atavism, Professionalism, and Stevenson's *Jekyll and Hyde*," *Fictions of Loss in the Victorian Fin de Siècle: Identity and Empire* (Cambridge, UK: Cambridge University Press, 1996).

18 Raymond B. Fosdick, "Passing of the Bertillon System of Identification," *Journal of Criminal Law and Criminology* 6, no.3 (1915), p.8; W. A. M'Corn, "Degeneration in Criminals as Shown by the Bertillon System of Measurement and Photographs," *American Journal of Insanity* 53 (July 1896), pp.47-56.

19 John Morris, "Crime: Its Physiology and Parthenogenesis: How Far can Medical Men Aid in Its Prevention?," *Maryland Medical Journal* 20 (April 1889), pp.501-512; Sophia McClelland, "Criminals the Product of Hereditary Degeneracy," *Medical Record* 42 (July 1892), pp.96-100; Austin Flint, "The Coming Role of the Medical Profession in the Scientific Treatment of Crime and Criminals," *New York Medical Journal* 62 (1895), pp.481-490; Thomas B. Keyes, "Criminality and Degeneracy: Its Treatment by Surgery and Hypnotism," *Medico-Legal Journal* 15 (1897-98), pp.366-374

20 F. E. Daniel, "Should Insane Criminals or Sexual Perverts Be Allowed to Procreate?," *Medico-Legal Journal of New York* 11, no.4 (1893), pp.272-292.

4장 프랜시스 골턴 경에서 코네티컷까지

1 Kostas Kampourakis, *How We Get Mendel Wrong, and Why It Matters: Challenging the Narrative of Mendelian Genetics* (New York: CRC Press, 2024).

2 Charles Darwin, *The Variation of Animals and Plants under Domestication,*

2nd edition (London: John Murray, 1885).

3 Iris Sandler, "Pierre Louis Moreau de Maupertuis: A Precursor of Mendel?," *Journal of the History of Biology* 16, no.1 (1983), pp.100-136.

4 다윈이 헉슬리에게 보낸 1865년 7월 12일 자 편지. "Letter no.4870," Darwin Correspondence Project, https://darwinproject.ac.uk/DCP-LETT-4870.xml (Accessed: August 23, 2018).

5 다윈이 골턴에게 보낸 1853년 7월 24일 자 편지. "Letter no.1525," Darwin Correspondence Project, https://darwinproject.ac.uk/DCP-LETT-1525.xml (Accessed: August 23, 2018).

6 Martin Brookes, *Extreme Measures: The Dark Visions and Bright Ideas of Francis Galton* (London: Bloomsbury, 2004).

7 Francis Galton, *Hereditary Genius: An Inquiry into Its Laws and Consequences*, 2nd edition (London: Macmillan & Co., 1892). 실제로 골턴은 이후에 발표한 『영국 과학자들의 천성과 성장 환경』(*English Men of Science: Their Nature and Nurture*, London: Macmillan & Co., 1874)에서 천성 대 환경이라는 이분법을 처음으로 제시했다.

8 다윈이 골턴에게 보낸 1869년 12월 23일 자 편지. "Letter no.7032," Darwin Correspondence Project, https://darwinproject.ac.uk/DCP-LETT-7032.xml (Accessed: August 23, 2018).

9 Francis Galton, *Hereditary Genius*, op. cit.

10 골턴이 다윈에게 보낸 1869년 12월 11일 자 편지. "Letter no.7026," Darwin Correspondence Project, https://darwinproject.ac.uk/DCP-LETT-7026.xml (Accessed: August 25, 2018).

11 골턴이 다윈에게 보낸 1871년 4월 9일 자 편지. "Letter no.7671," Darwin Correspondence Project, https://darwinproject.ac.uk/DCP-LETT-7671.xml (Accessed: August 25, 2018).

12 Francis Galton, "Hereditary Improvement," *Fraser's Magazine* 7 (1873), pp.116-130.

13 Francis Galton, "Letter to the Editor," *The Times* (June 5, 1873), https://galton.org/letters/africa-for-chinese/AfricaForTheChinese.htm.

14 Francis Galton, "Eugenics: Its Definition, Scope, and Aims," *The American Journal of Sociology* 10, no.1 (July 1904).

15 Francis Galton, "Eugenics," op. cit.

16 Lucia L. Jaquith, "The Menace of the Feeble-Minded," *The American Journal of Nursing* 14, no.4 (1914), pp.268-271.

17 Albert O. Wright, "The New Philanthropy," *Proceedings of the National Conference of Charities and Correction at the Twenty-Third Annual Session Held in Rapids, Mich. June 4-10, 1896* (Boston: Geo. H. Ellis, 1896).

18 Ibid.

19 코네티컷주 하원 법안 681호, Conn. Pub. Acts (1895), ch.325, p.667.

20 "Asexualization of Criminals and Degenerates," *Michigan Law Journal* 6, no.12 (1897).

21 Ibid.

22 Ibid.

23 Ibid.

5장 인디애나 계획

1 A. J. Ochsner, "Surgical Treatment of Habitual Criminals," *The Journal of the American Medical Association* 32, no.16 (1899), pp.867-868.

2 Alfred C. Wood, "The Results of Castration and Vasectomy in Hypertrophy of the Prostate Gland. II," *Annals of Surgery* 32, no.3 (1900), pp.309-350.

3 Ibid.

4 예컨대 William M. Kantor, "Beginnings of Sterilization in America," *Journal of Heredity* 28, no.11 (1937), pp.374-376 참조.

5 Ibid.

6 Angela Gugliotta, "'Dr. Sharp with His Little Knife': Therapeutic and Punitive Origins of Eugenic Vasectomy — Indiana, 1892-1921," *The Journal of the History of Medicine and Allied Sciences* 53, no.4 (1998), pp.371-406.

7 William M. Kantor, "Beginnings of Sterilization in America," op. cit.

6장 미국의 우생학 트라이앵글

1 찰스 대븐포트와 칼 피어슨이 1902년 1월 2일부터 1910년 2월 15일까지 주고받은 편지. Box 79, Charles Benedict Davenport Papers, American Philosophical Society, Philadelpia, PA.

2 Daniel Kevles, *In the Name of Eugenics: Genetics and the Uses of Human Heredity* (New York: Knopf, 1985).

3 Charles Davenport, *Heredity in Relation to Eugenics* (New York: Henry Holt, 1911).

4 Lutz Kaelber, "Eugenics: Compulsory Sterilization in 50 American States," presentation at the 2012 Social Science History Association, University of Vermont, https://uvm.edu/%7Elkaelber/eugenics.

5 P. Laughlin et al., "Acquired or Inherited? A Eugenical Comedy in Four Acts," performed at the Eugenics Record Office, Cold Spring Harbor, NY (August 4, 1913), American Philosophical Society Archive, Philadelphia, PA.

6 Harry Hamilton Laughlin, *Eugenical Sterilization in the United States* (Chicago: Psychopathic Laboratory of the Municipal Court of Chicago, 1922).

7 Lutz Kaelber, "Eugenics," op. cit에서 인용한 자료.

8 Howard Markel, "How Dr. Kellogg's World-Renowned Health Spa Made Him a Wellness Titan," *PBS NewsHour* (August 18, 2017), https://pbs.org/newshour/health/dr-kelloggs-world-renowned-health-spa-made-wellness-titan.

9 J. H. Kellogg, "Needed — a New Human Race," *Proceedings of the First National Conference on Race Betterment*, January 8-12, 1914, Battle Creek, Michigan (Battle Creek, MI: Gage Printing Co., 1914).

10 Alexandra Minna Stern, *Eugenic Nation: Faults and Frontiers of Better Breeding in Modern America*, 2nd edition (Oakland: University of California Press, 2015).

11 Charles Davenport, "The Importance to the State of Eugenic Investigation," *Proceedings of the First National Conference on Race*

Betterment, op. cit.

12 Lutz Kaelber, "Eugenics," op. cit에서 인용한 자료.

13 F. O. Butler, "A Quarter of a Century's Experience in Sterilization of Mental Defectives in California," *American Journal of Mental Deficiency* 49, no.4 (1945); Phil Barber, "How Sonoma County Became the Center of America's Forced Sterilization Movement," *Santa Rosa Press Democrat* (November 4, 2021), https://pressdemocrat.com/article/news/how-sonoma-county-became-the-dark-center-of-americas-forced-sterilization.

14 Michael Hiltzik, "Caltech Faces Reckoning over Its Links to Eugenics and Sterilization Movement," *Los Angeles Times* (July 7, 2020), https://latimes.com/business/story/2020-07-07/caltech-robert-millikan-eugenics-sterilization.

15 "Table of Sterilizations Done in State Institutions under State Laws up to and Including the Year 1940," Harry H. Laughlin Papers, Truman State University, Eugenics Archive, https://eugenicsarchive.org/html/eugenics/static/images/1199.html.

16 Paul R. Spitzzeri, "The Slippery Slope of Social Engineering: The Case of Paul B. Popenoe, 1915-1930," The Homestead Blog (February 28, 2020), https://homesteadmuseum.blog/2020/02/27/the-slippery-slope-of-social-engineering-the-case-of-paul-b-popenoe-1915-1930.

17 Paul Popenoe, "The German Sterilization Law," *Journal of Heredity* 25, no.7 (1934), pp.257-260.

18 포페노가 고즈니에게 보낸 1926년 1월 편지. Box 7, Folder 2, E. S. Gosney Papers and Human Betterment Foundation Archives, California Institute of Technology, Pasadena, CA.

19 Wendy Klein, "The Surprising History of Marriage Counseling," American Experience, *PBS/WGBH* (October 19, 2018), https://pbs.org/wgbh/americanexperience/features/eugenics-surprising-history-of-marriage-counseling.

20 Paul Popenoe, *Problems of Human Reproduction* (Baltimore: Williams and Wilkins, 1926).

21 Paul Popenoe, *Modern Marriage: A Handbook* (New York: Macmillan, 1925).

22 George H. Beale, "First Clinic for Settling Home Trouble," *Whittier News* (February 6, 1930).

23 이들이 발표한 저작 외에도 다음을 참조. "Data Summary: Insane Men and Women," Box 36, Folder 1, E. S. Gosney Papers and Human Betterment Foundation Archives, California Institute of Technology, Pasadena, CA; Alexandra Minna Stern, "Sterilized in the Name of Public Health: Race, Immigration, and Reproductive Control in Modern California," *American Journal of Public Health* 95, no.7 (2005), pp.1128-1138.

24 Jill Lepore, "Fixed," *The New Yorker*(March 22, 2010); 〈인생을 걸어라〉 출연진 목록, https://imdb.com/title/tt0042171/fullcredits.

25 Sara Boboltz, "Awful '50s Marriage Advice Shows What Our Mothers and Grandmothers Were up against," *HuffPost* (September 26, 2014), https://huffpost.com/entry/can-this-marriage-be-saved-advice_n_5829870.

7장 우리 중 최악을 연구하다

1 Brent Ruswick, "The Measure of Worthiness: The Rev. Oscar McCulloch and the Pauper Problem, 1877-1891," *Indiana Magazine of History* 104, no.1 (2008), pp.3-35.

2 F. B. Sanborn (ed.), *Proceedings of the Seventh Annual National Conference of Charities and Correction* (Boston: A. Williams & Co., 1880).

3 Nicole Rafter (ed.), *White Trash: The Eugenic Family Studies*, 1877-1919 (Boston: Northeastern University Press, 1988).

4 F. B. Sanborn, *Proceedings of the Seventh Annual National Conference*, op. cit.

5 Edward Morse Shepard, *The Work of a Social Teacher: Being a Memorial of Richard L. Dugdale* (New York: Society for Political Education, 1884).

6 Hamilton Cravens, *The Triumph of Evolution: Heredity Environment Controversy, 1900–1941* (Baltimore: Johns Hopkins University Press,

1998).

7   Elof Axel Carlson, "R. L. Dugdale and the Jukes Family: A Historical Injustice Corrected," *BioScience* 30, no.8 (August 1980), pp.535-539.

8   Nicole Rafter, *White Trash*, op. cit.

8장 우생학의 법적 뼈대

1   *State of Washington v. Peter Feilen*, Washington Supreme Court, 70 Wash. 65 (September 3, 1912).

2   Ibid.

3   *Davis v. Berry*, United States District Court for the Southern District of Iowa, 216 F. 413, no.9-A (June 24, 1914).

4   Ibid.

5   *Smith v. Wayne Probate Judge*, Michigan Supreme Court, 231 Mich. 409, no.3 (June 18, 1925).

6   Paul A. Lombardo, *Three Generations, No Imbeciles: Eugenics, the Supreme Court, and* Buck v. Bell (Baltimore: Johns Hopkins University Press, 2008).

7   *Buck v. Bell, Superintendent of State Colony for Epileptics and Feeble-minded*, Supreme Court of the United States, 274 U.S. 200, no.292 (May 2, 1927).

8   Ibid.

9   Paul A. Lombardo, *Three Generations, No Imbeciles*, op. cit.

9장 '유색인의 물결'이 '위대한 인종'을 삼키다

1   Joseph Jacobs, "On the Racial Characteristics of Modern Jews," *The Journal of the Anthropological Institute of Great Britain and Ireland* 15 (1885), p.54.

2   Benjamin Disraeli, *Tancred, or the New Crusade* (London: M. Walter

Dunne, 1847).

3　Jonathan P. Spiro, "Patrician Racist: The Evolution of Madison Grant," Ph.D. dissertation, University of California, Berkeley (2000).

4　Madison Grant, *The Passing of the Great Race; or, The Racial Basis of European History* (New York: Charles Scribner's Sons, 1916).

5　Lothrop Stoddard, *The Revolt against Civilization: The Menace of the Under-Man* (New York: Charles Scribner's Sons, 1922), pp.239-242.

6　T. R. Ybarra, "Can White Races Be Submerged by Colored Hordes?," *The New York Times* (May 2, 1920).

7　1921년 10월 26일 앨라배마주 버밍햄시 출범 50주년 기념식에서 하딩 대통령의 연설. https://voicesofdemocracy.umd.edu/warren-g-harding-address-at-birmingham-speech-text.

8　F. Scott Fitzgerald, *The Great Gatsby* (New York: Charles Scribner's Sons, 1925).

10장 국제 우생학 네트워크

1　Antoine Prost, "War Losses," 1914-1918-Online. International Encyclopedia of the First World War, https://encyclopedia.1914-1918-online.net/article/war_losses.

2　Robert Wilson, "Eugenic Family Studies," Eugenics Archive (Canada), https://eugenicsarchive.ca/discover/encyclopedia/535eebbb7095aa0000000225 (Accessed: September 5, 2024); Nicole Rafter (ed.), *White Trash: The Eugenic Family Studies, 1877–1919* (Boston: Northeastern University Press, 1988).

3　제2차 국제우생학대회 전시회 안내서에 실린 전시관 평면도. Eugenics Archive, https://eugenicsarchive.org/eugenics/image_header.pl?id=542&detailed=1.

4　Frank Gary Brooks, "Selling the Future Short," *Bios* 2, no.3 (1931), pp.151-155.

5　Edwin Black, *War against the Weak: Eugenics and America's Campaign to*

Create a Master Race (New York: Dialog Press, 2012).

6 Ross Douthat, "Clarence Thomas's Dangerous Idea," *The New York Times* (June 1, 2019).

7 Edwin Black, *War against the Weak*, op. cit.

8 Alexandra Minna Stern, "Gender and Sexuality: A Global Tour and Compass," Alison Bashford and Philippa Levine (eds.), *The Oxford Handbook of the History of Eugenics* (New York: Oxford University Press, 2010).

9 *Actas de la II Conferencia Panamericana de Eugenesia y Homicultura de las Repúblicas Americanas* (Buenos Aires: Fascoli y Bindi, 1934).

10 Yolanda Eraso, "Biotypology, Endocrinology, and Sterilization: The Practice of Eugenics in the Treatment of Argentinian Women during the 1930s," *Bulletin of the History of Medicine* 81, no.4 (2007), pp.793-822.

11 Australian Human Rights Commission, "8. History: Northern Territory," *Bringing Them Home*, https://humanrights.gov.au/our-work/bringing-them-home-8-history-northern-territory (Accessed: September 5, 2024).

12 W. A. Plecker, "Virginia's Effort to Preserve Racial Integrity," H. H. Laughlin et al. (eds.), *A Decade of Progress in Eugenics* (Baltimore: Williams & Wilkins, 1934).

13 Warwick Anderson, *The Cultivation of Whiteness: Science, Health, and Racial Destiny in Australia* (New York: Basic Books, 2003).

14 Cassia Roth, "The Degenerating Sex: Female Sterilisation, Medical Authority and Racial Purity in Catholic Brazil," *Medical History* 64, no.2 (2020), pp.173-194.

15 Eugenics Archives (Canada), Social Sciences & Humanities Research Council of Canada (2010-2015), https://eugenicsarchive.ca.

16 W. E. Crusio, "A Whisper Past: Childless after Eugenic Sterilization in Alberta, by Leilani Muir," *Genes, Brain and Behavior* 14, no.5 (2015), p.439.

17 Leon Antonio Rocha, "Quentin Pan 潘光旦 in The China Critic," *The China Heritage Quarterly* 30/31 (2012).

18 Yuehtsen J. Chung, "Eugenics in China and Hong Kong: Nationalism and Colonialism, 1890s-1940s," A. Bashford and P. Levine (eds.), *The Oxford*

Handbook of the History of Eugenics (New York: Oxford University Press, 2010).

19 Daniel S. Gewirtz, "Toward a Quality Population: China's Eugenic Sterilization of the Mentally Retarded," *NYLS Journal of International and Comparative Law* 15, no.1 (1994), Article 6.

20 Sumiko Otsubo, "Between Two Worlds: Yamanouchi Shigeo and Eugenics in Early Twentieth-Century Japan," *Annals of Science* 62, no.2 (2005), pp.205-231.

21 Jennifer Robertson, "Blood Talks: Eugenic Modernity and the Creation of New Japanese," *History and Anthropology* 13, no.3 (2002), pp.191-216에서 재인용.

22 Takashi Tsuchiya, "Eugenic Sterilizations in Japan and Recent Demands for Apology: A Report," *Newsletter of the Network on Ethics and Intellectual Disability* 3, no.1 (1997), pp.1-4.

23 Siri Haavie, "Sterilization in Norway: A Dark Chapter?," Eurozine (April 9, 2003), https://eurozine.com/sterilization-in-norway-a-dark-chapter.

24 Dan Balz, "Sweden Sterilized Thousands of 'Useless' Citizens for Decades," *The Washington Post* (August 29, 1997); G. Broberg and N. Roll-Hansen (eds.), *Eugenics and the Welfare State: Sterilization Policy in Denmark, Sweden, Norway, and Finland* (East Lansing: Michigan State University Press, 1996).

25 Martin Ericsson, "What Happened to 'Race' in Race Biology? The Swedish State Institute for Race Biology, 1936-1960," *Scandinavian Journal of History* 46 (2020), pp.125-148.

26 Regina Wecker. "Eugenics in Switzerland before and after 1945: a Continuum?," *Journal of Modern European History* 10, no.4 (2012), pp.519-539.

27 Elizabeth Ortega et al., "Eugenics and Medicalization of Crime at the Early 20th Century in Uruguay," *Saúde e Sociedade* 27, no.2 (2018), pp.354-366.

28 Nancy Stepan, *"The Hour of Eugenics": Race, Gender, and Nation in Latin America* (Ithaca, NY: Cornell University Press, 1991).

11장 미국을 다시 하얗게

1 *Grays Harbor Washingtonian* (June 14, 1934). Alfred J. Hillier, "Albert Johnson, Congressman," *Pacific Northwest Quarterly* 36, no.3 (1945), p.195 에서 재인용.

2 David Cahn, "The 1907 Bellingham Riots in Historical Context," The Seattle Civil Rights and Labor History Project, University of Washington, https://depts.washington.edu/civilr/bham_history.htm; Trevor Griffey, "Citizen Klan: Electoral Politics and the KKK in WA," The Seattle Civil Rights and Labor History Project, University of Washington, https://depts.washington.edu/civilr/kkk_politicians.htm; "Jap Influx is Predicted," *San Pedro Daily News* 5, no.312 (1907).

3 "KU KLUX KLAN: Washington Splurge," *Time* (September 20, 1926).

4 "Speech of Hon. Albert Johnson of Washington in the House of Representatives, April 5, 1924," https://curiosity.lib. harvard.edu/immigration-to-the-united-states-1789-1930/ catalog/39-990099887160203941.

5 공화당 대선 후보 도널드 트럼프도 2016년 선거 운동에서 똑같이 말했다. Jenna Johnson, "Trump Calls for 'Total and Complete Shutdown of Muslims Entering the United States,'" *The Washington Post* (December 7, 2015). 물론 백인 청중도 똑같이 크게 환호했다.

6 "Immigration Act of 1921 Imposes Quota System, 1921-1924," Gale U.S. History in Context (2012), https://www.dentonisd.org/cms/lib/ TX21000245/Centricity/Domain/535/Immigration%20Act.pdf.

7 Edwin Black, "Eugenics and the Nazis: the California Connection," *SFGate* (November 9, 2003).

8 Adam Serwer, "Jeff Sessions's Unqualified Praise for a 1924 Immigration Law," *The Atlantic* (January 10, 2017).

9 "Immigration Act of 1924," Wikipedia, http://en.wikipedia.org/w/index. php?title=Immigration_Act_of_1924&oldid=1089437804 중 '역대 법률에 따른 국가별 할당량(Quotas by Country under Successive Laws)' 참조.

12장 나치와의 연관성

1 고드윈의 법칙은 (특히 온라인에서) 논쟁이 길어질수록 다른 사람 혹은 대상을 히틀러나 제3제국에 비유할 가능성이 거의 100퍼센트에 수렴한다는 우스우면서도 다소 짜증 섞인 통찰이다. "Godwin's Law," Oxford English Dictionary, OED Online, https://oed.com/view/Entry/340583 (Accessed January 2018).

2 Joseph L. Graves Jr., *The Emperor's New Clothes: Biological Theories of Race at the Millennium* (New Brunswick, NJ: Rutgers University Press, 2001).

3 Peter Campbell, "The 'Black Horror on the Rhine': Idealism, Pacifism, and Racism in Feminism and the Left in the Aftermath of the First World War," *Social History* 47 (2014), pp.471-496.

4 Stefan Kühl, *For the Betterment of the Race: The Rise and Fall of the International Movement for Eugenics and Racial Hygiene*, trans. L. Schofer (New York: Palgrave Macmillan, 2013).

5 Iris Wigger, "'Black Shame': The Campaign against 'Racial Degeneration' and Female Degradation in Interwar Europe," *Race and Class* 51 (2010).

6 Stefan Kühl, *For the Betterment of the Race*, op. cit.

7 Robert Proctor, *Racial Hygiene: Medicine under the Nazis* (Cambridge, MA: Harvard University Press, 1988), p.344.

8 Peter Lehmann, "'Progressive' Psychiatry: Publisher J. F. Lehmann as Promoter of Social Psychiatry under Fascism," *Changes: An International Journal of Psychology and Psychotherapy* (England) 12, no.1 (1994), pp.37-49.

9 D. Olusoga and C. W. Ericksen, *The Kaiser's Holocaust: Germany's Forgotten Genocide and the Colonial Roots of Nazism* (New York: Faber & Faber, 2011).

10 Erna Kurbegovic and Colette Leung, "Fischer, Eugen," Eugenics Archive (Canada), https://eugenicsarchive.ca/discover/connections/5233d0235c2ec500000000b0 (Accessed: March 28, 2018).

11 Hans Harmsen, "Berichte. Der international Kongreß für Bevölkerungswissenschaft und der Internationale Strafrechtskongreß,"

Archiv für Bevölkerungswissenshaft und Bevölkerungspolitik 5 (1935), pp.355-368.

13장 600만 명을 살해하다

1   나치당 인종정치국(Rassenpolitisches Amt)에서 제작한 〈유전적 결함〉 (1936), https://archive.org/details/1936-Rassenpolitisches-Amt-der-NSDAP-Erbkrank.

2   Stefan Kühl, *For the Betterment of the Race: The Rise and Fall of the International Movement for Eugenics and Racial Hygiene*, trans. L. Schofer (New York: Palgrave Macmillan, 2013).

3   James Q. Whitman, *Hitler's American Model: The United States and the Making of Nazi Race Law* (Princeton, NJ: Princeton University Press, 2017).

4   Chrisanne Beckner, "Darkness on the Edge of Campus: University's Philanthropic 'Godfather' Was Mad about Eugenics," *Sacramento News & Review* (February 19, 2004).

5   Judy Scales-Trent, "Racial Purity Laws in the United States and Nazi Germany: The Targeting Process," *Human Rights Quarterly* 23, no.2 (2001), pp.260-307.

6   Stefan Kühl, *The Nazi Connection: Eugenics, American Racism, and German National Socialism* (New York: Oxford University Press, 2001).

7   Robert Proctor, *Racial Hygiene: Medicine under the Nazis* (Cambridge, MA: Harvard University Press, 1988).

8   Stefan Kühl, *For the Betterment of the Race*, op. cit에서 재인용.

9   Lothrop Stoddard, *Into the Darkness: Nazi Germany Today* (New York: Duell, Sloan & Pearce, 1940).

10   Robert J. Lifton, *The Nazi Doctors: Medical Killing and the Psychology of Genocide* (New York: Basic Books, 2000).

11   "The Moscow Conference; October 1943," The Avalon Project: Documents in Law, History and Diplomacy, Lillian Goldman Law Library, Yale Law

School, https://avalon.law.yale.edu/wwii/moscow.asp.

12 Kevin Jon Heller, *The Nuremberg Military Tribunals and the Origins of International Criminal Law* (Oxford, UK: Oxford University Press, 2011).

13 페르슈어는 미 육군 방첩부대와 '전쟁범죄조사국'에서 조사받고 벌금을 물긴 했지만 공식 재판은 받지 않았고 뮌스터대학에 임용된 뒤 훗날 학장이 되었다. Sheila Faith Weiss, "After the Fall: Political Whitewashing, Professional Posturing, and Personal Refashioning in the Postwar Career of Otmar Freiherr von Verschuer," *Isis* 101 (2010), pp.729-730.

14 Ibid.

15 Edwin Black, "Eugenics and the Nazis: The California Connection," *SFGate* (November 9, 2003).

16 Gavin Schaffer, "'Scientific' Racism Again?: Reginald Gates, the Mankind Quarterly and the Question of 'Race' in Science after the Second World War," *Journal of American Studies* 41, no.2 (2007), pp.253-278.

14장 푸에르토리코: 식민지의 과잉 인구

1 Pedro Ortiz, "The Tropics from a Public Health Standpoint," *Porto Rico Health Review* 11, no.12 (1927), pp.3-13.

2 Lt. Col. Esteban Jimenez, Letter to the Editor in reponse to Robert F. Dorr's article "Winship's Record in Puerto Rico Was Hardly Heroic" (May 3, 2004), *Puerto Rico Herald* (May 24, 2004).

3 A. W. Maldonado, *Luis Muñoz Marín: Puerto Rico's Democratic Revolution* (San Juan: Editorial Universidad de Puerto Rico, 2006).

4 "Sterilization Study Is Urged by Winship," *The New York Times* (February 10, 1937).

5 Annette B. Ramírez de Arellano and Conrad Seipp, *Colonialism, Catholicism and Contraception: A History of Birth Control in Puerto Rico* (Chapel Hill: University of North Carolina Press, 2014).

6 Kurt W. Back et al., "Population Control in Puerto Rico: The Formal and Informal Framework," *Law and Contemporary Problems* 25, no.3 (1960),

pp.558-576.

7 J. Mayone Stycos, "Female Sterilization in Puerto Rico," *Eugenics Quarterly* 1, no.1 (1954), pp.3-8.

8 Bonnie Mass, "Puerto Rico: A Case Study of Population Control," *Latin American Perspectives* 4, no.4 (1977), pp.66-81.

9 Laura Briggs, *Reproducing Empire: Race, Sex, Science, and U.S. Imperialism in Puerto Rico* (Berkeley: University of California Press, 2002).

10 아나 마리아 가르시아가 연출한 다큐멘터리 〈라 오페라시온〉(1982), https://youtu.be/uoJoWMbRxvM.

11 Drew C. Pendergrass and Michelle Y. Raji, "The Bitter Pill: Harvard and the Dark History of Birth Control," *Harvard Crimson* (September 28, 2017).

12 Harriet B. Presser, *Sterilization and Fertility Decline in Puerto Rico*, Population Monograph Series 13 (Berkeley: University of California Press, 1973).

13 Helen Rodriguez-Trias, "The Women's Health Movement: Women Take Power," V. Sidel and R. Sidel (eds.), *Reforming Medicine: Lessons of the Last Quarter Century* (New York: Pantheon, 1984).

14 매코믹이 생어에게 보낸 1955년 5월 31일 자 편지. Lara Marks, "'A "Cage" of Ovulating Females': The History of the Early Oral Contraceptive Pill Clinical Trials, 1950-1959," S. de Chadarevian and H. Kamminga (eds.), *Molecularizing Biology and Medicine: New Practices and Alliances 1920s to 1970s* (London: Taylor & Francis, 1998)에서 재인용.

15 Drew C. Pendergrass and Michelle Y. Raji, "The Bitter Pill," op. cit.

16 매코믹이 생어에게 보낸 1955년 5월 31일 자 편지. op. cit.

17 Nick Thimmesch, "Puerto Rico and Birth Control," *Journal of Marriage and Family* 30, no.2 (1968), pp.252-262.

18 예컨대 Marc Dhont, "History of Oral Contraception," *European Journal of Contraception & Reproductive Health Care* 15, Suppl.2 (2010), pp.S12-S18 참조.

19 Theresa Vargas, "Guinea Pigs or Pioneers?: How Puerto Rican Women Were Used to Test the Birth Control Pill," *The Washington Post* (October

28, 2021).

20 Katherine Brind'Amour and Benjamin Garcia, "*Humanae Vitae* (1968), by Pope Paul VI," Embryo Project Encyclopedia (November 13, 2007), https://embryo.asu.edu/pages/humanae-vitae-1968-pope-paul-vi.

21 Lara Marks, "Human Guinea Pigs?: The History of the Early Oral Contraceptive Clinical Trials," *History and Technology* 15 (1999), pp.263-288.

22 Laura Briggs, *Reproducing Empire*, op. cit.

23 Harriet B. Presser, "Puerto Rico: Recent Trends in Fertility and Sterilization," *Family Planning Perspectives* 12, no.2 (1980), pp.102-106.

24 Drew C. Pendergrass and Michelle Y. Raji, "The Bitter Pill," op. cit.

15장 인구통제 산업복합체

1 Ian Dowbiggin, *The Sterilization Movement and Global Fertility in the Twentieth Century* (New York: Oxford University Press, 2008).

2 "Composite Report of the President's Committee to Study the United States Military Assistance Program" (August 17, 1959), https://edocs.nps.edu/2012/December/pcaaa444.pdf.

3 "Letter of Draper Committee on Foreign Aid," *The New York Times* (July 24, 1959).

4 Betsy Hartmann, "Population Control I: Birth of an Ideology," *International Journal of Health Services: Planning, Administration, Evaluation* 27, no.3 (1997), pp.523-540.

5 John W. Finney, "Eisenhower Backs Birth Curb Study," *The New York Times* (June 23, 1965).

6 Arthur R. Jensen, "How Much Can We Boost IQ and Scholastic Achievement?," *Harvard Educational Review* 39, no.1 (1969), pp.1-123.

7 Angela Saini, "Draper's Millions: The Philanthropic Wellspring of Modern Race Science," *Undark* (December 16, 2022), https://race.undark.org/articles/drapers-millions-the-philanthropic-wellspring-of-modern-

race-science.

8 "Letter by Eisenhower on Birth Control," *The New York Times* (June 23, 1965).

9 Marc Dhont, "History of Oral Contraception," *European Journal of Contraception & Reproductive Health Care* 15, Suppl.2 (2010), pp.S12-S18.

10 *Time* (November 27, 1964), cover, https://content.time.com/time/magazine/0,9263,7601641127,00.html; Hugh Moore Fund Collection, Public Policy Papers, Department of Special Collections, Princeton University Library, https://arks.princeton.edu/ark:/88435/12579s25h.

11 Laura Briggs, *Reproducing Empire: Race, Sex, Science, and U.S. Imperialism in Puerto Rico* (Berkeley: University of California Press, 2002).

12 Betsy Hartmann, "Population Control II: The Population Establishment Today," *International Journal of Health Services* 27, no.3 (1997), pp.541-557.

13 Richard Nixon, "Special Message to the Congress on Problems of Population Growth," The American Presidency Project, https://presidency.ucsb.edu/node/239625.

14 Johanna Schoen, *Choice and Coercion: Birth Control, Sterilization, and Abortion in Public Health and Welfare* (Chapel Hill: University of North Carolina Press, 2005).

16장 인구 폭탄이라는 폭탄

1 Jonathan P. Spiro, "Patrician Racist: The Evolution of Madison Grant," Ph.D. dissertation, University of California, Berkeley (2000).

2 Bonnie Mass, "An Historical Sketch of the American Population Control Movement," *International Journal of Health Services* 4, no.4 (1974), pp.651-676.

3 Aditi Kharod, "A 1960s Population Control Organization Rebranded in 2002. Now It's Recruiting UNC Students," *NC Newsline* (November 20, 2019), https://ncnewsline.com/2019/11/20/a-1960s-population-control-

organization-rebranded-in-2002-now-its-recruiting-unc-students.

4   Charles C. Mann, "The Book That Incited a Worldwide Fear of Overpopulation," *Smithsonian* (January 2018).

5   Paul R. Ehrlich, with Anne H. Ehrlich, *The Population Bomb* (New York: Sierra Club/Ballantine Books,1968).

6   Ibid.

7   1970년 4월 24일 WOI-TV의 에얼릭 인터뷰. "Dr Paul Ehrlich Tape 2", Iowa State University Library, Special Collections and University Archives, https://youtu.be/YZWiRaIkXxg.

8   Stewart Brand, *Whole Earth Discipline: An Ecopragmatist Manifesto* (New York: Viking Penguin, 2009).

9   Ben Wattenberg, "The Nonsense Explosion," American Enterprise Institute (August 26, 2013), https://aei.org/articles/aei-classics-the-nonsense-explosion.

10   인구위원회의 요청으로 월트디즈니 프로덕션에서 제작한 애니메이션 〈가족계획(Family Planning)〉(1968), https://youtu.be/t2DkiceqmzU.

11   1980년 1월 31일에 방영된 〈조니 카슨의 투나이트 쇼〉에서의 에얼릭. https://youtu.be/6E5lUNBk3zQ?si=cUtB-QXhDoH1dd4I.

12   M. F. Franda, "The World Population Conference: An International Extravaganza," *Southeast Europe* 21, no.2 (1974), pp.1-9.

13   Matthew Connelly, *Fatal Misconception: The Struggle to Control World Population* (Cambridge, MA: Harvard University Press, 2008).

14   Betsy Hartmann, *Reproductive Rights and Wrongs: The Global Politics of Population Control*, 3rd edition (Chicago: Haymarket Books, 2016).

17장 비상사태

1   Paul R. Ehrlich, with Anne H. Ehrlich, *The Population Bomb* (New York: Sierra Club/Ballantine Books, 1968).

2   Lyndon B. Johnson, "Address in San Francisco at the 20th Anniversary Commemorative Session of the United Nations," The American

Presidency Project, https://presidency.ucsb.edu/node/241692.

3 Charles C. Mann, "The Book That Incited a Worldwide Fear of Overpopulation," *Smithsonian* (January 2018).

4 Kathleen D. McCarthy, "From Government to Grass-roots Reform: The Ford Foundation's Population Programmes in South Asia, 1959-1981," *Voluntas* 6, no.3 (1995), p.298.

5 Robert Zubrin, "The Population Control Holocaust," *The New Atlantis* 35 (2012).

6 Dylan Matthews and Byrd Pinkerton, "'The Time of Vasectomy': How American Foundations Fueled a Terrible Atrocity in India," *Vox* (June 5, 2019), https://vox.com/future-perfect/2019/6/5/18629801/emergency-in-india-1975-indira-gandhi-sterilization-ford-foundation.

7 *Population and the American Future: The Report of the Commission on Population Growth and the American Future* (New York: Signet, 1972).

8 Stephen Mosher, *Population Control: Real Costs, Illusory Benefits* (New York: Routledge, 2008).

9 NSC Under-Secretaries Committee, "First Annual Report on U.S. International Population Policy" (July 29, 1976), Department of State, Office of the Historian, *Foreign Relations of the United States, 1969–1976, Volume E-14, Part 1: Documents on the United Nations, 1973–1976*, https://history.state.gov/historicaldocuments/frus1969-76ve14p1/d125.

10 Anuradha Mascarenhas, "All They Wanted Were Men. Any Man," *Indian Express* (July 5, 2015).

11 Hannah Green, "The Legacy of India's Quest to Sterilize Millions of Men," *Pulitzer Center* (October 1, 2018), https://pulitzercenter.org/stories/legacy-indias-quest-sterilize-millions-men.

12 Anuradha Mascarenhas, "All They Wanted Were Men," op. cit.

13 NSC Under-Secretaries Committee, "First Annual Report," op. cit.

14 Robert S. McNamara, "McNamara on Population Growth: The 1980s and Beyond," *Population and Development Review* 5, no.4 (1979), pp.736-739.

15 T. K. Sundari Ravindran, "Women and the Politics of Population and Development in India," *Reproductive Health Matters* 1, no.1 (1993), pp.26-

38.

16 "India Sterilisations: More Chhattisgarh Botched Cases," *BBC News*
    (November 12, 2014), https://bbc.com/news/world-asia-india-30024588.

17 H. S. D. Cole et al. (eds.), *Models of Doom: A Critique of* The Limits to
    Growth (New York: Universal Books, 1973).

18 Aileen Clarke, "See How the One-Child Policy Changed China," *National
    Geographic* (November 13, 2015).

19 Andrew Mullen, "What Was China's One-Child Policy and Why Was It
    So Controversial?," *South China Morning Post* (June 1, 2021).

20 Yuehtsen Juliette Chung, "The Postwar Return of Eugenics and the
    Dialectics of Scientific Practice in China," *Middle Ground Journal* 3 (2011),
    pp.1-50.

21 Emily Feng, "China's Former 1-Child Policy Continues to Haunt
    Families," *NPR* (July 4, 2021), https://npr.org/2021/06/21/1008656293/the-
    legacy-of-the-lasting-effects-of-chinas-1-child-policy.

22 Steven Mufson, "China Softens Bill on Eugenics," *The Washington Post*
    (December 30, 1993).

23 "China Cuts Uighur Births with IUDs, Abortion, Sterilization," *AP News*
    (April 20, 2021), https://apnews.com/article/ap-top-news-international-
    news-weekend-reads-china-health-269b3de1af34e17c1941a514f78d764c.

24 Conor Finnegan, "China Conducting Mass Sterilization on Muslim
    Minorities That Could Amount to Genocide: Report," *ABC News* (June
    29, 2020), https://abcnews.go.com/Politics/china-conducting-mass-
    sterilization-muslim-minorities-amount-genocide/story?id=71519132.

25 Jelke Boesten, "Free Choice or Poverty Alleviation? Population Politics
    in Peru under Alberto Fujimori," *European Review of Latin American and
    Caribbean Studies* 82 (April 2007), pp.3-20.

26 Alicia Ely Yamin, "In Memoriam: Giulia Tamayo, 1958-2014," *Health and
    Human Rights Journal* 16, no.2 (2014).

27 "The Quipu Project," Chaka Studio, https://interactive.quipu-project.
    com/#/en/quipu/intro.

28 Jacquelyn Kovarik, "Why Don't We Talk About Peru's Forced

Sterilizations?," *The New Republic* (October 8, 2018); Leila Miller, "Tied Down and Sterilized: Peru's Dark History of Family Planning," *Los Angeles Times* (October 29, 2019).

29 "A Public Talk by Keiko Fujimori," Weatherhead Center for International Affairs, Harvard University (September 30, 2015), https://wcfia.harvard.edu/event/special-event-09-30-15.

18장 크고 작은 저항

1 Roy Reed, "'Bloody Sunday' Was Year Ago," *The New York Times* (March 6, 1966).

2 Aniko Bodroghkozy, "How the Images of John Lewis Being Beaten during 'Bloody Sunday' Went Viral," *The Conversation* (July 23, 2020), https://theconversation.com/how-the-images-of-john-lewis-being-beaten-during-bloody-sunday-went-viral-143080.

3 Elazar Barkan, *The Retreat of Scientific Racism: Changing Concepts of Race in Britain and the United States between the World Wars* (Cambridge, UK: Cambridge University Press, 1992).

4 Robin Marantz Henig, "The Life and Legacy of Paul de Kruif," The Alicia Patterson Foundation (August 29, 2002), https://aliciapatterson.org/robin-marantz-henig/the-life-and-legacy-of-paul-de-kruif; Clarence Darrow, "The Eugenics Cult," *American Mercury* 8 (1926), pp.129-137; 또 한 Clarence Darrow, "The Edwardses and the Jukeses," *American Mercury* 6 (1925), pp.147-157도 참조.

5 *Hearing before the House Committee on Immigration and Naturalization,* 68th Congress, 1st Session. (Washington: Government Printing Office, 1924), p.512; Kenneth M. Ludmerer, *Genetics and the American Society: A Historical Appraisal* (Baltimore: Johns Hopkins University Press, 1972).

6 Elazar Barkan, "Reevaluating Progressive Eugenics: Herbert Spencer Jennings and the 1924 Immigration Legislation," *Journal of the History of Biology* 24, no.1 (1991), pp.91-112.

7 Raymond Pearl, "Breeding Better Men: The New Science of Eugenics Which Would Elevate the Race by Producing Higher Types," *The World's Work* 19, no.8 (1908), pp.9818-9824.

8 Raymond Pearl, "The Biology of Superiority," *American Mercury* (November 12, 1927).

9 Bentley Glass and Curt Stern, "Geneticists Embattled: Their Stand against Rampant Eugenics and Racism in America during the 1920s and 1930s," *Proceedings of the American Philosophical Society* 130, no.1 (1986), pp.130-154; Melissa Hendricks, "Raymond Pearl's 'Mingled Mess,'" *Johns Hopkins Magazine* (April 2006), https://pages.jh.edu/jhumag/0406web/pearl.html.

10 Elazar Barkan, *The Retreat of Scientific Racism*, op. cit.

11 Stephen J. Gould, *The Mismeasure of Man* (New York: W. W. Norton, 1996).

12 예컨대 John Lewis, "Mississippi's 'Genocide' Bill," *The Gazette and Daily* (June 8, 1964), https://newspapers.com/clip/19898004/mississippi-sterilization-1964 참조.

13 The Student Nonviolent Coordinating Committee, "Genocide in Mississippi"(1964)에서 재인용. Tulane University Digital Library, https://digitallibrary.tulane.edu/islandora/object/tulane%3A21196 참조.

14 Julius Paul, "State Eugenic Sterilization Laws in American Thought and Practice," unpublished manuscript (Walter Reed Army Institute of Research, 1965).

15 Keisha N. Blain, "Fannie Lou Hamer Sounded the Alarm on Forced Sterilization," *Bitch Media* (October 5, 2020), https://bitchmedia.org/article/fannie-lou-hamer-keisha-blain-excerpt.

16 Ibid.

17 "Fannie Lou Hamer," American Experience, *PBS/WGBH* (April 24, 2014), https://pbs.org/wgbh/americanexperience/features/freedomsummer-hamer.

18 Victoria F. Nourse, *In Reckless Hands*: Skinner v. Oklahoma *and the Near-Triumph of American Eugenics* (New York: W. W. Norton, 2008).

19 Julius Paul, "State Eugenic Sterilization Laws in American Thought and

Practice," op. cit.

20 Lutz Kaelber, "Eugenics: Compulsory Sterilization in 50 American States," presentation at the 2012 Social Science History Association, Department of Sociology, University of Vermont, https://uvm.edu/%7Elkaelber/eugenics/OK/OK.html.

19장 인구통제에서 빈곤통제로

1 Martha J. Bailey, "Reexamining the Impact of Family Planning Programs on US Fertility: Evidence from the War on Poverty and the Early Years of Title X," *American Economic Journal: Applied Economics*, 4, no.2 (2012), pp.62-97.

2 Julius Paul, "State Eugenic Sterilization Laws in American Thought and Practice," unpublished manuscript (Walter Reed Army Institute of Research, 1965). 줄리어스 폴은 Richard Hofstadter, "The Pseudo-Conservative Revolt," Daniel Bell (ed.), *The Radical Right* (Garden City, NY: Doubleday, 1964)의 논의를 참조했다.

3 William Green, "The Odyssey of Depo-Provera: Contraceptives, Carcinogenic Drugs, and Risk-Management Analyses," *Food, Drug, Cosmetic Law Journal* 42, no.4 (1987), pp.567-587.

4 "Clinic Defends Sterilization of 2 Girls, 12 and 14," *The New York Times* (June 28, 1973).

5 *Relf v. Weinberger*, US District Court for the District of Columbia, 372 F. Supp. 1996, no. 73-1557 (July 17, 1973).

6 Dorothy E. Roberts, *Killing the Black Body: Race, Reproduction, and the Meaning of Liberty*, 20th anniversary edition (New York: Vintage, 2014).

7 Gregory M. Dorr, "Protection or Control? Women's Health, Sterilization Abuse, and *Relf v. Weinberger*," P. Lombardo (ed.), *A Century of Eugenics in America: From the Indiana Experiment to the Human Genome Era* (Bloomington: Indiana University Press, 2011).

8 "Sterilized: Why?," *Time* (July 23, 1973).

9   "The Belmont Report," Office for Human Research Protections, US Department of Health and Human Services (April 18, 1979), https://hhs.gov/ohrp/regulations-and-policy/belmont-report/read-the-belmont-report/index.html.

10 Alexandra Minna Stern, "STERILIZED in the Name of Public Health," *American Journal of Public Health* 95, no.7 (2005), pp.1128-1138.

11 Elena R. Gutiérrez, "Policing Pregnant Pilgrims: Situating the Sterilization Abuse of Mexican-Origin Women in Los Angeles County," Georgina Feldberg et al. (eds.), *Women, Heath, and Nation: Canada and the United States since 1945* (Montreal: McGill-Queen's University Press, 2003).

12 Health Research Group, *A Health Research Group Study on Surgical Sterilization: Present Abuses and Proposed Regulations* (Washington, DC: Health Research Group, 1973); Nicole L. Novak and Natalie Lira, "California Once Targeted Latinas for Forced Sterilization," *Smithsonian* (March 22, 2018).

13 Marcela Valdes, "When Doctors Took 'Family Planning' into Their Own Hands," *The New York Times Magazine* (February 1, 2016).

14 Maya Manian, "The Story of *Madrigal v. Quilligan*: Coerced Sterilization of Mexican-American Women," University of San Francisco Law Research Paper no.2018-04 (2018).

15 Alexandra Minna Stern, "STERILIZED in the Name of Public Health," op. cit.

16 Maya Manian, "The Story of *Madrigal v. Quilligan*," op. cit.

17 "Native Woman Sues Over Illegal Sterilization, Seizure of Children," *Akwesasne Notes* 7, no.3 (1974), p.8, American Indian Digital History Project, https://aidhp.com/items/show/35.

18 Jane Lawrence, "The Indian Health Service and the Sterilization of Native American Women," *American Indian Quarterly* 24, no.3 (2000), pp.400-419.

19 Robert E. McGarrah, "Voluntary Female Sterilization: Abuses, Risks and Guidelines," *Hastings Center Report* 4, no.3 (1974), pp.5-7.

20 Claudia Dreifus, "Sterilizing the Poor," *The Progressive* 39 (1975), pp.13, 15-17.

21 Suzanne Tessler, "Compulsory Sterilization Practices," *Frontiers: A Journal of Women Studies* 1, no.2 (1976), pp.52-66.

22 Jane Lawrence, "The Indian Health Service and the Sterilization of Native American Women," op cit.

23 Russell R. de Alvarez, MD (moderator), "Panel Discussion on Contraception & Sterilization," *American Journal of Obstetrics & Gynecology* 89, no.3 (1964), pp.392-394.

24 John Mohawk, "Native People and the Right to Survive," *Akwesasne Notes* 11, no.2 (1979), p.4, American Indian Digital History Project, https://aidhp.com/items/show/54.

25 Myla Vicenti Carpio, "The Lost Generation: American Indian Women and Sterilization Abuse," *Social* Justice 31, no.4 (2004), p.42.

26 Brooke Hadley, "The Sterilization of Native American Women in Oklahoma," M.A. thesis, University of Oklahoma (2021)에서 재인용.

27 "Indians and Medicine: Sterilization and Genocide — Dr. Connie Uri," *KPFK* (September 25, 1974), https://pacificaradioarchives.org/recording/bc1963.

28 "Indians Face 'Cultural Genocide' Threats," *Daily Herald* (May 23, 1977).

29 Brooke Hadley, "Sterilization of Native American Women in Oklahoma," op. cit.

30 "Investigation of Allegations Concerning Indian Health Service," US Government Accountability Office (November 4, 1976), https://gao.gov/products/hrd-77-3.

31 Ibid.

32 Jane Lawrence, "The Indian Health Service and the Sterilization of Native American Women," op. cit.

33 "About Us," Indian Health Service, Office of Urban Indian Health Programs, https://ihs.gov/urban/aboutus (Accessed: March 13, 2022).

34 "Brief History of the Indian Health Care Improvement Act," National Indian Health Board, Tribal Health Reform Resource Center, https://

nihb.org/tribalhealthreform/ihcia-history (Accessed: March 13, 2022).

35 Kathryn Krase, "Sterilization Abuse: The Policies behind the Practice," *National Women's Health Network Newsletter* (January 5, 1996). 이 글은 다음 웹페이지에 제목을 바꿔 재수록되었다. "The Politics of Women's Health: Sterilization Abuse," Our Bodies Ourselves Health Resource Center, https://ourbodiesourblog.org/book/companion-id-31-compID-55.html.

36 예컨대 Garland E. Allen, "A History of Eugenics in the Class Struggle," *Science for the People* 6, no.2 (1974).

37 Eric Eyre, "W.Va. House Passes Repeal of Forced Sterilization Law," *Charleston Gazette-Mail* (March 25, 2013).

38 Philip R. Reilly, *The Surgical Solution: A History of Involuntary Sterilization in the United States* (Baltimore: Johns Hopkins University Press, 1991).

39 D'Vera Cohn, "Five States Have Cut Welfare Benefits below 1980 Levels," *United Press International* (November 2, 1981).

40 Mary Lenz, "A Poll on Killing and Sterilizing," *The Texas Observer* (March 20, 1981).

41 "Sequels," *The Texas Observer* (April 3, 1981).

42 George Gallup, "Illegitimacy Support Opposed by Majority," *The Washington Post* (January 27, 1965).

20장 다시 시작된 범죄자의 불임화

1 Mary A. Telfer et al., "YY Syndrome in an American Negro," *The Lancet* 291, no.7533 (1968), p.95; Mary A. Telfer et al., "Incidence of Gross Chromosomal Errors among Tall Criminal American Males," *Science* 159, no.3820 (1968), pp.1249-1250.

2 E. A. Whitney and M. M. Schick, "Some Results of Selective Sterilization," *Proceedings and Addresses of the 55th Annual Session of the American Association on Mental Deficiency* (1931), pp.332-333.

3 Patricia Jacobs et al., "Aggressive Behaviour, Mental Sub-normality and the XYY Male," *Nature* 208 (1965), pp.1351-1352.

4   "Getty Tells Speck Case Plea Basis; 10 Issues Are Raised Regarding Trial," *Chicago Tribune* (November 26, 1968).

5   "Of Chromosomes & Crime," *Time* (May 3, 1968); "Born Bad?" *Newsweek* (May 6, 1968); Stuart Auerbach, "Genetic Abnormality is Basis for Acquittal," *The Washington Post* (October 10, 1968); Lloyd Garrison, "French Murder Jury Rejects Chromosome Defect as Defense," *The New York Times* (October 15, 1968); "Criminal Law: Question of Y," *Time* (October 25, 1968).

6   Matt Roush, "Critic's Corner," *USA Today* (November 17, 1993); David Hochman, "Horatio Hunts a Natural-born Killer," *TV Guide* (May 7-13, 2007).

7   〈에일리언 3〉 영화 정보, https://imdb.com/title/tt0103644 참조.

8   Clyde Haberman, "When Youth Violence Spurred 'Superpredator' Fear," *The New York Times* (April 6, 2014).

9   Robert Mackey and Zaid Jilani, "Hillary Clinton Still Haunted by Discredited Rhetoric on 'Superpredators,'" *The Intercept* (February 25, 2016), https://theintercept.com/2016/02/25/activists-want-hillary-clinton-apologize-hyping-myth-superpredators-1996.

10 Christine Samanns et al., "Gene for Non-specific X-linked Mental Retardation Maps in the Pericentromeric Region," *American Journal of Medical Genetics* 38, nos.2-3 (1991), pp.224-227; H. G. Brunner et al., "Abnormal Behavior Associated with a Point Mutation in the Structural Gene for Monoamine Oxidase A," *Science* 262, no.5133 (1993), pp.578-580.

11 Ann Gibbons, "Tracking the Evolutionary History of a 'Warrior' Gene," *Science* 304, no.5672 (2004), p.818.

12 John Horgan, "Code Rage: The 'Warrior Gene' Makes Me Mad! (Whether I Have It or Not)," *Scientific American* (April 26, 2011), https://blogs.scientificamerican.com/cross-check/code-rage-the-warrior-gene-makes-me-mad-whether-i-have-it-or-not.

13 Carroll Bogert and Lynnell Hancock, "Superpredator: The Media Myth That Demonized a Generation of Black Youth," *The Marshall Project*

(November 20, 2020), https://themarshallproject.org/2020/11/20/
superpredator-the-media-myth-that-demonized-a-generation-of-black-
youth.

14 Laura I. Appleman, "Deviancy, Dependency, and Disability: The
Forgotten History of Eugenics and Mass Incarceration," *Duke Law
Journal* 68, no.3 (2018), p.62; Barry Godfrey and Steven Soper, "Prison
Records from 1800s Georgia Show Mass Incarceration's Racially Charged
Beginnings," *The Conversation* (May 22, 2018), https://theconversation.
com/prison-records-from-1800s-georgia-show-mass-incarcerations-
racially-charged-beginnings-96612.

15 J. Money et al., "47,XYY and 46,XY Males with Antisocial and/or
Sex-Offending Behavior: Antiandrogen Therapy plus Counseling,"
Psychoneuroendocrinology 1, no.2 (1975), pp.165-178.

16 Claus Wiedeking et al., "Follow-up of 11 XYY Males with Impulsive
and/or Sex-Offending Behaviour," *Psychological Medicine* 9, no.2 (1979),
pp.287-292.

17 Robert D. Miller, "Forced Administration of Sex-Drive Reducing
Medications to Sex Offenders: Treatment or Punishment," *Psychology,
Public Policy, and Law* 4(Sex Offenders: Scientific, Legal, and Policy
Perspectives), nos.1-2 (1998), pp.175-199; Daniel B. Wood, "States Are
Rushing to Curb Sex Crimes," *Christian Science Monitor* (September 5,
1996), p.4; David Boyers, "Review of Selected 1996 California Legislation,"
Pacific Law Journal 28 (1997), p.740; Edward A. Fitzgerald, "Chemical
Castration: MPA Treatment of the Sexual Offender," *American Journal of
Criminal Law* 18, nos.1-6 (1990); Jason O. Runckel, "Abuse It and Lose It:
A Look at California's Mandatory Chemical Castration Law," *Pacific Law
Journal* 28 (1997), p.547.

18 John F. Stinneford, "Incapacitation through Maiming: Chemical
Castration, the Eighth Amendment, and the Denial of Human Dignity,"
University of St. Thomas Law Journal 3 (2006), pp.559-599.

19 Vincent J. Schodolski, "California Passes Chemical Castration Law,"
The Washington Post (August 31, 1996); Linda Beckman, "Chemical

Castration: Constitutional Issues of Due Process, Equal Protection, and Cruel and Unusual Punishment," *West Virginia Law Review* 100, no.4 (1998); "Constitutional Law. Due Process and Equal Protection. California Becomes First State to Require Chemical Castration of Certain Sex Offenders. Act of September 17, 1996, Ch. 596, 1996 Cal. Stat. 92 (To Be Codified at Cal. Penal Code §645)," *Harvard Law Review* 110, no.3 (1997), pp.799-804.

20 Max Vanzi, "Assembly OKs Castration Drug for Molesters," *Los Angeles Times* (August 31, 1996).

21 Raymond M. Wood et al., "Psychological Assessment, Treatment, and Outcome with Sex Offenders," *Behavioral Sciences & the Law* 18, no.1 (2000), pp.23-41.

22 Madeline Carter and Leilah Gilligan, "Center for Sex Offender Management (CSOM)," The Center for Effective Public Policy (2022), https://cepp.com/project/center-for-sex-offender-management-csom.

23 Matthew V. Daley, "A Flawed Solution to the Sex Offender Situation in the United States: The Legality of Chemical Castration for Sex Offenders," *Indiana Health Law Review* 5, no.1 (2008), p.88.

24 Corey G. Johnson, "Female Inmates Sterilized in California Prisons without Approval," *Reveal* (July 7, 2013), https://revealnews.org/article/female-inmates-sterilized-in-california-prisons-without-approval.

25 Ibid.

26 Ibid.

27 Hunter Schwarz, "Following Reports of Forced Sterilization of Female Prison Inmates, California Passes Ban," *The Washington Post* (September 26, 2014).

28 Colin Dwyer, "Judge Promises Reduced Jail Time if Tennessee Inmates Get Vasectomies," The Two-Way, *NPR* (July 21, 2017), https://npr.org/sections/thetwo-way/2017/07/21/538598008/judge-promises-reduced-jail-time-if-tennessee-inmates-get-vasectomies.

29 Elise B. Adams, "Voluntary Sterilization of Inmates for Reduced Prison Sentences," *Duke Journal of Gender Law & Policy* 26, no.23 (2018), pp.23-

44.

30 Tom Jackman, "Judge Suggests Drug-Addicted Woman Get Sterilized before Sentencing, and She Does," *The Washington Post* (February 8, 2018).

31 Sheila Burke, "Nashville Prosecutors Require Sterilization as Part of Plea Deals," *Associated Press. The Boston Globe* (March 29, 2015).

32 Haley Smith, "Common Enemy and Political Opportunity Leave Archaically Modern Sentencing Unchecked: The Unconstitutionality of Louisiana's Chemical Castration Statute," *Loyola Law Review* 59 (2013), pp.211-266.

33 "Louisiana Has Highest Incarceration Rate in the World; ACLU Seeks Changes," American Civil Liberties Union (December 11, 2008), https://aclu.org/press-releases/louisiana-has-highest-incarceration-rate-world-aclu-seeks-changes.

34 Elizabeth Thomas, "Alabama Governor Signs Chemical Castration for Child Sex Offenders Bill," *ABC11 Raleigh-Durham* (June 11, 2019), https://abc11.com/alabama-governor-signs-chemical-castration-for-child-sex-offenders-bill-/5341620.

35 *State of Louisiana v. Lance S. Barton*, Louisiana Court of Appeal 3rd Circuit, 319 So.3d 907 (May 5, 2021).

36 Nick Reynolds, "Republican Looks to Lessen Prison Time for Drug Users Who Get Sterilized," *Newsweek* (December 7, 2022).

21장 신新우생학?

1 Lee Rainie et al., "AI and Human Enhancement: Americans' Openness Is Tempered by a Range of Concerns," Pew Research Center: Internet, Science & Tech (March 17, 2022), https://pewresearch.org/internet/2022/03/17/ai-and-human-enhancement-americans-openness-is-tempered-by-a-range-of-concerns.

2 Paul Lombardo, "The 'Negro Children' at Tuskegee: The Banality of

Eugenics," *Undark* (April 4, 2016), https://undark.org/2016/04/04/the-banality-of-eugenics-tuskegee.

3   Jerry Lambe, "'Like an Experimental Concentration Camp': Whistleblower Complaint Alleges Mass Hysterectomies at ICE Detention Center," *Law & Crime* (September 14, 2020), https://lawandcrime.com/high-profile/like-an-experimental-concentration-camp-whistleblower-complaint-alleges-mass-hysterectomies-at-ice-detention-center; Jose Olivares and John Washington, "'A Silent Pandemic': Nurse at ICE Facility Blows the Whistle on Coronavirus Dangers," *The Intercept* (September 14, 2020), https://theintercept.com/2020/09/14/ice-detention-center-nurse-whistleblower.

4   "Coronavirus in Georgia | Latest Data for Sept. 20, 2020," *11Alive* (September 20, 2020), https://11alive.com/article/news/health/coronavirus/coronavirus-numbers/coronavirus-numbers-georgia-sept-20-2020/85-e76686ab-4895-4396-9381-bc1105448f31.

5   Meagan Platt, "Press Release: Whistleblowing Nurse from Detention Center in Georgia Reports Unsafe Practices That Promote the Spread of COVID-19 in ICE Detention," Government Accountability Project (September 14, 2020), https://whistleblower.org/press-release/press-release-whistleblowing-nurse-from-detention-center-in-georgia-reports-unsafe-practices-that-promote-the-spread-of-covid-19-in-ice-detention.

6   Jose Olivares and John Washington, "'A Silent Pandemic,'" op. cit.

7   Project South, Georgia Detention Watch, Georgia Latino Alliance for Human Rights, and South Georgia Immigrant Support Network, "Re: Lack of Medical Care, Unsafe Work Practices, and Absence of Adequate Protection Against COVID-19 for Detained Immigrants and Employees Alike at the Irwin County Detention Center" (September 14, 2020), https://projectsouth.org/wp-content/uploads/2020/09/OIG-ICDC-Complaint-1.pdf.

8   Priyanka Bhatt et al., "Violence & Violation: Medical Abuse of Immigrants Detained at the Irwin County Detention Center," Harvard

Immigration and Refugee Clinic and HLS Immigration Project (September 2021), https://harvardimmigrationclinic.org/files/2021/09/IrwinReport_FINAL.pdf.

9 Tina Vásquez, "ICE Is Now Detaining Women at One of the Nation's Most Deadly Facilities," *Prism* (February 2, 2021), https://prismreports.org/2021/02/02/ice-now-detaining-women-at-one-of-nations-most-deadly-facilities.

10 Ana Popovich, "DHS OIG Releases Report on Conduct at Irwin County Detention Center, Target of Whistleblower Complaints in 2020," *Whistleblower Network News* (January 13, 2022), https://whistleblowersblog.org/government-whistleblowers/dhs-oig-releases-report-on-conduct-at-irwin-county-detention-center-target-of-whistleblower-complaints-in-2020.

11 세스 프리드 웨슬러가 연출한 〈더 퍼실리티〉(2021), https://fieldofvision.org/the-facility.

12 Rebecca M. Kluchin, "Fit to Be Tied? Sterilization and Reproductive Rights in America, 1960-1984," Ph.D. dissertation, Carnegie Mellon University (2004).

13 Greg Sargent, "Behind Tucker Carlson and J. D. Vance, a Revolt against the GOP Unfolds," *The Washington Post* (March 22, 2022).

태어나는 문제

'나쁜 유전자'에 대한 두려움은 어떻게 우생학이 되었나

2026년 4월 29일 처음 찍음

지은이 에릭 L. 피터슨
옮긴이 김하현
펴낸곳 도서출판 낮은산
펴낸이 정광호
편집 강설애
교정교열 박태하
디자인 형태와내용사이
제작 세걸음
출판 등록 2000년 7월 19일 제10-2015호
주소 [10881] 경기도 파주시 회동길 216 202호
전화 02-335-7365(7362) | 팩스 02-335-7380
홈페이지 www.littlemt.com
이메일 littlemt2001ch@gmail.com
인스타그램 @little_mt2001
제판·인쇄·제본 상지사P&B

ISBN 979-11-5525-189-8 03300